城市快速路交通主动协同优化控制

赵 靖 章 程 著

国家自然科学基金优秀青年科学基金项目：
道路交通流建模与优化（52122215）

科学出版社
北京

内 容 简 介

在交通系统感知与交互能力显著提升的背景下，为了改善城市快速路的交通运行状况，本书按照识别交通需求、解析演化机理、构建优化模型和检验优化效益的思路展开研究，形成了一套快速路协同优化和动态控制理论与方法。充分利用实时轨迹数据的时效性与精准性，放宽了原有控制理论中的一些假定。通过对潜在拥堵的精准预测和溯源，提升控制方法的主动性、协同性和有效性。针对实时轨迹数据难以获取的问题，本书还提出了基于现实数据的控制方法，通过精准的行程时间与OD估计，直接建立上下游时空关联，在一定程度上可以替代实时轨迹数据，提升了控制方法的实际应用价值。针对城市快速路匝道与地面衔接区域阻塞问题，本书考虑交通设施间的关联性以及交通需求的波动性，提出优化设计和动态控制方法，保障快速路设施关键节点运行通畅。

本书适合交通运输工程专业人员、本科生、研究生阅读。

图书在版编目（CIP）数据

城市快速路交通主动协同优化控制 / 赵靖，章程著. —北京：科学出版社，2024.2
ISBN 978-7-03-077528-3

Ⅰ．①城⋯　Ⅱ．①赵⋯　②章⋯　Ⅲ．①城市道路-快速路-交通管理　Ⅳ．①U495

中国版本图书馆CIP数据核字（2023）第254352号

责任编辑：魏如萍 / 责任校对：姜丽策
责任印制：张　伟 / 封面设计：有道设计

科 学 出 版 社 出版
北京东黄城根北街16号
邮政编码：100717
http://www.sciencep.com

北京中科印刷有限公司 印刷
科学出版社发行　各地新华书店经销
*

2024年2月第 一 版　开本：720×1000　1/16
2024年2月第一次印刷　印张：10 1/2　插页：1
字数：220 000

定价：128.00元
（如有印装质量问题，我社负责调换）

前　言

　　为了缓解日趋严重的快速路交通拥堵问题，快速路交通控制是重要手段之一，自 20 世纪 60 年代以来出现了许多理论探索及实践。但是，经历了半个多世纪的发展，现实运行中仍然存在控制失效的问题。党的二十大报告中明确提出，坚持人民城市人民建、人民城市为人民，提高城市规划、建设、治理水平，加快转变超大特大城市发展方式，实施城市更新行动，加强城市基础设施建设，打造宜居、韧性、智慧城市。[①]快速路作为城市交通大动脉，其科学、精细、智能的管理控制是城市交通治理中不可忽视的工作。由于快速路交通系统是个复杂巨系统，难以通过简单模型精准还原，而早先的控制方法通常将快速路交通系统过度简化，引入了过强的模型假设，使得控制方法难以及时准确地感知交通状态、难以直接建立系统内的复杂关联，并且由于复杂的模型推导难以快速求解。这些缺陷造成了理论与实际的脱离，导致控制方法的时效性与系统性不足。因此，控制方法亟须实现理论与现实的耦合，提升控制方法的科学性与实用性。

　　随着交通系统感知与交互能力的显著提升，精准、可靠、结构化的数据获取成为可能，可以用于精准感知系统实时状态，以及直接建立系统内的复杂关联。不仅如此，还可通过他组织与自组织的结合，实现系统最优控制。在此背景下，本书提出了"基于数据的城市快速路交通主动协同优化控制方法"。其中，"主动"即"防患于未然"，指的是提前采取控制，预防拥堵发生；或是当局部拥堵出现时，尽快启动控制，及时消散拥堵。"协同"和"协调"不同，"协调"只是考虑了系统各部分之间的合作，而"协同"指的是系统各部分通过合作来实现共同目标，充分考虑系统内部的高度关联以及相互作用，旨在高效利用有限的道路资源，提升整体运行水平。"基于数据"则是试图利用数据的时效性、客观性、精准性、信息丰富、便于大规模计算及应用等诸多优点，在一定程度上替代烦琐的模型推导，放宽人为设置的模型假设，为控制问题提供新的解决思路，推动控制理论的进一步发展。要注意的是，现实中的数据条件虽然较以往丰富许多，但普遍存在多源异构、数据质量、隐私顾虑、数据共享等方面的问题，难以直接用于控制。同时，许多数据的最初用途并非控制，如何充分利

---

① 《习近平：高举中国特色社会主义伟大旗帜　为全面建设社会主义现代化国家而团结奋斗——在中国共产党第二十次全国代表大会上的报告》，https://www.gov.cn/xinwen/2022-10/25/content_5721685.htm，2022-10-25。

用这些数据，并将其转化为适用于控制的精准、可靠、结构化的数据，也是需要解决的问题。

本书首先回顾了快速路交通控制的发展历程，从控制模型、优化目标、约束条件、数据需求等方面，系统梳理了现有的控制方法，其主要存在以下两方面不足。一方面，状态变量的获取及时空关联的建立大量依赖模型推导及假设，与现实存在偏差，容易造成控制失效。另一方面，受限于当时的感知、交互与计算能力，一些学术思想难以实现，如大规模控制、实时控制、多约束多目标的优化控制等，无法通过简化问题来实现求解，限制了控制方法的理论拓展及实际应用。本书提出了一种新型的快速路主线路段（section/segment）及出入口匝道一体化实时控制理论方法，新的数据及技术环境从以下三个方面为控制理论提供支持：①基于实时更新的交通状态数据，提高控制的时效性；②基于行程时间与起讫点（origin-destination，OD）数据，研究快速路系统内的时空关联性，提高控制的系统性；③基于实时轨迹数据，对潜在拥堵进行精准预测与溯源，实现主动协同控制。

其次，基于主动协同控制的原理，研究确定了主动协同控制的数据需求及获取方法。其中，基本数据需求包括交通状态、交通需求以及道路基础信息，可通过环形线圈数据、浮动车全球定位系统（global positioning system，GPS）数据及路网地图来获取。为了研究快速路上下游的时空关联，行程时间及OD是重要的数据需求，可基于视频数据与手机导航数据，提高两者的估计精度。实时轨迹数据将进一步支撑主动协同控制，随着交通网联化、共享化、交通管控与服务一体化，这一数据需求有望在未来得到满足。

为了研究快速路上下游的时间关联性，为主动协同控制中的行程时间预测提供重要依据，基于广泛分布的视频数据，通过车辆重识别（vehicle re-identification，V-ReID）技术，采集两个视频监控点位之间的历史行程时间样本。本书提出了基于车道的车辆重识别方法，显著提升了车辆匹配的正确率，进而提高了对行程时间的估计精度。估计内容除了平均值外还包括标准差与分布类型，不仅可得到基于路段的行程时间估计，还可得到基于车道的行程时间估计。提出的方法不依赖车牌信息，不涉及隐私问题，对于低清晰度视频以及拥堵场景同样适用。为了研究快速路上下游的空间关联性，为主动协同控制提供精准可靠的数据输入，基于真实的历史轨迹数据，提取历史OD样本及路径选择比例，结合断面流量数据进行OD估计。

再次，本书提出了一种新型的快速路主线路段及出入口匝道一体化实时控制理论。研究假设所有车辆的轨迹数据可以实时获取，利用实时OD替代原先控制理论中的预设OD或主线驶出匝道的预设交通量比值，实现对潜在拥堵的精准预测与溯源。具体来说，在车辆进入主线前，精准预测其可能造成的主线拥堵及出口匝道溢流，据此提出主动协同的入口匝道控制（ramp metering，RM）方法。控制方法面向总耗费时间最少的优化目标，综合考虑主线通行能力约束、主线行驶速度约束、入口匝道排队约束、出口匝道排队约束、入口匝道流量约束，并提出了问题无解时的约束松弛策略。实验对比了不同控制参数以及不同控制输入对控制效果的影响，由此对数据质量提出要求，为数据采集提供理论支撑。

最后，将匝道影响区作为研究对象，基于车辆轨迹数据，从离线协同优化和在线动态控制两个层面，建立优化模型，实现匝道区域交通运行状态可感知、可演算、可优化。利用浮动车和视频轨迹数据，估算和预测匝道区域范围内各路径交通需求。继而分析匝道区域各部分交通运行关联性，建立交通流模型，解析交通流运行状态演化机理。进而分别基于历史和实时交通需求数据，以匝道区域整体运行效率为目标，建立离线协同优化模型和在线动态控制模型，实现系统最优和供需动态匹配。通过实验检验优化效益，评价优化方法适用性。

本书具有前沿的学术价值和较高的实用价值。与目前最先进的控制方法相比，所提出的方法能更及时地启动控制，能对距离拥堵路段更上游的入口匝道采取控制，能更有效地缓解甚至消除拥堵，并且促进快速路与地面道路衔接通畅，体现出主动性及协同性的增强。提出的控制理论可为快速路全线控制、车路协同控制以及大规模路网控制奠定基础。此外，本书探索了控制方法的应用，基于现实数据，提高了行程时间与 OD 估计精度，为主动协同控制提供了更精准可靠的数据输入，当实时轨迹数据难以获取时，在一定程度上可作为替代，从而提升了控制方法的实用价值。

目　　录

第1章　绪论 ··· 1
　　1.1　研究背景 ·· 1
　　1.2　研究目的、目标与意义 ·· 3
　　1.3　研究定位与研究范围 ··· 4
　　1.4　研究内容 ·· 6
第2章　快速路交通控制研究综述 ·· 8
　　2.1　快速路交通控制发展历程 ··· 8
　　2.2　快速路交通优化控制模型 ·· 13
　　2.3　快速路交通控制数据需求 ·· 16
　　2.4　研究评述 ··· 17
　　2.5　本章小结 ··· 18
第3章　主动协同控制的数据需求与获取方法 ··· 19
　　3.1　主动协同控制的原理 ·· 19
　　3.2　典型数据条件与获取方法 ·· 20
　　3.3　主动协同控制的数据需求 ·· 23
　　3.4　本章小结 ··· 26
第4章　行程时间估计与OD估计 ··· 27
　　4.1　基于视频数据的车辆重识别与行程时间估计 ·································· 27
　　4.2　基于历史轨迹数据的OD估计 ·· 50
　　4.3　本章小结 ··· 61
第5章　基于轨迹数据的快速路干线主动协同控制 ······································· 63
　　5.1　问题描述 ··· 63
　　5.2　区分目的地的交通流模型 ·· 65
　　5.3　主动协同控制模型 ··· 70
　　5.4　实验设计 ··· 74
　　5.5　实验结果 ··· 78
　　5.6　本章小结 ··· 89
第6章　城市快速路匝道区域协同控制 ·· 92
　　6.1　快速路出入匝道交织区车道功能与信号协同控制 ·························· 92

  6.2 基于非传统车道分配的快速路出口匝道衔接区优化控制……………107
  6.3 基于预信号的快速路出口匝道衔接区优化控制………………………128
第 7 章 结论………………………………………………………………………145
参考文献………………………………………………………………………………147
附录……………………………………………………………………………………156

第1章 绪　　论

1.1　研　究　背　景

1.1.1　快速路交通控制方法的不足及需求

快速路作为最高等级的城市道路，是城市交通的"大动脉"，对于城市内部的快速连通具有至关重要的作用。随着经济社会发展以及城市化迅速推进，城市交通需求迅猛增长。截止到 2020 年底，我国机动车保有量达 3.72 亿辆，机动车驾驶人达 4.56 亿人[1]。交通需求以及车辆拥有量的急剧增加，使得快速路拥堵频现，严重降低出行品质、运行效率和系统可靠性。

快速路交通控制是保障交通运行通畅的重要手段，有效的控制对于道路资源有限、交通拥堵严重的快速路区段来说显得尤为必要。快速路拥堵发生以后，由于系统内部存在高度的时空关联，局部拥堵将迅速蔓延至快速路上游，乃至地面道路及周边路网，需要耗费巨大时空资源以及人力资源来恢复通畅。因此需要通过主动控制，预测拥堵并提前采取控制，避免拥堵发生。同时，需要通过协同控制，整合考虑快速路交通系统内部的高度关联以及相互作用，高效利用有限的道路资源，统筹调控，提升整体运行水平。

快速路交通控制指的是对交通流或者车辆的控制，其理论研究可追溯至 20 世纪 60 年代[2, 3]，其发展经历了从离线优化控制到在线优化控制，从单点控制到协调控制，控制手段从匝道控制、可变限速等交通流控制拓展到车路协同环境下对于车辆的控制。但是，在现实运行中，快速路交通系统仍然存在诸多问题，包括拥堵状态不能及时发现、运行特征不能精准实测、交通拥堵不能有效预防等。

造成这些问题的关键在于过去的控制方法更多依赖模型。然而，快速路交通系统是个复杂巨系统，具有非线性、不确定性以及不可逆性等特征，且自由度极高，唯模型难以准确刻画交通现象，难以直接建立系统内的复杂关联，难以快速求解。另外，受限于当时的感知、交互与计算能力，难以实现大规模控制、实时控制，因此不得不将控制问题简化，比如，在简单场景中展开控制理论研究，再如，引入模型假设使得控制问题在数学上可解。这些过度的简化以及过强的假设造成了模型与实际的脱离，导致了控制方法的科学性、时效性、系统性以及实用性的不足。因此，亟须新型的快速路交通控制方法，实现理论与现实的耦合。

1.1.2 交通系统感知能力显著提升

交通系统感知能力不断提高，数据不断丰富，按照时间发展大致可将其分为交通调查数据、交通检测器数据、车联网及互联网数据三个阶段。交通调查数据如居民出行调查数据、交通量调查数据、跟车调查数据等，主要依靠人工调查获取，容易产生误差，人力成本巨大，样本量有限。

交通检测器数据包括线圈数据、浮动车 GPS 数据、视频数据等。交通检测器包括固定检测器及移动检测器，它们的普及使得数据采集的自动化程度提高、数据质量提高、时间及空间覆盖范围明显扩大。然而，由于交通检测器的安装维护成本高，以及世界上一些国家及地区出于对隐私保护的考虑，仅通过交通检测器难以实现对快速路交通运行的全天候、全方位无缝覆盖。现实中，固定检测器只布设于关键道路断面，移动检测器很多时候也只安装在出租车、公交汽车上。

车联网及互联网数据包括轨迹数据、智能网联车辆数据、手机导航数据等。随着车路协同、云计算、大数据等技术的逐渐普及，有望对快速路交通运行形成全尺度（宏观、中观、微观的时间及空间维度）与全要素（人、车、路、环境）的全息交通状态感知。

1.1.3 交通系统交互能力显著提升

随着信息传输与通信等技术的发展，交通系统交互能力显著提高，信息推送、辅助驾驶乃至自动驾驶逐渐普及，实现交通的网联化。交通系统将从过去的以自组织为主，逐渐演变为他组织与自组织相结合，控制对象由交通流控制转变为更精准的车辆控制。

边缘计算与第五代移动通信技术（5th generation mobile communication technology，5G）的发展将进一步提高交互能力。边缘计算由于其高带宽、低时延、高可靠性、海量连接、隐私保护、异构汇聚等特点，近年来受到持续关注。依托边缘计算，交通数据处理可由"云端"变为"车端"，实现更短的闭环，使物理世界的实时监测成为可能。而 5G 强大的通信能力将进一步缩短信息传输时延，提高计算速度。

感知与交互能力的提升使数据质量得到提高。以 GPS 数据为例，传统浮动车采集的 GPS 数据渗透率通常小于 5%，数据返回频率为 30 s 一次；手机地图导航采集的 GPS 数据渗透率在城市区域一般可达到 10%～20%，数据返回频率提升为 5 s 一次。这些提升有助于精准、可靠、结构化数据的获取，为新型控制方法研究提供了基础，支撑快速路交通控制的主动性、协同性以及大规模应用可行性。首先，基于全方位的状态实测，有助于预测未来系统演变趋势，为主动控制提供支撑。其次，基于数据可直接建立快速路交通系统内诸多要素之间的联系，为协同控制提供依据。最后，计算能力提升为大规模系统的快速运算以及复杂问题的高效求解带来可能，为控制理论的大规模应用提供强力引擎。

丰富多元的交通数据为快速路交通控制的发展与变革提供了新的机遇。一方面，可以用实测数据替代模型假设，使得交通控制更加实时精准。另一方面，新涌现的数据及技术为控制问题提供新的启发，为相关理论的拓展带来可能。同时也要注意到，现实中数据质量参差不齐，数据的可信性、可靠性、可用性需要得到关注。

1.2 研究目的、目标与意义

1.2.1 研究目的与研究目标

研究目的在于提出新型的快速路交通控制方法，体现控制的主动性与协同性，并探索方法的应用，从而实现理论与现实的耦合。新的数据及技术环境为本书的研究提供可能。

为了实现这一研究目的，进一步细化为以下四个研究目标。

（1）明晰需求：从控制原理出发，明晰快速路交通主动协同控制的数据需求。

（2）获取数据：基于现实数据条件，通过直接采集、间接估计及预处理等方式，获取控制所需的精准、可靠、结构化数据。

（3）提出方法：提出快速路交通主动协同控制方法，利用精准、可靠、结构化的数据，实现交通运行状态实测，系统内部时空关联的建立，以及更精准的拥堵预测及溯源。

（4）验证效果：通过实证分析，验证提出方法的优越性及适用性，并研究数据质量对控制效果的影响。

1.2.2 研究意义

近年来交通拥堵已成为城市交通运行的常态化问题，在特大型城市尤为突出。在道路资源有限的条件下，精细化的道路交通设计和管理控制成为缓解大城市交通拥堵的关键。提高城市路网中瓶颈区域的通行效率成为当前特大型城市交通管理迫切的技术需求。本书针对城市快速路，考虑交通设施间的关联性以及交通需求的波动性，对其优化设计和动态控制展开研究。

理论意义在于提出新型的快速路交通控制理论，占领控制科学制高点，充分利用精准、可靠、结构化的数据，实现理论与现实的耦合。通过交通运行状态的实测、交通系统复杂关联的明晰以及潜在拥堵的精准预测及溯源，提升控制理论的主动性、协同性及科学性。

实用价值在于探索控制方法的应用，对控制方法的数据需求、数据获取、数据质量要求、适用场景等问题，开展研究及实证分析，提升控制方法的实用性，以有效应对日益严峻的交通拥堵。

1.3 研究定位与研究范围

本书的定位如图 1.1 所示，研究介于科学研究与应用研究之间，具有前沿的学术价值和较高的实用价值。研究问题属于优化控制，需要考虑交通系统的高度动态性。问题规模介于宏观与中观之间，对宏观交通流进行更细致的区分与建模，并考虑个体车辆与交通流之间的关系。

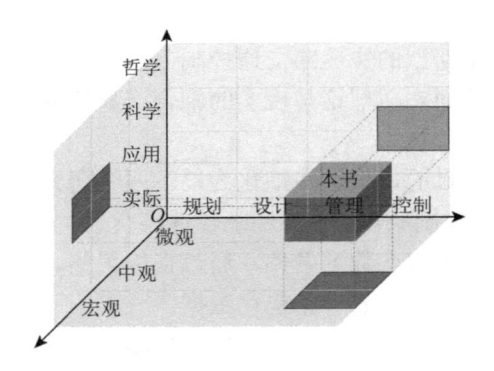

图 1.1 研究定位

研究范围为一段包含多个出入口匝道的快速路及其匝道区域，如图 1.2 和图 1.3 所示。由于快速路与相邻地面道路存在较大关联，为了不影响地面道路，本书考虑了出入口匝道的排队约束，并预留了数据接口，用以记录快速路与地面道路之间的交通流入流出数据，为进一步的快速路与衔接交叉口协同控制做好准备。但在本书中，仅对快速路主线以及匝道上的交通流进行控制，控制对象不包括地面道路及衔接交叉口。从控制手段上看，本书旨在提升系统效率与服务水平，主要通过匝道控制实现。控制手段不包括出行方式引导、车牌限行等需求调控。

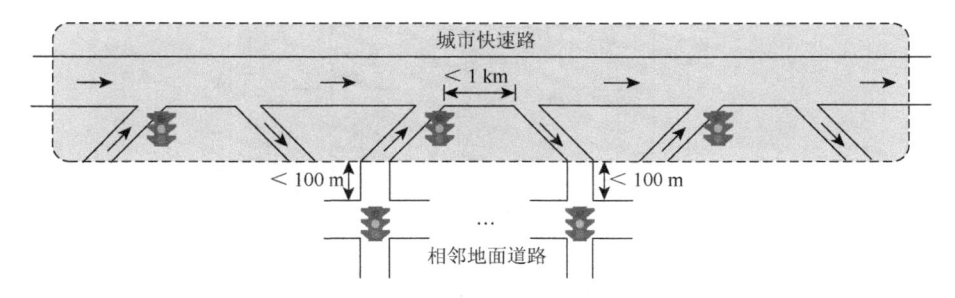

图 1.2　多个出入口匝道的快速路

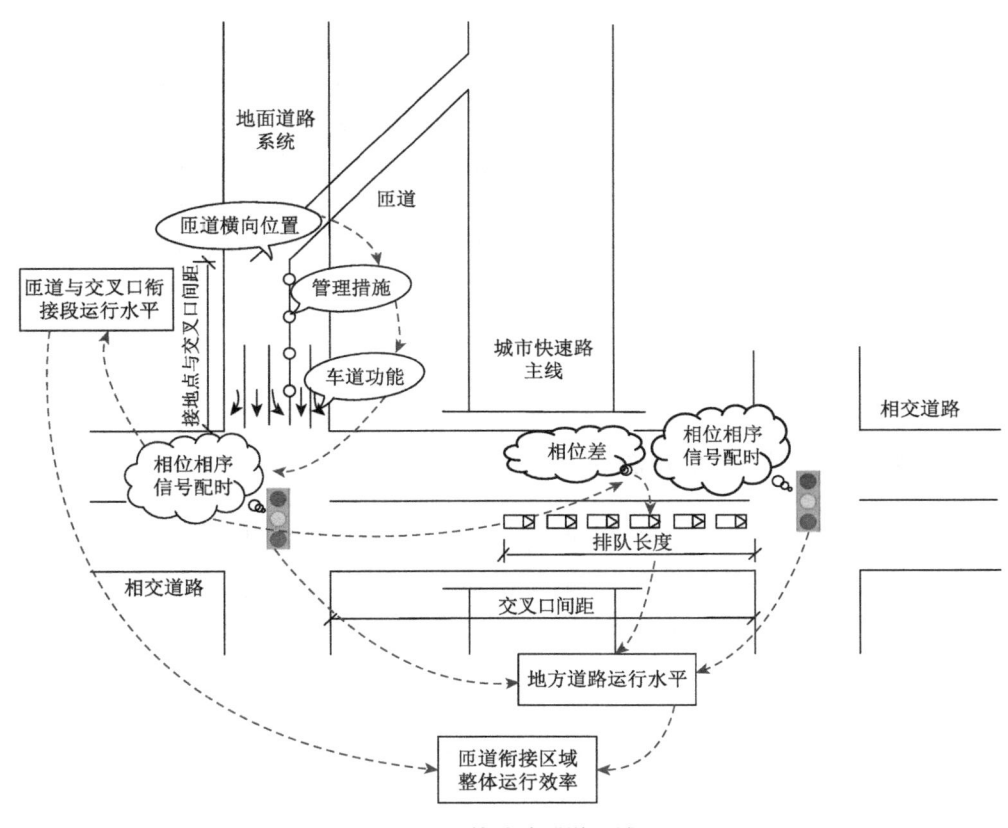

图 1.3　快速路匝道区域

本书提出的控制方法体现了宏观与微观的协同以及快慢变量的协同,如图 1.4 所示。宏观及微观分别指的是集计交通流以及个体车辆。慢变量包括交通需求分布及趋势、交通流演化规律、交通流基本图(fundamental diagram)(流量、密度、速度关系)等,可以通过历史数据得到。快变量包括实时交通需求、交通状态以及控制对交通运行影响的短时预测,需要实时数据支撑。

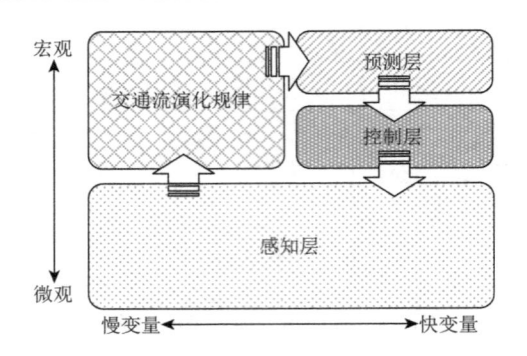

图 1.4　宏观与微观的协同以及快慢变量的协同

本书基于宏观与微观的感知,结合交通流演化规律,在宏观、中观层面进行预测及控制,控制决策将作用于快速路交通系统,相应地,宏观、中观、微观的交通状态将实时更新。其中,感知层在宏观、中观层面采集交通流状态参数,如流量、密度、速度,并在微观层面提取个体车辆的行驶轨迹、行程时间以及OD;预测层应包括交通系统自身演变趋势以及控制对交通系统的影响;控制层仅对交通流进行控制,而不涉及车辆控制。

1.4　研 究 内 容

1.4.1　快速路交通控制方法综述

本书首先系统梳理快速路交通控制的已有成果,分析控制方法的发展趋势,提出未来展望。从科学性角度,归纳分析具有代表性的控制理论的发展沿革,以及当前研究空白。从实用性角度,梳理控制方法的数据需求,并分析数据丰富对于控制方法的推动作用。

1.4.2　快速路交通主动协同控制的数据需求与获取方法

根据主动协同控制原理,提出控制框架,并由此提出数据需求,包括数据内容、数据范围、颗粒度等。根据实际调研,梳理现实中典型的数据条件,包括数据格式、数据质量、实时性等,进而分析数据需求的可满足程度及可能的获取途径。

1.4.3　行程时间和OD估计方法

针对反映上下游时间关联的行程时间,利用分布广泛的视频数据,对不同视频监控中的车辆进行匹配,通过车辆重识别,直接获得历史行程时间样本,进一步放宽行程时间估计方法中的模型假设,提高行程时间估计精度,为主动协同控制提供更精准可靠的控制输入。针对反映上下游空间关联的 OD,利用新涌现的轨迹数据,直接提取历史 OD 样本,进一步放宽 OD 估计方法中的模型假设,提高 OD 估计精度,为主动协同控制提供更精准可靠的控制输入。

1.4.4 基于实时轨迹数据的快速路交通主动协同控制方法

基于实时轨迹数据,对潜在拥堵进行精准的预测及溯源,即在车辆还未进入主线时,精准预测其可能造成的主线拥堵及出口匝道溢流,在诸多约束条件下生成最优的流入控制,并提出问题无解时的约束松弛策略。通过实证分析,研究数据的渗透率、颗粒度、实时性对主动协同控制效果的影响,进而提出对数据质量的要求,为数据采集标准提供理论支撑。

1.4.5 城市快速路匝道区域与下游交叉口的协同控制方法

针对快速路匝道区域与下游交叉口的交通特性,本书建立了三个协同优化模型,以优化交通运行效率并提高路段的通行能力。①为了提高城市快速路匝道区域的交通性能,将车道分配与入口匝道的信号控制相结合,建立了一个协同优化模型,用于确定最佳的控制策略、道路几何布局和信号配时。②为了缓解或消除出入口匝道、下游交叉口及两者之间连接路段的交通交织,最大限度地提高路段的整体通行能力,建立了一个非传统车道分配和信号优化的协同优化模型。③使用预信号和排序区的概念来消除交通交织,并最大限度地提高路段的整体通行能力,建立了一个混合整数非线性规划模型,用于确定由预信号灯控制的交通流量、车道分配、预信号灯位置和信号优化。

第 2 章　快速路交通控制研究综述

本章首先按照时间顺序，回顾了快速路交通控制的发展历程，综述了现有控制方法及实际应用情况，并展望了未来趋势。然后，聚焦于控制的方法论，归纳整理了常见的交通流模型、模型求解方法以及控制方法所考虑的目标与约束。并且，从数据的角度，对比分析了不同时期控制方法的数据需求，深入讨论了数据对于控制方法的推动作用。

2.1　快速路交通控制发展历程

2.1.1　起源

快速路交通供需不平衡是造成拥堵的主要原因之一，为保障运行通畅，控制车辆流入（入口匝道控制）是一种显而易见的方法。入口匝道控制是最早被提出也是目前应用最广泛的一种快速路交通控制方法，许多研究及工程案例都证明了其对于缓解乃至消除拥堵的有效性[4]。

20 世纪 60 年代，针对高峰时段的快速路常发性拥堵，美国学者 Wattleworth[2] 以及日本学者佐佐木纲和明神证[3]对入口匝道流入相继提出了定时控制（fixed-time control）。控制模型对交通系统进行简化，并基于线性规划，结合历史交通需求及交通状态分布情况，离线生成固定的控制方案。

2.1.2　单点控制

单点控制（local control）从 20 世纪 70 年代开始被提出，控制范围仅考虑单个入口匝道及汇入处的上下游路段。当时，随着环形线圈等交通检测器的逐渐普及，道路断面的通过量、通过速度等数据可被实时获取，控制方法得以从定时控制转变为动态控制，包括感应控制（responsive control）和自适应控制（adaptive control）两类。

1. 感应控制

为了避免交通流入导致的通行能力下降（capacity drop）[5]，一种容易想到的方法即是根据入口匝道上游的交通需求与下游的通行能力（容量）之差，来计算匝道调节率（metering rate），也称"需求容量控制"[6]。然而，交通系统中普遍存在扰动及不确定性因素，这种前馈式（feedforward）的感应控制输出的方案对系统扰动敏感，容易造成快速路系统震颤及不稳定[7]。

为了提高控制的鲁棒性，Papageorgiou 等希腊学者[8]提出了一种反馈式（feedback）的感应控制——ALINEA [asservissement linéaire d'entrée autoroutière（法语），高速公路入口线性反馈控制]，它对匝道汇入的下游检测器的占有率预设一个期望值（desired point），然后，通过反馈机制来调整前一时刻的匝道调节率，以接近这一期望达到的占有率。占有率的期望值可根据历史数据或经验来设定，现实中往往是通过量最大时所对应的占有率。ALINEA 的有效性在理论和实验中都得到了检验[9,10]，它在缓解匝道合流区拥堵及保证交通系统稳定方面效果显著，并且由于容易实施，在许多快速路及快速路系统中得到应用[11]。

ALINEA 被广泛接受并得到了诸多拓展。X-ALINEA/Q[12]考虑了入口匝道排队的约束，PI-ALINEA（proportional-integral extension of ALINEA，基于比例积分扩展的 ALINEA）[13]除了匝道汇入的瓶颈区，还考虑了更远处的瓶颈。FF-ALINEA（feedforward ALINEA，具有前馈控制功能的 ALINEA）[14]结合了合流区瓶颈的密度预测。

2. 自适应控制

相比感应控制，自适应控制的智能性更高。一些自适应控制基于 ALINEA 提出，如 ITC-ALINEA（iterative learning control ALINEA，基于迭代学习控制的 ALINEA）[15]在 ALINEA 的基础上增加迭代学习模块，Cho 等[16]基于遗传算法优化 ALINEA 的控制参数。另一些自适应控制[17,18]则是采用强化学习的方法，根据控制效果来优化调整控制方案，虽然在一些场景下表现优异，但控制方法未明确建立交通系统内的时空关联，因此方法的普适性以及内在机理有待进一步研究。

单点控制的原理是利用单个匝道的存储容量，调节汇入主线的交通流及汇入时机，从而提高匝道合流区的运行效率。然而，单点控制在不少场景中难以起效，如高峰时段，控制往往由于入口匝道的排队约束，被迫放行车辆[19]。造成控制失效的原因在于，单个匝道的存储容量有限，难以应对大量车辆到达的局面。由此很自然地想到，利用多个入口匝道的存储容量来调节交通流入，是为"协调控制"。

2.1.3 协调控制

协调控制（coordinated control）从 20 世纪 80 年代开始被提出，最初主要是基于规则（rule-based）的控制，通过预设 if-then（如果-那么）的控制逻辑来建立多个入口匝道之间的关联，主要策略包括"逐次关闭式"控制和"主线瓶颈式"控制两类。进一步地，有研究在此基础上提出了协调层面的自适应控制。

1. "逐次关闭式"控制

早期的"逐次关闭式"控制是被动的，当主线交通拥堵蔓延至某个断面时，关闭最邻近的匝道，若拥堵继续向上游蔓延，逐次关闭从属匝道（slave ramp）。之后，更主动、更智能的协调控制方法被提出[19, 20]。目前，现实中部署较多、受到更多关注的是 HERO（heuristic ramp-metering coordination，启发式入口匝道协调控制）[21-23]。

HERO[24]整合了前面几种方法，其单点层面基于 ALINEA，同时考虑了入口匝道的排队约束，其协调层面根据主线占有率及匝道排队情况，将拥堵最严重的匝道定义为关键匝道（master ramp），然后利用其从属匝道的存储容量，增强调节交通流入的能力。

2. "主线瓶颈式"控制

"主线瓶颈式"控制以主线瓶颈通过量最大化为控制目标。经典的控制方法有 Bottleneck（瓶颈）控制[25]，首先确定瓶颈断面处应减少的交通量（volume reduction），再按照预设权重将这些减少量分配至上游入口匝道，从而得出匝道调节率。一个入口匝道的交通流入可能会造成下游多个瓶颈，为了避免主线拥堵，针对每个瓶颈可计算得到一个调节率，取最严格的（最小的）调节率。最终的控制方案还要考虑单点层面各个入口匝道的排队约束。

Zone（路段）控制[26]将瓶颈控制拓展为区域控制，也就是将一段快速路划分为若干路段，每个路段的下游是瓶颈所在位置，上游处于自由流状态，通过限制路段上游的交通流入，来平衡交通流入流出。

Stratified（分层）控制[27]除了区域的交通流入流出平衡，还将一段快速路按照不同层次（layer）进行划分，不同层次的区域长度不同，区域之间可以相互重叠，进一步保证协调层面的通畅。

SWARM（system wide adaptive ramp metering，全系统自适应匝道控制）[28, 29]利用卡尔曼滤波预测车辆密度，进而得出应减少的交通量。Geroliminis 等[30]根据动态瓶颈的位置来划分路段，提高控制的有效性。

3. 自适应控制

协调层面的自适应控制[31, 32]在这些方法的基础上进一步被提出，其控制原理是围绕一个平衡点（equilibrium point）进行控制及调整（如平衡点状态下的车辆密度），以期在面对不确定性因素时呈现出较好的鲁棒性。

这些协调控制在一定程度上考虑了快速路主线及匝道之间的关联，控制参数可以实测，控制方法相对容易实现，实际应用也验证了其有效性，但难以从理论上证明其控制方法是最优的，往往存在优化空间。

2.1.4 协同控制

协同控制（integrated control）是对快速路交通系统的整合优化，相比协调控制，协同控制进一步体现了交通系统"牵一发而动全身"的强关联。相关研究始于 20 世纪 90 年代[33,34]，实际应用中以先进控制方法（advance method of control，AMOC）[35,36]为经典的最优控制方法。

1. 基于 MPC 的入口匝道协同控制

协同控制通常包含"模型—预测—优化"三大部分，属于模型预测控制（model predictive control，MPC）[37,38]。具体来说，"模型"主要是交通流模型，用于刻画交通流演变机理，关于建模方法将在 2.2 节详细综述；"预测"是对未来一段时间内的交通流进行预测，其中包括控制方案对交通流的影响；"优化"是将控制问题转化为线性规划或非线性规划，构建目标函数，考虑约束条件，对控制方案中的决策变量（如匝道调节率）进行优化。通过滚动时域（rolling horizon），对每个时间步（time step）的控制参数输入以及控制方案输出进行更新[36,38,39]。预测范围（prediction horizon）可包含未来多个时间步，以实现更主动的控制[40,41]。

除了多个入口匝道的协同，协同控制还存在诸多拓展。在控制措施方面，入口匝道控制可以与其他控制措施协同（"RM+"），主要包括路径诱导（route guidance，RG）、可变限速（variable speed limit，VSL）等。在控制对象方面，在车联网环境下，传统的交通流控制正在转变为精准的车辆控制。在控制范围方面，协同控制可从快速路延伸至地面路网，形成交通走廊协同控制。

2. 控制措施协同

入口匝道控制与路径诱导协同（"RM+RG"）于 21 世纪初被提出[42]，其除了控制拥堵路段的交通流入，还通过路侧的可变情报板（variable message signs，VMS）为驾驶员提供行驶建议及路况信息，以平衡路网供需[43,44]。

入口匝道控制与可变限速协同（"RM+VSL"）于 2010 年开始陆续被提出[45,46]，主要目的在于提高瓶颈路段的通过量[47]。快速路上的瓶颈包括由车道减少造成的固定瓶颈[48]，以及由交通流造成的动态瓶颈[49]。为了避免车辆过快流入瓶颈路段加重阻塞，不仅需要控制入口匝道的交通流入，还要通过可变限速对其上游的主线交通流进行控制[48]。控制方法可以是单点优化或全局优化，全局优化的控制效果更好，但求解难度大，难以满足实时计算的要求[50]。为了降低计算时间，许多研究提出了不同策略，如分布式控制[51-53]、对原问题进行参数化以大幅减小解空间[54, 55]、对原问题进行分段仿射[56]或线性简化[57]等。

在此基础上，还有研究提出了进一步的控制措施协同，如"RM＋VSL＋RG"[58]、"RM＋VSL＋路肩控制"[59]和"RM＋VSL＋换道控制"[60]。

3. V2X 车路协同

随着无线通信技术的发展，车辆与外界的信息交互（vehicle to everything，V2X）成为可能，包括车辆与车辆（vehicle-to-vehicle，V2V）、车辆与基础设施（vehicle-to-infrastructure，V2I）、车辆与网络（vehicle-to-network，V2N）等。联网后的车辆不仅用于车辆行驶状态的信息采集，甚至可作为控制手段，实现车路协同[61]。入口匝道控制、路径诱导控制、可变限速控制等控制手段的作用对象将从交通流转变为车辆，实现更精准、更有效的车辆控制[62]。

关于智能网联汽车的应用场景，目前较成熟的是单点或小范围的场景，如自适应巡航控制（adaptive cruise control，ACC）、车辆编队、合作式匝道汇入、速度引导等[63]。可以通过分层控制框架，实现路网级别的车路协同控制（如"区域—路侧—车队—车辆"）[64]。也要注意的是，车辆联网是一个逐步的过程，人类驾驶车辆（human-piloted vehicles，HV）和网联自动驾驶车辆（connected automated vehicles，CAV）可能在相当一段时间内共存，对于这样的新型混合交通流，需充分考虑两者差异，分别提出控制策略[65]。比如 CAV 或许可以完全遵循控制指令，而 HV 存在一定的遵循率以及反应时间，需要配合交通执法以及合适的引导，保障控制的有效性。

4. 交通走廊协同

交通走廊（traffic corridor）的范围一般包含一段快速路、与之平行的地面主干路以及连接两者的出入口匝道[66]。起初，控制只将地面主干路作为快速路的替代路径[67, 68]，控制措施主要包括入口匝道控制和路径诱导控制[69]。

之后，交通走廊控制拓展到相邻交叉口的信号控制优化[70]。对于入口匝道的相邻交叉口（位于其上游），通过信号配时阻碍车辆过快到达入口匝道，以缓解入口匝道的排队压力[71, 72]。对于出口匝道的相邻交叉口（位于其下游），通过信号配时及车道标线，车辆可以顺利离开出口匝道及下游的交叉口，避免排队蔓延至主线[73, 74]。然而，在现实中，快速路与地面道路往往受不同部门管辖[75, 76]，因此，需要部门协作、数据共享等保障机制，使交通走廊协同控制得以落地实现。

纵观以上快速路交通控制发展历程，其具有两大趋势特征：①从单点控制、协调控制、协同控制再到与不同控制措施、智能网联车辆、交通走廊的进一步协同，控制的协同性越来越强；②控制方法经历定时控制、感应控制、自适应控制以及预测控制，控制的主动性越来越强。

2.2 快速路交通优化控制模型

2.2.1 快速路交通流模型

宏观交通流模型广泛应用于快速路交通控制问题。为了便于建模与求解，通常将交通流和道路在时间、空间上离散[34]。常用的模型包括元胞传输模型（cell transmission model，CTM）与METANET［modèle d'écoulement sur le traffic autoroutier: networks（法语），高速公路网交通流模型］。

1. CTM

CTM 是一阶宏观离散交通流模型，由 Daganzo 提出[77]。它将一条道路划分为若干路段，每个路段称为一个元胞，每个元胞存在发送函数（sending function）和接收函数（receiving function）两个特性，两者都是流量关于密度的函数，两个元胞之间的流量取决于前一元胞的最大发送流量，以及后一元胞的最大接收流量，也称"最大发送—最大接收原则"。

然而，最初的 CTM 存在一些缺陷，如无法体现通行能力下降、交通流的惯性效应（inertial effects）等现象。因此，一些模型对 CTM 进行改进，例如，ACTM（asymmetric cell transmission model，非对称的元胞传输模型）[78]认为入口匝道与主线的关系是非对称的，入口匝道交通流汇入主线时乘以一个折减系数。MCTM（modified cell transmission model，改进的元胞传输模型）[79]对 CTM 进行修正，认为主线相对入口匝道有绝对的优先权，在汇入区面对下游主线元胞的接收流量有限时，先满足上游主线元胞的发送流量，然后再满足入口匝道的发送流量。

2. METANET

METANET 是二阶宏观离散交通流模型，由 Papageorgiou 等提出[80]，可以刻画通行能力下降以及交通流的到达、堆积、消散等现象，广泛应用于控制模型中[40, 81, 82]。一些研究根据研究对象特征，对 METANET 进行改进，比如 Wang 等[83]的 METANET 中明确考虑了交织引起的通行能力折减，Pasquale 等[84, 85]提出了多类型（multi-class）的 METANET。

3. 其他模型

除了 CTM 的元胞和 METANET 的路段，LTM（link transmission model，连接传输模型）[57]用连接（link）和节点（node）对路网建模，一个连接的长度相当于几个元胞/路段，以此减少模型变量。MFD（macroscopic fundamental diagram，宏观基本图）模型[86]将路网作为一个整体，研究路网通过量与路网内车辆数的关系，据此在宏观层面确定路网内车辆数的调控目标。

2.2.2 快速路交通优化控制问题的求解

随着交通数据的发展，交通流模型逐渐放宽简单粗糙的假设，更接近现实也更复杂，增加了模型求解难度。对于实际应用，尤其是大规模应用来说，模型的快速求解是不可避免的问题，许多研究从不同角度提出求解算法[42, 87]。

从数学的角度，杨晓光等[34]以线性规划建立控制模型，方法具有明快性、可靠性以及实用性的优点。Muralidharan 和 Horowitz[88]巧妙地对原问题进行松弛，将其转化为线性规划问题，从而提升求解效率。针对大多控制问题非凸（non-convex）、难解的问题，Schmitt 和 Lygeros[89]经过严格的数学推导，证明了可以将原问题精准地松弛为凸优化问题（其最优解与原问题一致），进而利用丰富的凸优化工具进行求解。

从计算机科学的角度，Zhao 等[90]构筑了可微神经网络，将决策变量（控制方案）与目标函数（系统表现）建立关联，利用离线训练的网络以及实时的数据输入，提高模型求解速度。Rezaee 等[91]通过强化学习实现控制优化，将控制方案作为动作（action），将车辆密度视作状态（state），将总行驶时间设置为报酬函数（reward function）。

从求解机制的角度，Yu 等[40]将问题转化为决策网络中控制轨迹（control trajectory）搜索，为了平衡搜索的速度和精度，搜索分为两个阶段，第一次搜索颗粒度较大，确定大致解的范围，第二次搜索在此基础上进行颗粒度更精细的搜索。类似地，Wang 等[41]基于决策树进行解搜索，并且规定后一时刻的控制方案只能在前一时刻的基础上在一定范围内波动，这样既缩小了求解空间，提高了求解速度，又可以保证控制方案的稳定。Ferrara 等[92]建立了事件触发的求解机制，以减少求解次数，也就是控制方案只在交通状态满足一定条件时才进行更新。

2.2.3 快速路交通控制的目标与约束

快速路交通控制的目标主要为提高效率、减少拥堵，评价指标包括快速路路网的总耗费时间（total time spent，TTS）、主线总行驶时间（total travel time，TTT）、匝道总等待时间（total waiting time，TWT）、总行驶里程（total travel distance，TTD）。一些研究也兼顾公平[79, 81, 93]、稳健[81, 82]、环保[84]以及安全[82]，并提出了相应的衡量指标。

以上这些目标可能是互相冲突的，比如 Kotsialos 和 Papageorgiou[81]发现，有时候最有效率的入口匝道控制方案是欠公平的，Meng 和 Khoo[79]通过帕累托最优权衡公平与效率。在面对多目标优化时，最常见的做法是通过加权来构建目标函数。

在控制约束方面，几乎在所有研究中都考虑了对主线通行能力和入口匝道流量的约束。为了避免入口匝道控制造成的排队蔓延至地面道路，一些研究在约束条件中加入了入口匝道排队约束[34, 78, 83]，或是让其在目标函数中以惩罚函数的形式出现[40, 81, 84]。

在我国的某些城市，以及一些用地紧张的国家或地区，快速路的出口匝道紧邻地面交叉口设置，信号控制交叉口极大限制了出口匝道的通行能力，造成车辆在出口匝道上排队，因此杨晓光等[34]考虑了出口匝道排队约束。另外，由于流量与速度之间的非线性关系，同一流量可能对应畅通或拥堵状态，为了确保快速路处于畅通状态，杨晓光等[34]还加入了对主线最低行驶速度的约束。

表 2.1 总结了目前代表性研究所考虑的控制目标与约束条件以及使用的交通流模型和多目标优化方法。对比已有研究，本书将综合考虑以上所有约束，并将控制目标聚焦于提高效率。具体地说，在主线行驶速度处于预设的最低速度之上时，以总耗费时间最小为目标；而当交通需求过大，导致主线行驶速度掉落最低速度之下时，则尽快使其恢复至最低目标速度以上，再考虑总耗费时间最小。面对多目标优化时，通过分层序列法生成控制方案。并且，根据现有交通流模型的特征及优势，本书选择 METANET 进行控制问题的建模。

表 2.1 快速路交通控制模型的总结

文献	交通流模型	控制目标	多目标优化方法	约束条件				
				主线通行能力	入口匝道流量	入口匝道排队	出口匝道排队	主线行驶速度
杨晓光等[34]	基本图、交通流平衡	总行驶里程最大		√	√	√	√	√
Kotsialos 和 Papageorgiou[81]	METANET	总耗费时间最小、控制轨迹振荡最小、入口匝道排队约束的惩罚函数	加权	√	√	√		
Gomes 和 Horowitz[78]	ACTM	总耗费时间最小、总行驶里程最大	加权	√	√	√		
Meng 和 Khoo[79]	MCTM	总延误最小、公平性最大	帕累托最优	√	√			

续表

文献	交通流模型	控制目标	多目标优化方法	约束条件				
				主线通行能力	入口匝道流量	入口匝道排队	出口匝道排队	主线行驶速度
Wang 等[83]	METANET	总行驶时间最小、总行驶里程最大、总等待时间最小	加权	√	√	√		
Yu 等[40]	METANET	总行驶时间最小、总等待时间最小、入口匝道排队约束的惩罚函数	加权		√	√		
Pasquale 等[84]	METANET	总交通排放最小、总耗费时间最小、控制轨迹振荡最小、入口匝道排队约束的惩罚函数	加权	√	√	√		
Pasquale 等[82]	METANET	安全性最大、总耗费时间最小、控制轨迹振荡最小	加权	√				
Han 等[86]	MFD	总耗费时间最小		√				
本书	METANET	总耗费时间最小、主线行驶速度尽快恢复至最低速度以上	分层序列法	√	√	√	√	√

2.3 快速路交通控制数据需求

随着信息技术的发展，交通数据的采集手段丰富，数据的精准性、实时性、颗粒度等数据质量均有提升，数据的获取由借助模型推导转变为实测。比如，关于状态数据的获取，过去由于检测器分布较疏，不得不依赖模型假设推导，一些拥堵、突发事件无法被及时捕捉[94-96]，而如今可通过环形线圈、视频监控、红外检测器等手段更精准地实测。另外，新的数据种类涌现，为控制理论的拓展提供启发。

快速路交通控制的基本数据需求包括主线状态（流量、密度、速度）以及交通需求。杨晓光等[34]还将排队数据作为数据需求，并且构建了系统诸变量之间的动态关系，利用行程时间和 OD 表示入口匝道的交通流入对下游交通的影响系数。虽然 OD 是重要的控制输入，但在当时是难以实时获取的。所以，研究基于模拟数据展开，比如，假设每个时段的 OD 是已知的。

为了提高控制方法的实用性，Chang 和 Li[97]基于断面流量对 OD 进行动态估计，并整合于控制方法中。Zhang 和 Levinson[98]发现在出口匝道处，交通流选择驶出匝道的离开率（exit rate）是稳定的，因此避开了 OD 估计，直接基于可以实测的交通流量，再由历史数据得到离开率，进行控制问题的建模。类似地，

Papamichail 等[36]也用离开率来替代 OD。然而，在很多情况下，OD 仍是动态变化的，且随控制方案而改变。现今，动态乃至实时 OD 估计逐渐成为可能，因此近年来的研究重新将 OD 作为重要的控制输入[40, 85]。

表 2.2 总结了不同控制方法所考虑的数据需求，总的来说呈现出不断丰富的趋势。关于这些数据的获取，早先较多通过模型假设推导得到。随着信息技术的发展，可通过实测更精准地获取交通状态信息，并且更及时地发现突发事件。关于数据需求所涉及的数据种类，本书不仅考虑了以往典型的数据种类，还包括了轨迹数据这一新涌现的数据源。控制方法充分利用了现有环境下的典型数据，并面向未来网联化交通的数据环境，兼具实用性与前瞻性。

表 2.2 快速路交通控制数据需求的总结

文献	主线状态	交通需求	入口匝道排队	出口匝道排队	行程时间	OD	轨迹数据
杨晓光等[34]	√	√	√	√	√	√	
Chang 和 Li[97]	√	√			√	√	
Zhang 和 Levinson[98]	√	√					
Papamichail 等[[36]	√	√	√		√		
Yu 等[40]	√	√	√		√		
Pasquale 等[85]	√	√	√				
本书	√	√	√	√	√	√	√

2.4 研 究 评 述

纵观快速路交通控制方法的发展，从单点控制到协调控制再到协同控制，控制的协同性不断增强，控制方法经历定时控制、感应控制、自适应控制以及预测控制，控制的主动性逐渐增强。

然而，已有方法仍存在脱离现实、控制失效的情况。这一方面是由于过去的方法大量依赖模型来获取状态变量以及建立时空关联，引入过强的假设造成理论脱离实际。另一方面，受限于当时的感知、交互与计算能力，难以实现大规模控制、实时控制、多约束多目标的优化控制等，不得不通过简化问题来实现求解。以入口匝道控制为例，过去对于出入口匝道之间的复杂关系研究不充分，多简化为线性关系，并通过模型推导来间接建立关系。

提升控制方法科学性及实用性的关键，在于理论与现实的耦合。从过去的教训中可以发现，唯模型或唯数据都是不可取的，唯模型将不可避免地引入大量假定，造成理论与现实的脱离，唯数据则容易将系统视为"黑盒子"，难以明晰内在机理。应探索模型与数据整合的控制方法，充分利用实时计算结果，并通过数学符号清晰表达系统变量之间的关系，从而准确刻画交通系统状态及复杂关联。

2.5 本章小结

本章回顾了快速路交通控制的发展历程，并梳理了具有代表性的控制方法。其中，优化目标以总耗费时间最小为主，约束条件多考虑主线通行能力约束、入口匝道排队约束以及入口匝道流量约束，但较少考虑主线行驶速度约束与出口匝道排队约束。即使少数研究考虑了这些约束，受限于当时的感知水平，控制模型中的状态变量及时空关联通过模型推导得到，与现实情况存在偏差，限制了控制方法的实用性。本书不仅综合考虑快速路交通系统中的诸多约束，而且充分利用目前的交通感知条件。本书的创新之处如下。

（1）基于状态实测，及时捕捉交通运行动态，提高控制的时效性。

（2）基于车辆轨迹追踪，直接建立系统内的时空关联，提高控制的系统性。

（3）基于精准的拥堵预测及溯源，实现主动协同控制。

第 3 章 主动协同控制的数据需求与获取方法

本章面向快速路交通主动协同控制的目标，介绍控制原理，提出控制框架，并分析了控制问题涉及数据的充分性和必要性。在充分性方面，梳理了现实中典型的数据条件，包括数据格式、数据质量、实时性、可获得性等。在必要性方面，根据控制原理，提出控制问题的数据需求，包括数据内容、数据范围、颗粒度等。之后对照当前的数据条件，分析这些数据需求的可获取程度，并由此提出了具体的研究问题。

3.1 主动协同控制的原理

快速路交通主动协同控制充分考虑系统内的交通流/车辆在时间和空间维度上的高度相关，精准预测交通状态变化趋势，以及控制对于快速路交通系统的影响，识别潜在拥堵并提前应对。以入口匝道控制为例，主动协同控制需预测入口匝道流入车辆和主线车辆，将在未来何时抵达何地（行程时间与 OD），以及入口匝道控制方案对系统内交通流/车辆的影响，从而当预测到潜在拥堵发生时，可通过源头回溯，以限制入口匝道的交通流入为目标，生成控制方案，使未来一段时间内快速路交通系统运行整体最优。

快速路交通主动协同控制方法的框架如图 3.1 所示，分为感知层、预测层以及控制层。为了实现协同控制，感知层除了主线路段的宏观交通流状态参数（如流量、密度、速度），还应获取系统中不同路段/匝道之间的时间关联（行程时间）以及空间关联（OD 量）。

为了实现主动控制，预测层以历史交通流演变规律为基础，同时考虑道路设施信息、道路通行能力、道路限速等慢变量，以及实时交通需求、实时交通状态、实时控制方案等快变量。预测层需对系统内所有路段未来一段时间的交通流演化进行预测，包括主线路段的交通状态、交通流入流出、出入口匝道车辆排队等，从而预测潜在拥堵。

控制层基于预测对未来一段时间的快速路交通系统进行整体优化，为了实现更主动的控制，预测时长（时间窗）可包含多个时间步，控制方案通过滚动时间窗动态更新。生成的最优控制方案输出至控制机，作用至下一个时间步的交通系统，由此形成闭环，不断更新。

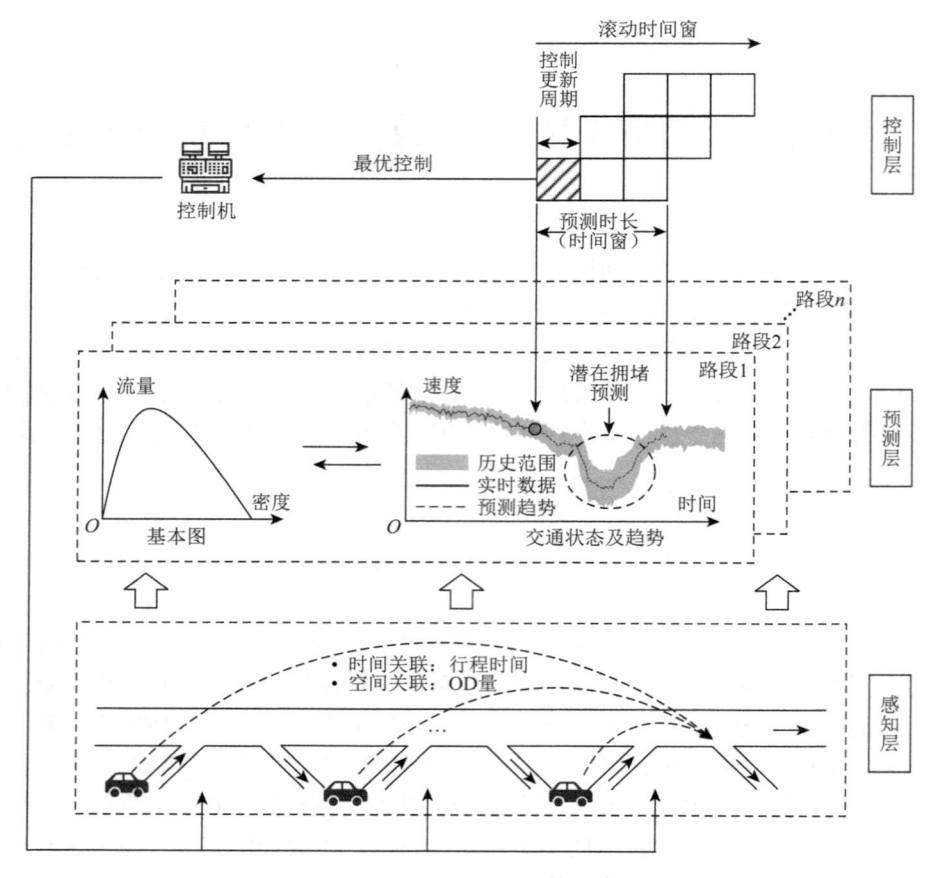

图 3.1 快速路交通主动协同控制方法的框架

3.2 典型数据条件与获取方法

与快速路交通相关的数据资源涉及多个部门，主要包括交通管理部门、交警部门、出租车企业、互联网企业等，对这些部门进行实地调研。经过实地调研，对目前典型的数据条件进行梳理，具体如下。

3.2.1 环形线圈数据

环形线圈布设于主线及匝道断面，每条车道需布设一组。环形线圈数据每隔一个统计周期（通常为 5 min）记录一次交通流统计数据（集计数据），包括通过量、平均速度、占有率以及车头时距。其中，通过量即统计周期内通过断面的车辆数,据此可得到交通流量;平均速度是车辆通过断面的瞬时速度的平均值;占有率是车辆通过断面的累计时间占用的比率;车头时距是两辆连续车辆车头通过断面的平均时间间隔,即通过量的倒数。一些环形线圈检测器还根据车辆长度检测车型,并对通过量以及平均速度进行车型划分。

3.2.2 浮动车 GPS 数据

浮动车 GPS 数据通常由安装在出租车上的 GPS 设备采集,数据字段包括 GPS 设备编号、时间戳、经纬度、瞬时速度、载客状态、车辆方位角等,正常情况下每 30 s 返回一次数据。根据经纬度可进行路段匹配,并通过车辆方位角判断车辆行驶方向,以辨别车辆所在位置属于双向道路的哪一侧。载客状态记录了出租车处于载运状态还是空驶状态。

根据连续的 GPS 数据,可以提取一段出行的 OD 以及行程时间,并且,根据瞬时速度也可以推断交通状态。但是,要注意的是,浮动车只占所有车辆的一小部分,属于小样本数据,且主要记录的是出租车用户的出行特征,存在样本偏差。

3.2.3 视频数据

视频数据由于其直观、便于监控的特点,广泛分布于快速路,尤其是出入口匝道、常拥堵路段等关键区域。随着视频监控摄像机的技术更新,视频越来越高清流畅,一些摄像机的分辨率已达到 1080 P(1920×1080 像素),部分甚至达到 4 K(4096×2160 像素),通常为 25 fps[①],即 1 s 内记录 25 个图像。

视频数据需要利用视频图像处理技术识别车牌号、提取车辆轨迹以及统计交通流的流量、密度、速度等交通信息。然而,现实中许多视频数据是未经处理的,属于非结构化数据。

3.2.4 手机导航数据

手机导航数据是近年来新涌现的数据形式,它通过手机地图应用采集,形成用户轨迹,其数据字段包括用户唯一标识、轨迹编号、时间戳、经纬度、匹配路段、瞬时速度。

手机地图导航对于数据的精度以及准确度要求较高,而手机导航数据是行车

---

① 1 fps = 0.3048 m/s。

导航中产生的数据,所以,它相比传统的浮动车 GPS 数据具有以下优势。首先,手机导航数据的更新频率更快,一般 5 s 返回一次,且导航过程中已将经纬度坐标匹配至路段,并经过用户验证校正,因此可以省去路段匹配的步骤。其次,连续采集的手机导航数据可形成轨迹数据,更精确地记录车辆行驶状态。最后,手机导航数据属于众包数据,由上亿名用户提供,样本远大于浮动车,可提供更全面的交通观测。

然而,手机导航数据也存在以下缺陷。第一,用户未必全程开启导航,导致一部分行驶轨迹丢失。第二,由于驾驶员熟悉当地路网、采取固定行车路线、不习惯在行车中开启导航等原因,一部分驾驶员未使用导航。因此,和浮动车 GPS 数据一样,其出行特征也可能存在样本偏差的问题。

3.2.5 路网地图

路网地图除了表示路段连接关系,还包含道路设施的基本属性,如车道数、车道宽度、路段长度等。而上述数据中的固定检测器位置也可能在地图上显示,如环形线圈、视频卡口。另外,互联网企业也各自具备底层地图,对应它们的位置数据。

表 3.1 总结了现实中典型的数据类型、数据字段、数据特征以及涉及的相关部门/企业等。环形线圈数据和路网地图由交通管理部门掌握,是交通管控的重要数据源,在不少城市已实时接入控制模块。浮动车 GPS 数据由出租车企业管理,主要用于出租车实时调度,一些城市也将实时的浮动车 GPS 数据接入交通管理平台。视频数据在我国主要由交警部门掌握,而交通管理部门也可能具备部分卡口的视频数据,实时的视频监控是交通监控与管理的重要依据,但由于存储空间的限制往往只保留最近一个月的视频。手机导航数据主要由提供地图服务的互联网企业采集,如高德地图、百度地图等,这些企业虽然实时采集数据,但由于数据保密、数据安全等限制,只开放部分历史数据,而原始数据未实时接入政府的交通管理平台。

表 3.1 快速路交通的典型数据条件

序号	数据类型	数据字段	检测器布设	数据特征	颗粒度	时效性	相关部门/企业
1	环形线圈数据	线圈编号、断面位置、车道位置、检测时间、通过量、平均速度、占有率、车头时距	主线、匝道	集计	5 min	实时数据、历史数据	交通管理部门

第 3 章　主动协同控制的数据需求与获取方法

续表

序号	数据类型	数据字段	检测器布设	数据特征	颗粒度	时效性	相关部门/企业
2	浮动车 GPS 数据	GPS 设备编号、时间戳、经纬度、瞬时速度、载客状态、车辆方位角	出租车	非集计	30 s	实时数据、历史数据	出租车企业
3	视频数据	卡口位置、时间戳、视频图像（非结构化数据）	主线、匝道	非结构化	25 fps	实时数据，历史数据最多保存一个月	交警部门、交通管理部门
4	手机导航数据	用户唯一标识、轨迹编号、时间戳、经纬度、匹配路段、瞬时速度	手机地图导航	非集计	5 s	实时数据，但由于数据保密、数据安全等限制，只能获得部分历史数据	互联网企业
5	路网地图	车道数、车道宽度、路段长度				最新版	交通管理部门、交警部门、互联网企业

除了以上这些典型数据条件，现实中还存在其他数据也可用于控制。比如，手机信令记录着出行者的移动趋势，然而其定位精度有限，只能用于获取大尺度 OD。手机信令数据是否可用取决于样本是否足够。其数据获取则牵涉数据共享的问题，需要手机运营商开放数据资源。

再比如，公安交警系统的高清卡口数据记录着车牌信息与车辆特征，从中不仅可以获取道路断面层面的状态数据，还可通过车牌匹配得到行程时间、OD 的路网层面信息。然而，目前高清卡口及车牌识别系统成本较高，布设较少。而且，车牌信息涉及个人隐私，主要用于违章违法查处和侦查破案，而非交通控制。未来可以对车牌号进行加密处理再输入控制，以规避隐私问题。

3.3　主动协同控制的数据需求

本节基于控制原理，对快速路交通主动协同控制方法的数据需求进行梳理。数据范围应与控制问题的研究范围保持一致，具体数据需求如下。

（1）基础设施数据，包括主线路段以及出入口匝道的车道数、车道宽度、车道长度等。

（2）主线路段交通流基本图，即流量、密度、速度三者的关系，基本图参数包括路段通行能力（traffic capacity）、自由流速度（free flow speed）、临界密度（critical density）、阻塞密度（jam density）等。

（3）主线状态数据，包括流量、密度、速度。

（4）匝道排队数据，包括排队车辆数、排队长度、匝道流量。

（5）交通需求数据，指的是研究范围的交通需求源头，即主线上游以及入口匝道，要注意的是，在拥堵状态下，交通需求不等于交通流量。

（6）主线路段及出入口匝道之间的行程时间数据。

（7）主线路段及出入口匝道之间的 OD 数据。

（8）轨迹数据，采集对象为个体车辆，数据内容包括车辆 ID、时间戳、实时位置、瞬时速度，同时记录本次出行的出发地及目的地，数据每 10 s 更新一次，覆盖研究范围内的出行全过程。

上述数据中，基础设施数据和主线路段交通流基本图在本书的研究问题中保持不变，属于慢变量。而其他数据反映了交通状态以及交通需求，在现实中是动态变化的，属于快变量。快变量数据需要实时更新，更新频率（时间颗粒度）一般不小于 5 min。

除了实时数据，历史数据也是重要的控制依据，可以反映系统变量之间的变化规律以及时空分布规律。并且，在实时数据缺失时，可以作为动态数据的替代，确保控制的时效性。如图 3.2 所示，虚线表示的是原始的交通量数据，通过线圈数据采集，在一些时间段中部分线圈未正常返回通过量，导致交通量出现异常的骤降，如椭圆所圈出的部分。利用历史同期数据及该缺失数据相邻时刻的数据，进行数据修补，结果如实线所示。

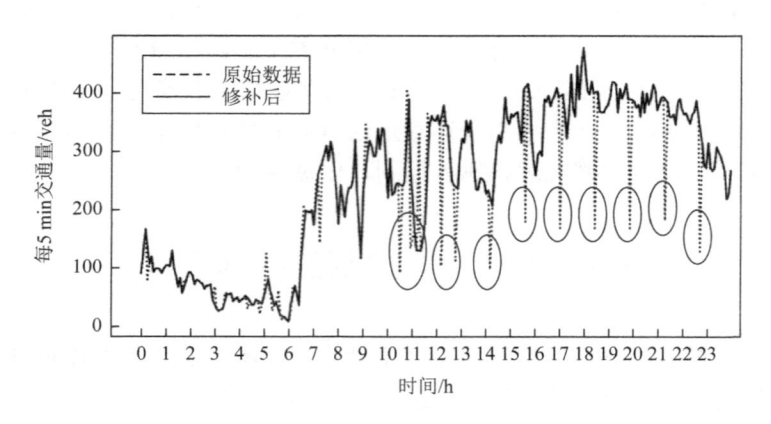

图 3.2　利用历史数据修补实时数据缺失的示意

表 3.2 总结了快速路交通主动协同控制方法的数据需求。其中，基础设施数据、主线路段交通流基本图、主线状态数据、匝道排队数据和交通需求数据为基本数据需求，可通过实时及历史的环形线圈数据、视频数据获取，当前数据条件满足。

表 3.2　快速路交通主动协同控制方法的数据需求

序号	数据需求	数据内容	宏/中/微观	时间颗粒度	空间颗粒度	快/慢变量	历史/实时	是否满足
（1）	基础设施数据	车道数、车道宽度、车道长度	宏观		主线/匝道路段	慢变量	历史	满足，可直接获取
（2）	主线路段交通流基本图	路段的流量、密度、速度三者的关系，基本图参数包括路段通行能力、自由流速度、临界密度、阻塞密度等	宏观		主线路段	慢变量	历史	
（3）	主线状态数据	流量、密度、速度	宏观	5 min	主线路段	快变量	历史、实时	
（4）	匝道排队数据	排队车辆数、排队长度、匝道流量	宏观	5 min	匝道路段	快变量	历史、实时	
（5）	交通需求数据	交通需求量	宏观	5 min	出发地（主线上游、入口匝道）	快变量	历史、实时	满足，可直接获取
（6）	行程时间数据	出发地、目的地、行程时间	中观	5 min	主线/匝道路段	快变量	历史、实时	难以直接获取，需要基于现有数据估计
（7）	OD 数据	出发地、目的地、OD 交通量	中观	5 min	主线/匝道路段	快变量	历史、实时	
（8）	轨迹数据	车辆 ID、时间戳、实时位置、瞬时速度、本次出行的出发地及目的地	微观	10 s	车辆	快变量	历史、实时	难以获取任意车辆出行全过程的实时轨迹

行程时间数据和 OD 数据是为了提升控制的协同性，对快速路系统内的交通流直接建立时空关联，避免模型推导造成误差累积。虽然实时的行程时间和 OD 难以直接获取，但可以基于现有数据估计。对此，目前已存在诸多方法，应充分利用最好的数据条件，进一步提升估计精度，优化控制效果。

轨迹数据是为了加强控制的精准性，实现对车辆级别的感知。虽然目前可以基于视频数据提取一定观测范围内的车辆轨迹，或是基于手机导航数据获取一部分车辆的连续轨迹，但是任意车辆出行全过程的实时轨迹难以获取。不过，可以预见，随着智能网联汽车的逐渐普及，以及交通管控与服务的深度融合，实时轨迹数据的获取在未来将成为可能。

3.4 本章小结

本章首先从快速路交通主动协同控制的目标及内涵出发，介绍了控制原理，并建立了由感知层、预测层、控制层组成的控制框架。然后，根据实地调研情况，对目前典型的数据条件进行梳理。同时，基于控制原理，罗列数据需求。对照现有数据条件发现以下结论。

（1）快速路交通控制的基本数据需求可以得到满足，包括基础设施数据、主线路段交通流基本图（路段的流量、密度、速度三者之间的关系）、主线状态数据、匝道排队数据、交通需求数据。

（2）主动协同控制的部分数据难以直接获取，如行程时间和 OD。为了提升控制方法的实际应用价值，需要基于现有数据条件，提升行程时间和 OD 的估计精度。

（3）任意车辆出行全过程的实时轨迹数据将进一步支撑主动协同控制，但目前获取困难，因此需要利用行程时间和 OD 估计，直接建立上下游时空关联，在一定程度上作为实时轨迹数据的替代。而随着交通网联化，以及交通管理控制与服务一体化的发展，这些数据的获取将在未来成为可能。

第 4 章 行程时间估计与 OD 估计

本章主要介绍两种与交通控制相关的技术：行程时间估计和 OD 估计。在行程时间估计方面，由于路网中两点之间的行程时间在大多数情况下无法直接获得，本章提出了一种基于视频数据的车辆重识别方法，以获取该段道路历史样本的行程时间。这种方法具有普适性和实用性，可用于对历史行程时间数据的校正，并结合实时的状态数据，实现更精准的行程时间估计。在入口匝道控制中，OD 是重要的输入，但难以直接采集。因此，本章提出了一种基于历史轨迹数据的 OD 估计方法，通过足够的样本获取路径选择比例，再结合断面流量，实现更精准的 OD 估计，为主动协同控制提供必要条件。这两种方法都可以提高交通控制的准确性和效率，有助于缓解交通拥堵，提高道路利用率。

4.1 基于视频数据的车辆重识别与行程时间估计

行程时间是快速路交通主动协同控制的重要输入。然而，路网中两点之间（从出发地到目的地）的行程时间在大多数情况下无法直接获得。随着视频监控的逐渐普及，视频数据正成为交通控制的典型数据之一，一段快速路上往往分布着多处视频监控。本章利用视频数据，对经过上游和下游视频监控的车辆进行匹配，即车辆重识别，从而得到该段道路行程时间的历史样本。该方法基于普通画质的视频数据提出，具有普适性,可用于对历史行程时间数据的校正，结合实时的状态数据，实现更精准的行程时间估计，为主动协同控制提供必要条件。

4.1.1 问题描述

1. 问题背景

1）行程时间估计

行程时间估计方法随着交通检测器数据的丰富而不断发展，交通检测器数据大致可分为以下三类。

第一类是固定检测器数据，以环形线圈数据为代表，利用流量、密度、速度之间的关系以及交通流理论，进行行程时间估计[99-101]。然而，仅利用断面数据估计车辆连续移动所用的行程时间，不可避免地需要引入模型假设，在一些拥堵状态下，估计精度较差[96]。

第二类是移动检测器数据，利用 GPS 数据[102]或网联汽车数据[103]，可以连续记录车辆轨迹，进而获得行程时间样本。然而，由于设备成本较高、技术局限、隐私担忧等问题，这些车辆往往只占很小比例，样本数量不足，并且可能存在样本偏差。

第三类是区间检测器数据（interval detector data），区间检测器指的是布设在两处地点的一对固定检测器，它们记录着同一车辆通过不同地点的时间戳，通过两者之差即可得到行程时间[104]。典型的区间检测器数据包括音频视频交错（audio video interleaved，AVI）数据、射频识别（radio frequency identification，RFID）数据、蓝牙数据等。但是，和第二类一样，这些数据的渗透率通常很低，限制了它们的应用，往往需要结合固定检测器数据，进行多源数据融合[105]。

2）视频数据的普及性

近年来，视频监控由于其实时性、真实直观、信息丰富等特征，成为交通管控的重要手段。以上海市为例视频监控点位连续分布在快速路上，在匝道、立交等关键节点处分布更密集。通过系统界面选择点位，可查看该处的视频监控。图 4.1 是典型的高位视频监控图像，即摄像头从高处拍摄整个道路断面的交通情况，可直观反映整体交通运行状态，但难以捕捉具体车辆的车牌信息。

图 4.1　高位视频监控图像

3）车辆重识别

车辆重识别是获得区间检测器数据进而获得行程时间数据的一种手段，可基于高清或低清的视频图像进行。高清指的是可以用于车牌识别，然而，为了获得足够清晰的车牌图像，通常需要针对每条车道布设一个低位摄像头，因此成本较高。再者，世界上很多国家和地区，仍对车牌提取存在隐私顾虑。并且，车牌识别不适用于道路拥堵、车牌遮挡的情况。

在此背景下，不少研究利用低清的视频图像，根据车辆外观特征、时空特征等信息，进行车辆重识别。当车辆经过一处视频监控时，车辆重识别为其随机分配一个 ID，当该辆车再次出现在另一处视频监控中时，车辆重识别需要重新识别（re-identify）出该车。由于其实用性、匿名性等优势，基于低清视频数据的车辆重识别受到颇多关注[106-111]。

图 4.2 示意了典型的视频数据，图中框出的卡车先后经过上游和下游的视频监控，车辆重识别需要成功匹配两处视频监控中的卡车。现实中存在的挑战在于以下几个方面：①高位摄像头的车辆图像清晰度有限；②两处视频监控间隔一段距离，当中存在一块视野不重叠（non-overlapping）的区域，无法连续追踪车辆轨迹，如图 4.3 所示；③视频监控的角度不同，如图 4.2 所示，一个朝前，另一个朝后；④高峰时段车辆拥挤，待匹配的车辆更多，加大了匹配难度。

(a) 上游点位从前方拍摄　　　　　　(b) 下游点位从后方拍摄

图 4.2　视频数据示意

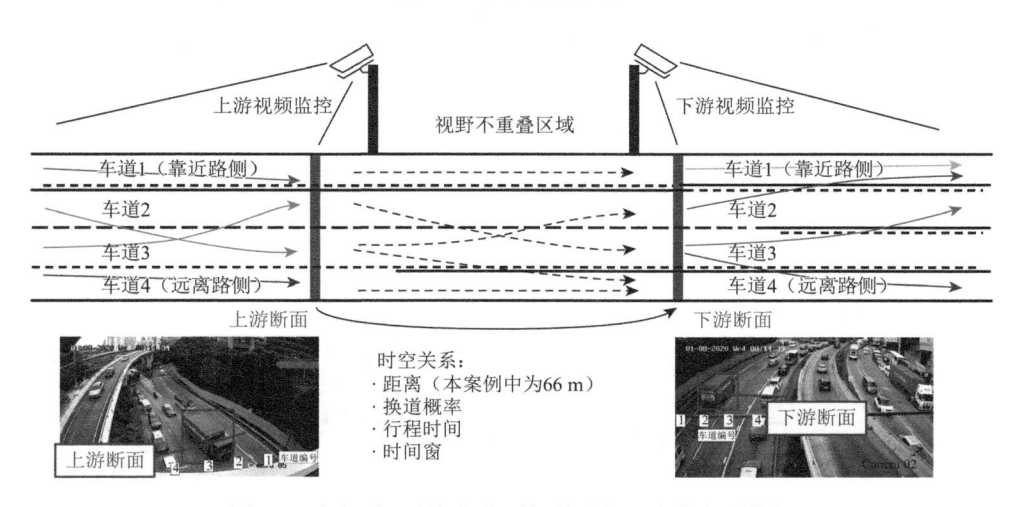

图 4.3　车辆重识别与行程时间估计问题中的车道特征

车辆重识别基于车辆特征进行，包括颜色、车型、车长、车身图案等，根据车辆特征之间的相似度进行车辆匹配。相似度的计算主要包含距离法和概率法两种。距离法计算的是两个车辆特征之间的距离，距离越小表示相似度越高[106, 112, 113]。概率法还考虑了车辆特征提取中存在的误差、噪声等不确定性因素，多采用贝叶斯模型得出概率值，概率值越大代表相似度越高[114, 115]。

为了提高匹配概率，许多车辆重识别方法引入了时间窗（time window）约束，以筛选掉在时间上不合理的车辆。假设一辆车经过上游视频监控，那么它会在一段合理的时间后，出现在下游视频监控中，时间窗即是它出现在下游路段的时间范围。时间窗太大会导致约束失效，引入过多错误匹配，太小则可能将正确匹配排除在外。Sumalee 等[116]根据历史行程时间分布，确定固定的时间窗。Wang 等[117]在此基础上，根据实时交通状态，动态调整时间窗。然而，已有的方法在拥堵路段的表现仍有待改进，车辆匹配的正确率不足以支撑精准的行程时间估计。

2. 研究思路

本书从车道特征入手，提高车辆重识别以及行程时间估计的性能。图 4.3 所示的是一段真实路段，具有复杂的车道特征，有些允许换道而有些不允许。并且，不同车道朝向不同目的地，有些留在主线，有些离开主线。

由于车道功能不同，同一路段不同车道上的交通状态或许存在巨大差异。图 4.4 利用真实数据，展现了图 4.3 中不同车道的行程时间分布，从车道 1 到车道 4，行程时间越来越长，其中车道 1 是靠近路侧车道（near-side lane），车道 4 是远离路侧车道（far-side lane）。车道 4 的行程时间平均值及标准差显著大于其他车道，并且，车道 4 的分布类型符合正态分布，而其他车道的分布类型更接近对数正态分布。

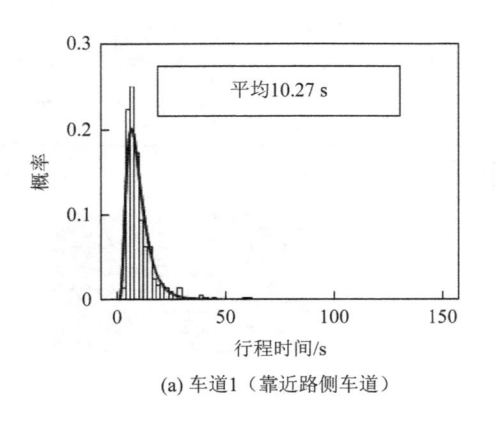

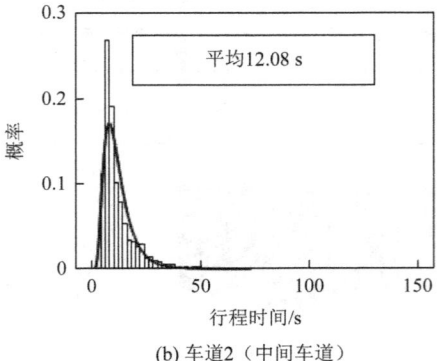

(a) 车道1（靠近路侧车道）　　(b) 车道2（中间车道）

第 4 章　行程时间估计与 OD 估计

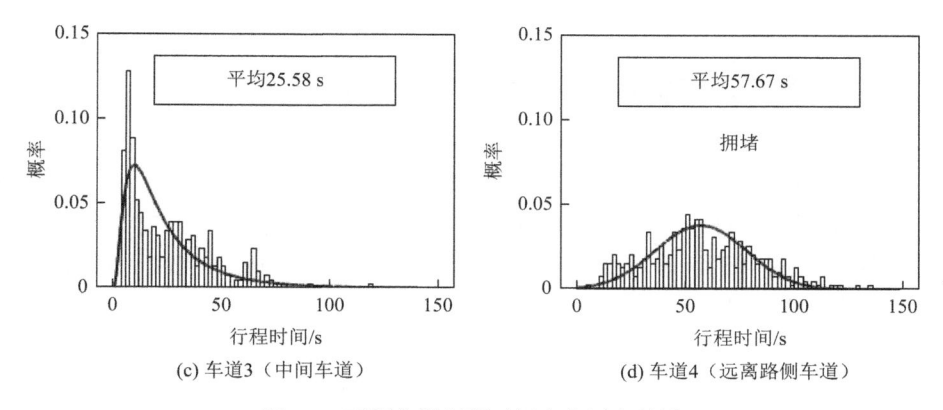

(c) 车道3（中间车道）　　(d) 车道4（远离路侧车道）

图 4.4　不同车道行程时间存在巨大差异

本书充分利用车道之间的差异，对每条车道构建更精准的时间窗，以缩小车辆的匹配范围，提高匹配正确率；并且考虑上下游时空关联，如不同车道的到达时间概率、换道概率等先验信息，采用概率法，计算出更合理的匹配概率。

表 4.1 对比了本书与已有研究之间的不同，已有研究的时间窗约束、车辆匹配都是基于路段的（link-based），行程时间估计结果也是基于路段的，估计内容只包含了平均值、标准差，而分布类型通常是预设的。本书的时间窗约束、车辆匹配以及行程时间估计都是基于车道的（lane-based），估计内容包括平均值、标准差以及分布类型。

表 4.1　车辆行程时间估计方法对比

文献	检测器/传感器	相似度指标	时间窗约束	车辆匹配	行程时间估计		
					平均值	标准差	分布类型
Sun 等[106]	视频监控、环形线圈	距离法	基于路段	基于路段	无	无	无
Oliveira-Neto 等[118]	车牌识别检测器				基于路段	基于路段	
Tang 等[113]	视频监控				基于路段	无	
Hyun 等[115]	动态称重传感器、环形线圈				无	无	
Kwong 等[114]	无线地磁传感器	概率法			基于路段	基于路段	
Sumalee 等[116]	视频监控				基于路段	基于路段	
Wang 等[117]	视频监控				基于路段	基于路段	
本书	视频监控		基于车道	基于车道	基于车道	基于车道	基于车道

4.1.2 基于车道的车辆重识别与行程时间估计方法

车辆重识别与行程时间估计具体包含四步，分别是车辆特征提取、时间窗构建、二分图匹配、行程时间估计，每一步都从传统基于路段的方法拓展为基于车道的方法，如图 4.5 所示。行程时间估计不仅是方法的输出，也用于时间窗调整以及交通状态的实时更新。

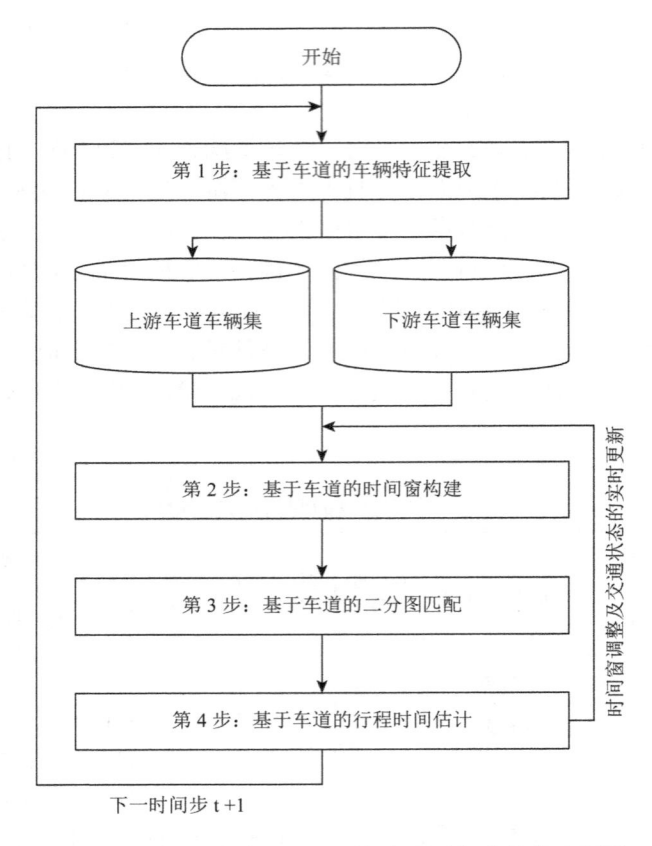

图 4.5 基于车道的车辆重识别与行程时间估计的流程图

1. 第 1 步：基于车道的车辆特征提取

利用图像处理技术，对每辆经过上游及下游视频监控的车辆，记录它们的车辆轨迹以及图像信息，进而提取车辆特征，具体包括车道 l、到达时间 τ、速度 v、换道行为 LC、颜色 color、车型 type、车长 length。用 U 表示上游，对每辆上游

车辆 $i \in U$，提取车辆特征 $\left(l_i^U, \tau_i^U, v_i^U, \mathrm{LC}_i^U, \mathrm{color}_i^U, \mathrm{type}_i^U, \mathrm{length}_i^U\right)$；用 D 表示下游，对每辆下游车辆 $j \in D$，提取车辆特征 $\left(l_j^D, \tau_j^D, v_j^D, \mathrm{LC}_j^D, \mathrm{color}_j^D, \mathrm{type}_j^D, \mathrm{length}_j^D\right)$。其中，前四个特征基于车辆轨迹提取，后三个特征基于车辆图像提取。

1）基于车辆轨迹的特征（车道 l、到达时间 τ、速度 v、换道行为 LC）

车辆轨迹提取使用了计算机视觉领域的两个开源工具——YOLOv3［you only look once version 3，一阶段目标检测（第 3 版）］[119]以及 Deep SORT（simple online and realtime tracking，简单的在线实时跟踪）[120]。如图 4.6 所示，利用 YOLOv3 对视频图像进行车辆识别，再使用 Deep SORT 对多张连续视频图像进行车辆跟踪，并为每一辆车分配一个随机 ID。

(a) 上游　　　　　　　　　　　　(b) 下游

图 4.6　框出的识别车辆

车辆在每一帧图像的中心位置，作为一个轨迹点，将这些轨迹点按时间顺序排列，形成车辆轨迹。然后，通过图 4.7 所示的虚拟网格，将图像坐标转化为真实世界中的道路坐标[113]。

(a) 上游　　　　　　　　　　　　(b) 下游

图 4.7　通过虚拟网格将图像坐标转化为道路坐标

对上游和下游的视频监控，分别给定一个断面，并记录车辆通过该断面时所在的车道 l 以及到达时间 τ。速度 v 根据视频监控视野的长度以及车辆通过视野所用时间计算。换道行为 LC 则是捕捉在视野范围内，车辆轨迹的起始车道与最终车道位置有无改变，分为无换道、换道至靠近路侧车道、换道至远离路侧车道三种情况。

2）基于车辆图像的特征（颜色 color、车型 type、车长 length）

当车辆经过给定断面时，捕捉原始车辆图像，如图4.8(a)所示。颜色 color 特征提取使用的是背景减除后的图像[121]，如图4.8(b)所示，从而只保留车辆颜色。颜色 color 通过 RGB（red-green-blue，红绿蓝）颜色直方图来表示，假如将蓝、绿、红 3 个颜色通道分别分为 8 个组别，如图4.8(c)所示，那么就可以用由 $8\times8\times8=512$ 个元素组成的矢量来表示颜色 color。

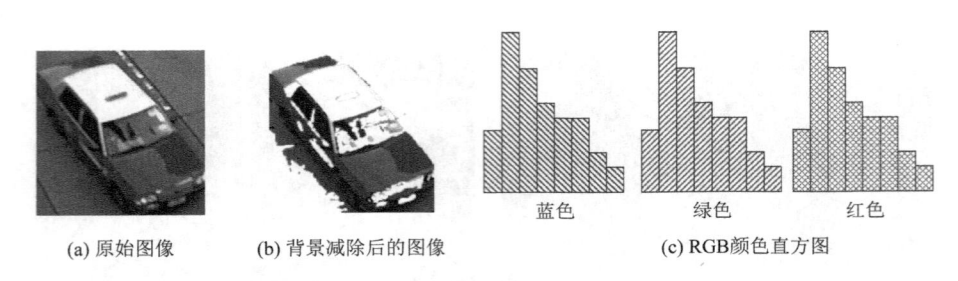

(a) 原始图像　　(b) 背景减除后的图像　　(c) RGB颜色直方图

图 4.8　车辆颜色特征提取

车型 type 特征提取使用的是灰度图像，去除原始车辆图像的颜色特征，尽可能保证图像特征之间的独立性。然后，采用模板匹配（template matching）的方法，得到识别车辆与模板车辆（template vehicle）之间的图像相似度，相似度指标介于 0 到 1 之间，值越大表示越相似。如表4.2所示，选择了 6 种车型作为模板车辆，分别计算相似度，再用这 6 个相似度指标组成的矢量表示车型 type。

表 4.2　车型特征提取：识别车辆与不同车型之间的相似度

识别车辆	与不同车型相似度					
	轿车	出租车	面包车	小巴	卡车	公交车
	0.5815	0.6193	0.6670	0.6867	0.7066	0.6238

第 4 章 行程时间估计与 OD 估计

车长 length 通过车辆图像高度得到，两者大致呈线性关系，因此将图像高度乘以一标准系数，即得到车长[116]。由于不同车道离摄像头的距离不一样，需要分别对不同视频监控中不同车道的标准系数进行标定。标定所用的数据应包含车长真实值以及图像高度，如表 4.3 所示。

表 4.3 车长特征提取：不同车型的车长与图像高度

特征	轿车	出租车	面包车	小巴	卡车	公交车
车长真实值/m	4.8	4.8	6.0	8.0	10.0	12.0
图像高度/像素	189	186	229	281	327	499

2. 第 2 步：基于车道的时间窗构建

时间窗是上游至下游路段行程时间的范围，用 $\left[\widetilde{Lb}_{l,t}, \widetilde{Ub}_{l,t}\right]$ 表示，$\widetilde{Lb}_{l,t}$ 和 $\widetilde{Ub}_{l,t}$ 分别表示行程时间的下界（lower bound）和上界（upper bound），它们基于车道 l 的位置确定，并随时间步 t 更新。

基于车道的时间窗 $\left[\widetilde{Lb}_{l,t}, \widetilde{Ub}_{l,t}\right]$ 根据预测的行程时间分布 $\widetilde{T}_{l,t}(\tilde{\mu}_{l,t}, \tilde{\sigma}_{l,t}, \tilde{\pi}_{l,t})$ 确定，其中 $\tilde{\mu}_{l,t}, \tilde{\sigma}_{l,t}, \tilde{\pi}_{l,t}$ 分别代表平均值、标准差以及分布类型。$\widetilde{T}_{l,t}(\tilde{\mu}_{l,t}, \tilde{\sigma}_{l,t}, \tilde{\pi}_{l,t})$ 是在上一时间步 $t-1$ 所估计的行程时间分布 $T_{l,t-1}(\mu_{l,t-1}, \sigma_{l,t-1}, \pi_{l,t-1})$ 的基础上，结合实时交通状态，通过平滑法（smoothing technique）调整得到。平均值 $\tilde{\mu}_{l,t}$ 的调整如式（4.1）所示。

$$\tilde{\mu}_{l,t} = \mu_{l,t-1} + \beta_\mu (\mu_{l,t-1} - \tilde{\mu}_{l,t-1}) \tag{4.1}$$

其中，$\tilde{\mu}_{l,t-1}$ 和 $\mu_{l,t-1}$ 分别是 $t-1$ 时平均行程时间的预测值以及估计值；β_μ 是平滑系数，用于考虑预测误差。

进一步地，$\tilde{\mu}_{l,t}$ 根据上下游相应车道的速度进行调整，如式（4.2）所示。

$$\tilde{\mu}_{l,t} = \frac{v_{l,t-1}^U + v_{l,t-1}^D}{v_{l,t}^U + v_{l,t}^D} \tilde{\mu}_{l,t} \tag{4.2}$$

其中，$v_{l,t-1}^U$ 和 $v_{l,t-1}^D$ 分别是车道 l 上一时间步 $t-1$ 在上游 U 以及下游 D 的平均速度；$v_{l,t}^U$ 和 $v_{l,t}^D$ 则是当前时间步 t 的平均速度。

类似地，标准差 $\tilde{\sigma}_{l,t}$ 的调整如式（4.3）所示。

$$\tilde{\sigma}_{l,t} = \sigma_{l,t-1} + \beta_\sigma (\sigma_{l,t-1} - \tilde{\sigma}_{l,t-1}) \tag{4.3}$$

其中，$\tilde{\sigma}_{l,t-1}$ 和 $\sigma_{l,t-1}$ 分别是 $t-1$ 时标准差的预测值以及估计值；β_σ 是相应的平滑系数。

分布类型 $\tilde{\pi}_{l,t}$ 设置为与上一时间步 $t-1$ 的相同，即 $\tilde{\pi}_{l,t} = \pi_{l,t-1}$。对 $t-1$ 的行程时间样本进行 Kolmogorov-Smirnov 检验[122, 123]，可确定其分布类型 $\pi_{l,t-1}$。根据以往研究，正态和对数正态分布是行程时间主要的分布类型。因此，本书只检验行程时间样本更接近正态分布还是对数正态分布[117, 124, 125]。同样的方法也可拓展至其他分布检验，如 gamma（伽马）分布、Weibull（韦布尔）分布等。

要注意的是，上述 $\tilde{T}_{l,t}(\tilde{\mu}_{l,t}, \tilde{\sigma}_{l,t}, \tilde{\pi}_{l,t})$ 只是初始估计，用于确定初始时间窗，其最终估计将在第 4 步中进一步阐述。根据给定的置信水平 α，得到时间窗 $\left[\widetilde{Lb}_{l,t}, \widetilde{Ub}_{l,t}\right]$，如式（4.4）所示。

$$\left[\widetilde{Lb}_{l,t}, \widetilde{Ub}_{l,t}\right] = \left[\Phi^{-1}_{\tilde{T}_{l,t}}\left(\frac{1-\alpha}{2}\right), \Phi^{-1}_{\tilde{T}_{l,t}}\left(\frac{1+\alpha}{2}\right)\right] \quad (4.4)$$

其中，$\Phi^{-1}_{\tilde{T}_{l,t}}$ 是 $\tilde{T}_{l,t}$ 累积分布的反函数。当 $\tilde{T}_{l,t}$ 满足正态分布，$\left[\widetilde{Lb}_{l,t}, \widetilde{Ub}_{l,t}\right]$ 通过式（4.5）计算。

$$\left[\widetilde{Lb}_{l,t}, \widetilde{Ub}_{l,t}\right] = \left[\tilde{\mu}_{l,t} - z\left(\frac{1-\alpha}{2}\right)\tilde{\sigma}_{l,t}, \tilde{\mu}_{l,t} + z\left(\frac{1+\alpha}{2}\right)\tilde{\sigma}_{l,t}\right] \quad (4.5)$$

当 $\tilde{T}_{l,t}$ 满足对数正态分布，$\left[\widetilde{Lb}_{l,t}, \widetilde{Ub}_{l,t}\right]$ 通过式（4.6）计算。

$$\left[\widetilde{Lb}_{l,t}, \widetilde{Ub}_{l,t}\right] = \left[e^{\tilde{\mu}^{\ln}_{l,t} - z\left(\frac{1-\alpha}{2}\right)\tilde{\sigma}^{\ln}_{l,t}}, e^{\tilde{\mu}^{\ln}_{l,t} + z\left(\frac{1+\alpha}{2}\right)\tilde{\sigma}^{\ln}_{l,t}}\right] \quad (4.6)$$

其中，$z(\cdot)$ 指的是 z 分位数，即在置信水平 α 下标准正态分布的累积分布函数的反函数；$\tilde{\mu}^{\ln}_{l,t}$ 和 $\tilde{\sigma}^{\ln}_{l,t}$ 分别是行程时间分布 $\tilde{T}_{l,t}$ 的对数平均值及标准差，通过式（4.7）和式（4.8）计算。

$$\tilde{\mu}^{\ln}_{l,t} = \ln \tilde{\mu}_{l,t} - \frac{1}{2}\ln\left(1 + \left(\frac{\tilde{\sigma}_{l,t}}{\tilde{\mu}_{l,t}}\right)^2\right) \quad (4.7)$$

$$\tilde{\sigma}^{\ln}_{l,t} = \sqrt{\ln\left(1 + \left(\frac{\tilde{\sigma}_{l,t}}{\tilde{\mu}_{l,t}}\right)^2\right)} \quad (4.8)$$

3. 第 3 步：基于车道的二分图匹配

车辆重识别即上游车辆和下游车辆之间的匹配，常用二分图匹配（bipartite graph matching）建模。二分图由顶点（vertice）和边（edge）组成，在车辆重识别问题中，顶点表示车辆，按照上游和下游分为两大部分，而连接顶点的边表示两者的匹配概率（matching probability）。

1）基于车道的二分图构建

本书强调了对车道特征的考虑，将二分图拓展为基于车道的二分图，如图 4.9

第 4 章 行程时间估计与 OD 估计

所示,上游车辆集合 U 以及下游车辆集合 D,被进一步拆分为基于车道的子集 U_l 和 D_l,于是 U 可表示为 $(\cdots, U_l, \cdots)$,D 可表示为 $(\cdots, D_l, \cdots)$。

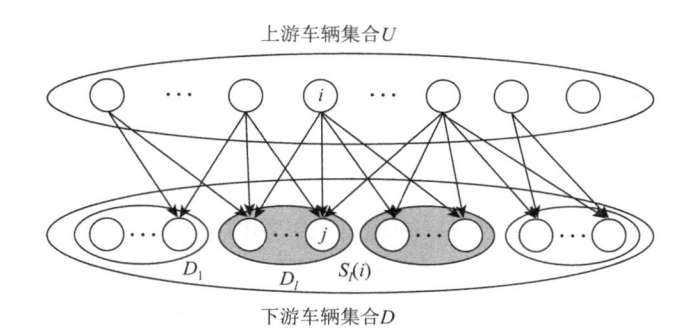

图 4.9 基于车道的二分图匹配示意

对于上游车辆 $i \in U_l$,根据时间窗 $[\mathrm{Lb}_{l,t}, \mathrm{Ub}_{l,t}]$ 筛选出可能与之匹配的下游车辆 $j \in D_l$。假设 $S_l(i)$ 是这些下游车辆的集合(上游车辆 i 在下游车道 l 的搜索空间),$S_l(i)$ 可用式 (4.9) 表示。

$$S_l(i) = \left\{ \forall j \in D_l \middle| \tau_j^D \in \left[\tau_i^U + \mathrm{Lb}_{l,t}, \tau_i^U + \mathrm{Ub}_{l,t} \right] \right\} \tag{4.9}$$

其中,τ_i^U 是车辆 i 到达上游断面的时间;τ_j^D 是车辆 j 到达下游断面的时间。对于上游车辆 i,其搜索空间 $S(i)$ 即是基于车道 l 的搜索空间 $S_l(i)$ 的并集,如式 (4.10) 所示。

$$S(i) = \bigcup_l S_l(i) \tag{4.10}$$

值得注意的是,只有当下游车辆位于可能出现的车道 l 时,才会被考虑在搜索空间中。因此,搜索空间从图 4.9 中的代表所有下游车辆的白色区域(基于路段)缩小到灰色区域(基于车道)。至于上游车辆出现在下游车道 l 的可能性该如何判断,将在下面的式 (4.14) 中作进一步说明。

2) 匹配概率计算

对于上游车辆 i 以及其搜索空间中的下游车辆 $j \in S(i)$,计算匹配概率 P_{ij}。根据贝叶斯定理,考虑先验信息以及后验信息,将后验概率作为匹配概率,如式 (4.11) 所示。

$$P_{ij} = P(\delta_{ij} = 1 | d_{ij}) = \frac{P(d_{ij} | \delta_{ij} = 1) P(\delta_{ij} = 1)}{P(d_{ij})} \tag{4.11}$$

其中,d_{ij} 是车辆 i 与 j 的图像特征距离(颜色、车型、车长),作为后验信息;δ_{ij} 表示车辆 i 与 j 是否匹配,1 表示匹配,0 表示不匹配;$P(d_{ij} | \delta_{ij} = 1)$ 是似然函数

(likelihood function）；$P(\delta_{ij}=1)$ 是完全不考虑图像特征的先验概率；$P(d_{ij})$ 是特征距离分布，可以进一步通过式（4.12）和式（4.13）计算。

$$P(d_{ij}) = P(d_{ij}|\delta_{ij}=1)P(\delta_{ij}=1) + P(d_{ij}|\delta_{ij}=0)P(\delta_{ij}=0) \quad (4.12)$$

$$P(\delta_{ij}=0) = 1 - P(\delta_{ij}=1) \quad (4.13)$$

因此，匹配概率 P_{ij} 取决于似然函数 $P(d_{ij}|\delta_{ij}=1)$ 和 $P(d_{ij}|\delta_{ij}=0)$，以及先验概率 $P(\delta_{ij}=1)$。

A. 基于时空信息的先验概率

先验概率的计算考虑了空间（换道行为）和时间（基于车道的行程时间）两个因素。首先是换道行为，基于历史视频观察，存在以下规律特征：如果车辆已经在上游换道，那么它在下游换道的可能性较小；如果上游车辆向靠近路侧方向换道，那么它在下游不太可能出现在远离路侧方向的车道，反之则反；不同尺寸车辆的换道行为不同。

因此，下游车辆 j 出现在车道 l 的概率 $P(l_j^D)$，取决于上游车辆 i 的车道位置 l_i^U、上游换道行为 LC_i^U 以及车型（根据车长 $length_i^U$ 划分为大车和小车两类），通过式（4.14）得到。

$$P(l_j^D) = P(l_j^D|l_i^U, LC_i^U, length_i^U) = \frac{P(l_i^U, LC_i^U, length_i^U, l_j^D)}{\sum_{l_j^D} P(l_i^U, LC_i^U, length_i^U, l_j^D)} \quad (4.14)$$

其中，$P(l_i^U, LC_i^U, length_i^U, l_j^D)$ 是联合概率密度，可以根据历史同时段数据获得。

其次是基于车道的行程时间。τ_i^U 和 τ_j^D 分别表示车辆 i 在上游断面的到达时间和车辆 j 在下游断面的到达时间。对于车辆 j 来说，假如它匹配给车辆 i，那么它们的到达时间之差 $(\tau_j^D - \tau_i^U)$ 应符合行程时间分布 $\tilde{T}_{l,t}$，且 $\tilde{T}_{l,t}$ 是基于下游车辆 j 所在的车道 l 的分布。那么，到达时间概率 $P(\tau_j^D)$ 通过式（4.15）计算。

$$P(\tau_j^D) = f_{\tilde{T}_{l,t-1}}(\tau_j^D - \tau_i^U)\gamma_{time} \quad (4.15)$$

其中，$f_{\tilde{T}_{l,t-1}}$ 是上一时间步估计的行程时间分布函数；γ_{time} 是标准系数，可以取行程时间分布所对应的直方图组距。

最后，先验概率基于车道位置概率 $P(l_j^D)$ 以及到达时间概率 $P(\tau_j^D)$ 计算，通过一种对数池化方法（logarithmic pooling approach）将两者融合[117]，如式（4.16）所示。

$$P(\delta_{ij}=1) = \frac{1}{\gamma_{LT}} P(l_j^D|L_i^U, l_i^U, LC_i^U)^{\theta_{lane}} P(\tau_j^D)^{\theta_{time}} \quad (4.16)$$

其中，γ_{LT} 是标准系数；θ_{lane} 和 θ_{time} 是加权系数。

B. 基于图像特征距离的似然函数

似然函数 $P(d_{ij}|\delta_{ij}=1)$ 和 $P(d_{ij}|\delta_{ij}=0)$ 基于图像特征距离计算，包括颜色

color、车型 type、车长 length。分别用 $d_{color}(i,j)$, $d_{type}(i,j)$, $d_{length}(i,j)$ 表示车辆 i 与 j 之间的颜色特征距离、车型特征距离、车长特征距离。这三种图像特征距离的计算遵循了以往文献的方法[117]。

颜色特征距离 $d_{color}(i,j)$ 通过巴氏距离（Bhattacharyya distance）得到，如式（4.17）所示。

$$d_{color}(i,j) = \left[1 - \sum_r \sqrt{color_i^U(r) color_j^D(r)}\right]^{\frac{1}{2}} \quad (4.17)$$

其中，r 是组成颜色特征矢量的要素。

车型特征距离 $d_{type}(i,j)$ 通过曼哈顿距离（Manhattan distance）计算，如式（4.18）所示。

$$d_{type}(i,j) = \sum_{\kappa} \left| type_i^U(\kappa) - type_j^D(\kappa) \right| \quad (4.18)$$

其中，κ 是组成车型特征矢量的要素。

车长特征距离 $d_{length}(i,j)$ 即为两个车长的绝对差，如式（4.19）所示。

$$d_{length}(i,j) = \left| length_i^U - length_j^D \right| \quad (4.19)$$

$P(d_{color}(i,j)|\delta_{ij}=1)$ 和 $P(d_{color}(i,j)|\delta_{ij}=0)$ 是颜色特征的似然函数，$P(d_{type}(i,j)|\delta_{ij}=1)$ 和 $P(d_{type}(i,j)|\delta_{ij}=0)$ 是车型特征的似然函数，$P(d_{length}(i,j)|\delta_{ij}=1)$ 和 $P(d_{length}(i,j)|\delta_{ij}=0)$ 是长度特征的似然函数。这些似然函数可以通过训练数据得到。然后，同样利用对数方法将三者融合，得到总体的似然函数 $P(d_{ij}|\delta_{ij}=1)$ 和 $P(d_{ij}|\delta_{ij}=0)$，如式（4.20）和式（4.21）所示。

$$P(d_{ij}|\delta_{ij}=1) = \frac{1}{\gamma_{CTL}} P(d_{color}|\delta_{ij}=1)^{\theta_{color}} P(d_{type}|\delta_{ij}=1)^{\theta_{type}} P(d_{length}|\delta_{ij}=1)^{\theta_{length}} \quad (4.20)$$

$$P(d_{ij}|\delta_{ij}=0) = \frac{1}{\gamma_{CTL}} P(d_{color}|\delta_{ij}=0)^{\theta_{color}} P(d_{type}|\delta_{ij}=0)^{\theta_{type}} P(d_{length}|\delta_{ij}=0)^{\theta_{length}} \quad (4.21)$$

其中，γ_{CTL} 是标准系数；θ_{color}, θ_{length}, θ_{type} 是相应的加权系数，可以通过训练数据标定，使匹配精度最大化。

3）最佳二分图匹配

在以上的基础上，构建最佳二分图匹配问题。匹配目标是总匹配概率最大，如式（4.22）所示，其中车辆 i 和 j 的匹配概率 P_{ij} 通过式（4.11）计算。式（4.23）表示决策变量 δ_{ij} 为 0-1 变量，只有当车辆 j 处于车辆 i 的搜索空间 $S(i)$ 时，才有匹配的可能，$S(i)$ 根据式（4.10）确定。之后的两个约束条件，即式（4.24）和式（4.25），分别限制了上游车辆 i 最多可匹配一辆下游车辆，下游车辆 j 最多可匹配一辆上游车辆。该最佳二分图匹配问题可通过 Galil[126]开发的算法高效求解，得到车辆重识别（车辆匹配）结果。

$$\max \sum_{\forall i \in U} \sum_{\forall j \in U} P_{ij} \delta_{ij} \tag{4.22}$$

s.t.

$$\delta_{ij} \in \{0,1\}, \quad \forall i \in U, \quad \forall j \in S(i) \tag{4.23}$$

$$\sum_{\forall j \in D} \delta_{ij} \leqslant 1, \quad \forall i \in U \tag{4.24}$$

$$\sum_{\forall i \in U} \delta_{ij} \leqslant 1, \quad \forall j \in D \tag{4.25}$$

4. 第 4 步：基于车道的行程时间估计

1）行程时间分布估计

根据车辆 i 与 j 的匹配结果，得到行程时间样本 T_{ij}，如式（4.26）所示。

$$T_{ij} = \tau_j^D - \tau_i^U \tag{4.26}$$

其中，τ_i^U 和 τ_j^D 分别是匹配车辆通过上游断面与下游断面的时间。

然而，无法保证匹配全部正确，而错误匹配会引入错误的行程时间样本。为此，对于每一对车辆匹配 (i, j)，赋予权重 w_{ij} 来缓解错误匹配带来的误差。权重 w_{ij} 的设计如式（4.27）所示。

$$w_{ij} = \left(\frac{P_{ij}}{P_{i(2)}} \right) \Big/ \left(1 + \left| \frac{T_{ij} - T_{i(1)}}{T_{i(1)}} \right| \right) \tag{4.27}$$

其中，P_{ij} 是车辆 i 与 j 的匹配概率，是上一步的匹配结果；$P_{i(2)}$ 是车辆 i 与搜索空间 $S(i)$ 之间所有匹配概率中排序第二大的概率值；T_{ij} 是车辆 i 与 j 匹配所对应的行程时间；$T_{i(1)}$ 是搜索空间 $S(i)$ 中最大匹配概率所对应的行程时间。

权重 w_{ij} 的分子部分考虑了匹配正确的可能性，如果匹配结果相较其他匹配有更高的匹配概率，代表该匹配更有可能是正确匹配，则对应的权重越大[117]。分母部分体现了匹配错误的后果，不同匹配对应的行程时间越大，带来的潜在误差越大，所对应的权重越小。

通过加权方法，得到行程时间分布 $T_{l,t}(\mu_{l,t}, \sigma_{l,t}, \pi_{l,t})$ 中的三个估计参数。其中，平均值 $\mu_{l,t}$ 和标准差 $\sigma_{l,t}$ 分别通过式（4.28）和式（4.29）得到。

$$\mu_{l,t} = \frac{\sum\limits_{j \in D_l} \delta_{ij} T_{ij} w_{ij}}{\sum\limits_{j \in D_l} \delta_{ij} w_{ij}} \tag{4.28}$$

$$\sigma_{l,t} = \sqrt{\frac{\sum\limits_{j \in D_l} \delta_{ij} w_{ij} (T_{ij} - \mu_{l,t})^2}{\sum\limits_{j \in D_l} \delta_{ij} w_{ij}}} \tag{4.29}$$

分布类型 $\pi_{l,t}$ 是正态分布或对数正态分布，通过 Kolmogorov-Smirnov 检验来确定，p 值更大代表拟合度更优[122, 123]。

现实应用中，尤其在非高峰时段，不一定每条车道都具备足够的样本量。为了保证估计方法的鲁棒性，除了当前时间步 t，前两个时间步 $t-1$ 和 $t-2$ 的行程时间样本，也用于行程时间估计。同时，分别在它们的权重之上乘以折减系数 w_{t-1} 与 w_{t-2}，以体现样本的时效性差异。

2）估计结果调整

车辆重识别是行程时间估计的基础，而行程时间估计也是构建时间窗的依据，进而提高车辆重识别的匹配精度。因此，采用迭代方法进行估计结果调整，用估计结果 $T_{l,t}(\mu_{l,t}, \sigma_{l,t}, \pi_{l,t})$ 替代第 2 步中的初始估计 $\tilde{T}_{l,t}(\tilde{\mu}_{l,t}, \tilde{\sigma}_{l,t}, \tilde{\pi}_{l,t})$，然后重新进行第 3 步的车辆匹配和第 4 步的行程时间估计，直到结果收敛为止。用 n 表示迭代次数，$T_{l,t}^{(n)}(\mu_{l,t}^{(n)}, \sigma_{l,t}^{(n)}, \pi_{l,t}^{(n)})$ 和 $[\mathrm{Lb}_{l,t}^{(n)}, \mathrm{Ub}_{l,t}^{(n)}]$ 分别为第 n 次迭代得到的行程时间估计和时间窗。当时间窗的下界 $\mathrm{Lb}_{l,t}^{(n)}$ 和上界 $\mathrm{Ub}_{l,t}^{(n)}$ 达到收敛时，迭代结束并输出最终估计结果，如式（4.30）所示。

$$\sum_{\forall l} \left| \frac{\mathrm{Lb}_{l,t}^{(n)} - \mathrm{Lb}_{l,t}^{(n-1)}}{\mathrm{Lb}_{l,t}^{(n-1)}} \right| + \left| \frac{\mathrm{Ub}_{l,t}^{(n)} - \mathrm{Ub}_{l,t}^{(n-1)}}{\mathrm{Ub}_{l,t}^{(n-1)}} \right| \leq \varepsilon_S \tag{4.30}$$

其中，ε_S 是迭代结束的阈值。

4.1.3 实验设计

1. 实验路段

为了凸显基于车道的方法的优越性及适用性，实验路段选择的是一段四车道快速路，位于我国香港漆咸道南（Chatham Road South）西向。该段道路处于出入口匝道之间的交织区域，具有复杂的车道标线，不同车道的交通状态及功能存在显著差异，如图 4.10 所示。

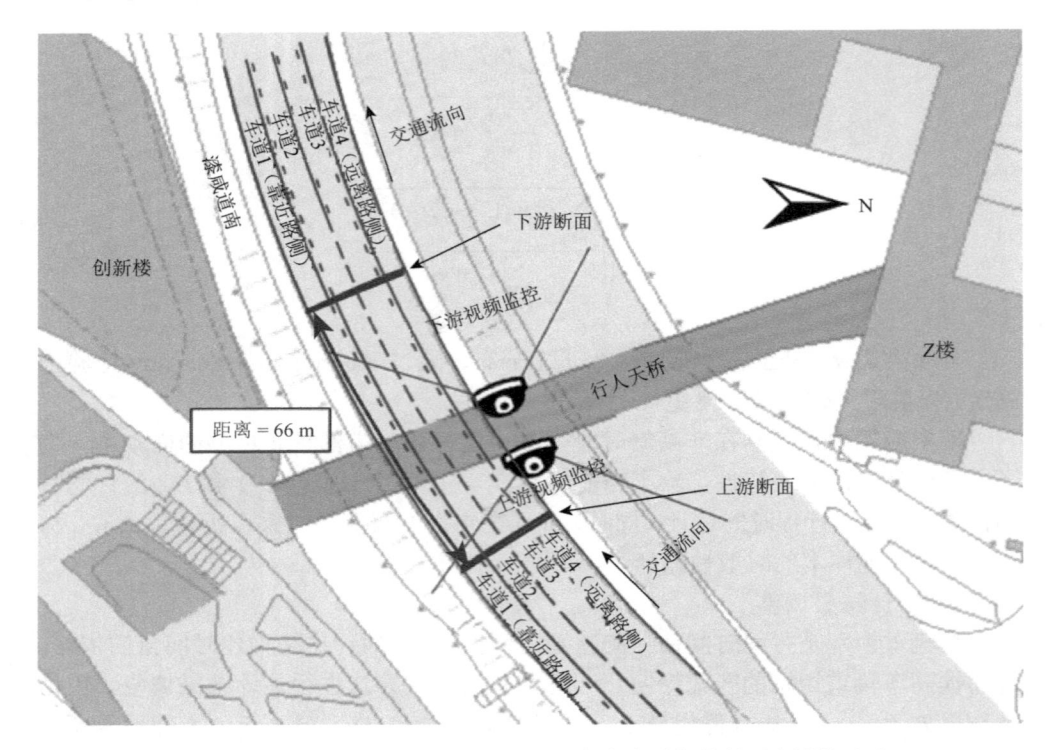

图 4.10　实验路段道路布局：一段具有复杂车道标线的四车道快速路

　　实验路段上方的行人天桥安装了两个视频监控，一个朝向上游拍摄车辆正面，一个朝向下游拍摄车辆背面，上下断面之间的距离为 66 m。视频帧率为 25fps，即每 1/25 s 一张视频图像。视频监控的分辨率达到了 1920×1080 像素，但由于两个视频监控都为高位布设，监控范围包括双向的整个路段，每个车辆图像大概只有 140×140 像素，无法识别车牌。实验路段的现场照片及视频监控布设情况如图 4.11 所示。

图 4.11　实验路段现场照片

2. 实验场景与实验对比

实验场景包括了高峰与非高峰时段，分别选择了工作日早高峰（2020 年 1 月 8 日，星期三，上午 8:00～9:00）以及同时段的周日平峰（2020 年 3 月 22 日，星期日，上午 8:00～9:00）。车辆重识别的真实结果通过手动匹配获得，进而获得行程时间真实值。高峰与非高峰时段分别包含 2062 个和 1259 个行程时间样本。

在两种场景下，分别测试了基于车道方法（本方法）的车辆重匹配及行程时间估计效果。并且，实现了 Wang 等[117]的方法，作为基于路段方法。相较于已有方法，本方法主要存在两处改进：第一，关注到车道之间的差异，提出基于车道的车辆重识别方法；第二，行程时间估计不仅包括平均值，还包括标准差以及分布类型。

为了分别体现这两处改进的作用，本书设计了一个改良方法，只包含第一处改进但不包含第二处改进。具体来说，改良方法采用了基于车道的方法框架，但行程时间估计只包含平均值，标准差 $\sigma_{l,t}$ 通过平均值 $\mu_{l,t}$ 乘以一预设的变异系数 ϕ 得到（$\sigma_{l,t} = \phi \mu_{l,t}$），并假设分布类型 $\pi_{l,t}$ 全为正态分布。

简言之，实验分别在高峰与非高峰时段两种场景下，实现并对比了 Wang 等[117]的方法、改良方法以及本方法共三种方法。

3. 估计方法的参数设置

实验的参数设置如下。

式（4.1）与式（4.3）中平滑系数 β_u 和 β_σ 均为 0.6。

式（4.4）与式（4.5）中的置信水平 α 取 0.85。

式（4.15）的标准系数 γ_{time} 为 1。

式（4.16）中的加权系数 θ_{lane} 和 θ_{time} 分别是 0.4 和 0.6，标准系数 γ_{LT} 为 3.54。

式（4.20）与式（4.21）中的加权系数 θ_{color}，θ_{length}，θ_{type} 分别为 0.4162，0.3114，0.2724，标准系数 γ_{CTL} 为 2.67。

权重 w_{ij} 的折减系数 w_{t-1} 与 w_{t-2} 分别取 0.8 和 0.6。

式（4.30）中的迭代结束阈值 ε_S 为 0.1。

除本方法中的参数之外，Wang 等[117]的方法和改良方法还需要预设行程时间变异系数 ϕ，取标准差（21.17 s）与平均值（24.93 s）的比值，为 0.85。

4. 估计误差的评价指标

评价指标包含车辆重识别（车辆匹配）以及行程时间估计两方面。用车辆匹配误差（matching error，ME）评价车辆重识别的效果，按照式（4.31）计算。

$$\mathrm{ME} = \frac{N_e^m}{N_{\mathrm{all}}^m - N_{\mathrm{null}}^m} \times 100\% \qquad (4.31)$$

其中，N_{all}^m 是上游车辆总数；N_{null}^m 是不与任何下游车辆匹配的上游车辆数；N_e^m 是错误匹配数。

行程时间分布类型 π 的估计误差，用 TE_π 表示，按照式（4.32）计算。

$$\mathrm{TE}_\pi = \frac{N_e^\pi}{N_T} \times 100\% \qquad (4.32)$$

其中，N_T 是实验时段内所有时间步的个数；N_e^π 是分布类型被错误估计的时间步个数。

行程时间平均值 μ 和标准差 σ 的估计精度，采用平均绝对百分比误差（mean absolute percentage error，MAPE）来评价，分别用 MAPE_μ 和 MAPE_σ 表示，按照式（4.33）和式（4.34）计算。

$$\mathrm{MAPE}_\mu = \frac{1}{N_T} \sum_{t=1}^{N_T} \left| \frac{\bar{\mu}_{l,t} - \mu_{l,t}}{\mu_{l,t}} \right| \times 100\% \qquad (4.33)$$

$$\mathrm{MAPE}_\sigma = \frac{1}{N_T} \sum_{t=1}^{N_T} \left| \frac{\bar{\sigma}_{l,t} - \sigma_{l,t}}{\sigma_{l,t}} \right| \times 100\% \qquad (4.34)$$

其中，$\bar{\mu}_{l,t}$ 和 $\mu_{l,t}$ 分别是平均值的真实值和估计值；$\bar{\sigma}_{l,t}$ 和 $\sigma_{l,t}$ 分别是标准差的真实值和估计值。

4.1.4 实验结果

实验结果分为三部分，首先介绍了高峰时段基于车道以及整个路段的行程时间情况，并呈现了基于车道方法（本方法）的估计效果。其次对比了不同方法在高峰时段下的估计结果。最后介绍了非高峰时段的行程时间情况，并对不同估计方法进行对比。

1. 基于车道方法的估计效果

图 4.12 分别展示了 4 条车道的行程时间估计值及真实值，实验时段选择了高峰时段的 1 h，2 min 为一个时间步，共 30 个时间步。图中实线表示的是行程时间估计的平均值 $\mu_{l,t}$；实线上的符号代表着估计的分布类型 $\pi_{l,t}$，圆圈（●）和星号（★）分别表示正态和对数正态分布；行程时间估计的标准差 $\sigma_{l,t}$ 通过时间窗体现；

第 4 章 行程时间估计与 OD 估计

时间窗 $\left[\mathrm{Lb}_{l,t}, \mathrm{Ub}_{l,t}\right]$ 用两头为空心圆（○）的直线表示，反映了行程时间的波动情况。

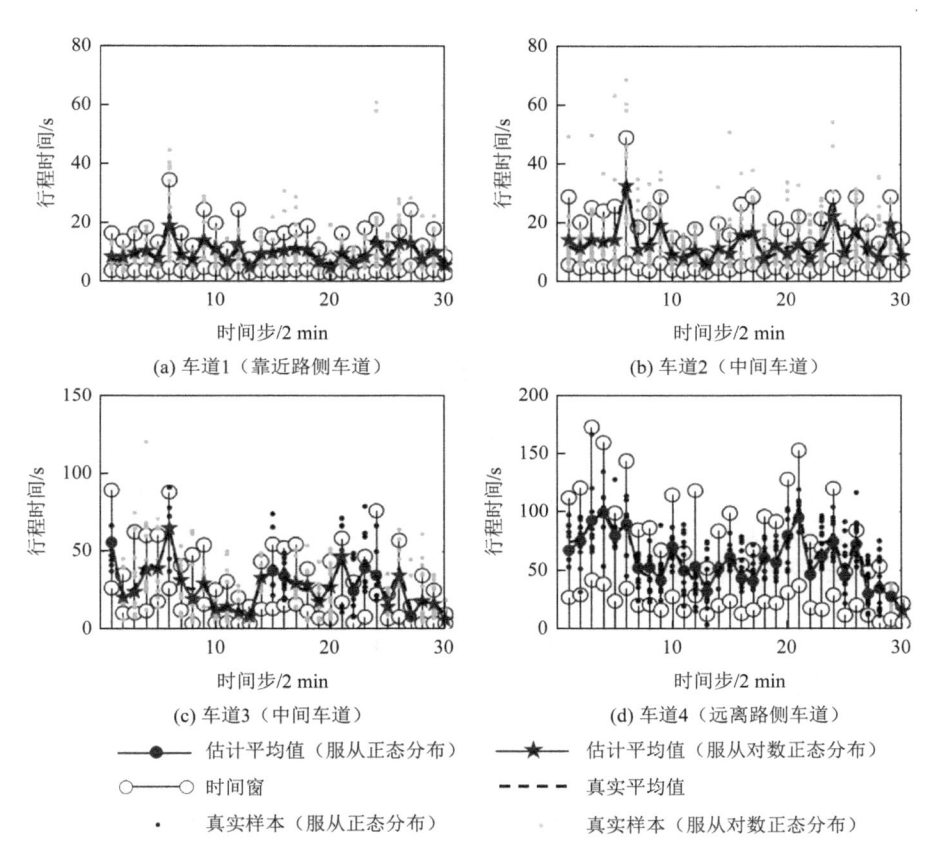

图 4.12 本方法在高峰时段的行程时间估计结果

图 4.12 中同时展示了行程时间真实值，灰色散点表示行程时间样本真实分布情况，虚线表示行程时间真实值的平均值 $\bar{\mu}_{l,t}$。

从图 4.12 可以看到，在高峰时段，实验路段 4 条车道的行程时间分布 $T_{l,t}(\mu_{l,t}, \sigma_{l,t}, \pi_{l,t})$ 有显著不同。表 4.4 总结了行程时间真实值的描述性统计，从车道 1 到车道 4，平均值 $\mu_{l,t}$ 和标准差 $\sigma_{l,t}$ 显著增加。其中，车道 4 最拥堵，行程时间最长，平均值为 58.74 s，大约是车道 1 的 6 倍。并且，车道 4 行程时间波动范围最大，标准差达到 14.48 s，大约是车道 1 的 3.7 倍。从分布类型 $\pi_{l,t}$ 来看，车道 1、2、3 多服从对数正态分布（分别占比为 100%、100%、76.7%），车道 4 总体服从正态分布（占比 96.7%）。不同车道之间的差异特征，说明了基于车道行程时间估计的必要性。

表 4.4 高峰时段行程时间真实值的描述性统计

统计量	路段	车道 1	车道 2	车道 3	车道 4
平均值/s	24.18	9.78	13.17	27.16	58.74
标准差/s	21.59	3.90	6.25	13.51	14.48
正态分布占比	90.0%	0	0	23.3%	96.7%
对数正态分布占比	10.0%	100%	100%	76.7%	3.3%
平均速度/(km/h)	9.82	24.29	18.04	8.75	4.04

从图 4.12 还可以看到,行程时间分布参数 $\mu_{l,t}, \sigma_{l,t}, \pi_{l,t}$ 在高峰时段是高度动态的,尤其对于车道 3 和车道 4。因此,行程时间分布估计应随时间更新,且估计内容除了平均值,还应包括标准差和分布类型。

表 4.5 总结了本方法在高峰时段的行程时间估计评价。4 条车道的匹配误差 ME 在 36.3% 与 54.6% 之间。其中,车道 4 的匹配误差最大,这是因为车道 4 最拥挤,行程时间长且不确定性大,导致时间窗更大,搜索空间更大,匹配难度增加。然而,通过第 4 步"基于车道的行程时间估计"的加权方法,可以缓解错误匹配带来的行程时间估计误差。

表 4.5 本方法在高峰时段的行程时间估计评价

评价指标	车道 1	车道 2	车道 3	车道 4
ME	36.3%	47.2%	52.4%	54.6%
$MAPE_\mu$	10.3%	10.1%	11.0%	8.2%
$MAPE_\sigma$	13.1%	16.3%	13.6%	18.6%
TE_π	0	0	10.0%	3.3%

4 条车道的行程时间分布估计总体精准,平均值 $\mu_{l,t}$ 的估计误差 $MAPE_\mu$ 在 11.0% 以内。标准差 $\sigma_{l,t}$ 的估计误差 $MAPE_\sigma$ 相对更大(不大于 18.6%),这是因为标准差属于二阶的统计量,估计所需样本更多。4 条车道的分布类型 $\pi_{l,t}$ 估计基本是准确的,其中车道 3 的误差相对较大,误差率 TE_π 为 10.0%,这是因为车道 3 的分布类型在 4 条车道中是变化最频繁的。

2. 不同方法的估计效果

为了体现本方法的优势,在高峰时段分别实现了三种方法。首先是目前最先进的基于路段的方法,由 Wang 等[117]提出。其次在此基础上设计了一个改良方法,改良方法区分了不同车道，但行程时间估计只包括平均值，标准差和分布类型则通过假设给定。最后是本方法，不仅考虑了不同车道的行程时间分布差异，还进一步放宽假设，利用实时数据估计行程时间分布的平均值、标准差以及分布类型。三个方法在高峰时段的评价指标如表 4.6 所示。

表 4.6 不同方法在高峰时段的行程时间估计评价

评价指标	方法	路段	车道 1	车道 2	车道 3	车道 4
ME	Wang 等[117]	62.7%	57.8%	54.1%	62.6%	93.2%
	改良方法	51.8%	45.2%	48.8%	53.9%	67.5%
	本方法	47.6%	36.3%	47.2%	52.4%	54.6%
$MAPE_\mu$	Wang 等[117]	54.8%	21.6%	18.7%	53.6%	80.1%
	改良方法	10.0%	15.4%	19.9%	20.0%	11.8%
	本方法	5.6%	10.3%	10.1%	11.0%	8.2%
$MAPE_\sigma$	Wang 等[117]	58.9%	147.0%	89.2%	45.4%	47.1%
	改良方法	22.1%	95.6%	79.9%	107.0%	289.0%
	本方法	12.3%	13.1%	16.3%	13.6%	18.6%
TE_π	Wang 等[117]	10.0%	100%	100%	73.3%	6.7%
	改良方法	10.0%	100%	100%	73.3%	6.7%
	本方法	0	0	0	10.0%	3.3%

对比 Wang 等[117]的方法和改良方法，可体现第一处主要改进的作用，即从基于路段的方法到基于车道的方法。从表 4.6 中可以看到，Wang 等[117]的方法在高峰时段估计效果不理想，整个路段平均时间的估计误差 $MAPE_\mu$ 达到 54.8%，车道 4 平均时间的估计误差 $MAPE_\mu$ 更是高达 80.1%，这两个误差指标在改良方法中分别降低至 10.0% 和 11.8%。

这一显著改进是因为 Wang 等[117]的方法只估计了路段的行程时间，而改良方法还区分了不同车道上的车辆，并由此得到了更精准的车道级行程时间。图 4.13 对比了 Wang 等[117]的方法和改良方法的平均行程时间估计以及真实值，可以看到，Wang 等[117]的方法认为 4 条车道的行程时间是一样的，而它们的真实值是有差异的，改良方法的估计值明显更接近真实值。

并且，在 Wang 等[117]的方法中，车辆匹配的时间窗也是基于路段的行程时间构建的，这会导致时间窗的不准确，进而影响匹配精度。如表 4.6 所示，Wang 等[117]的方法在车道 4 的匹配误差率 ME 达到了 93.2%，极大地影响了行程时间的有效样本。

(a) 车道1（靠近路侧车道）

(b) 车道2（中间车道）

(c) 车道3（中间车道）

(d) 车道4（远离路侧车道）

—●— Wang等[117]的方法　—■— 改良方法　– – – 真实值

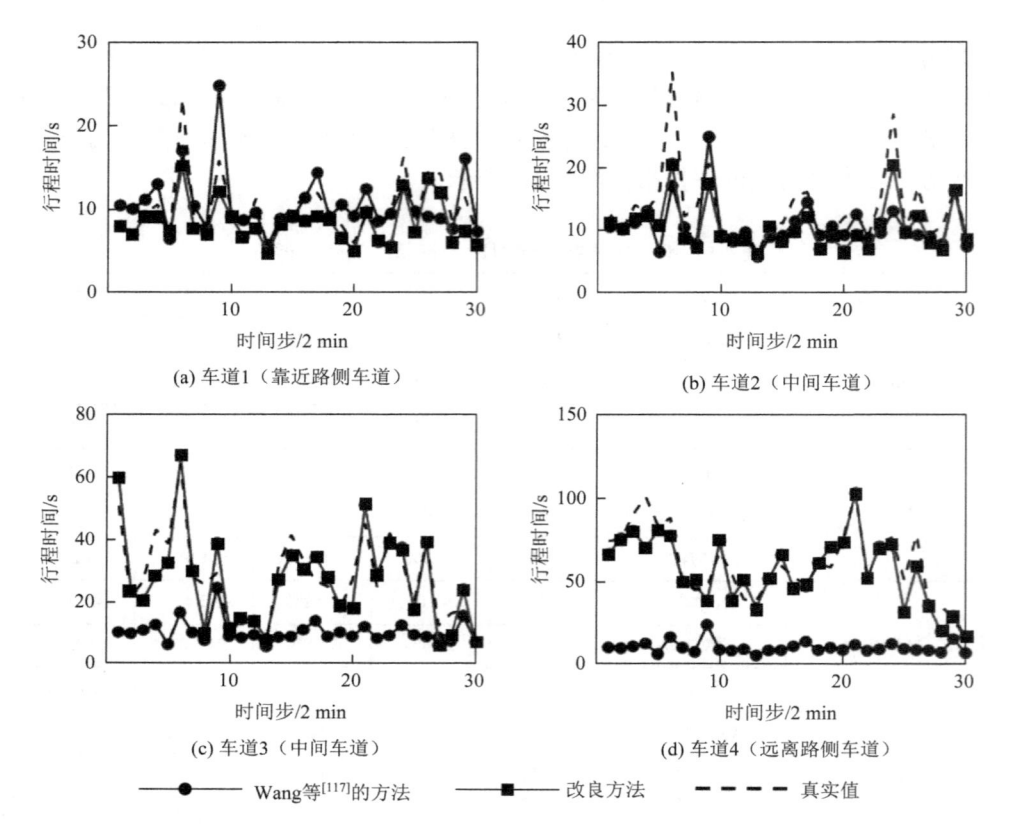

图 4.13　Wang 等[117]的方法和改良方法在高峰时段的行程时间平均值估计

进一步对比改良方法和本方法，可体现第二处主要改进的作用，即行程时间估计除了平均值 $\mu_{l,t}$，还包括标准差 $\sigma_{l,t}$ 和分布类型 $\pi_{l,t}$。从表 4.6 中可以看到，本方法在各项指标上都优于改良方法，尤其是对于标准差 $\sigma_{l,t}$ 和分布类型 $\pi_{l,t}$ 的估计。

这一结果是显而易见的，改良方法和 Wang 等[117]的方法一样，假设所有行程时间服从正态分布，而从表 4.4 可以看到，事实上，车道 1 和车道 2 上的行程时间服从对数正态分布，车道 3 和车道 4 的行程时间分布类型随时间改变，因此，已有方法假设所有行程时间服从一个固定分布是不合理的。

再者，改良方法和 Wang 等[117]的方法都是通过平均值 $\mu_{l,t}$ 乘以一固定的变异系数 ϕ，得到标准差 $\sigma_{l,t}$，其中的隐含假设是行程时间变异系数 ϕ 是固定不变的。然而，利用行程时间真实值，可以观察到不同车道的变异系数随时间的变化，如图 4.14 所示。图中黑色直线是根据已有方法标定的固定变异系数，总体偏大，这导致了标准差的高估。

第 4 章 行程时间估计与 OD 估计

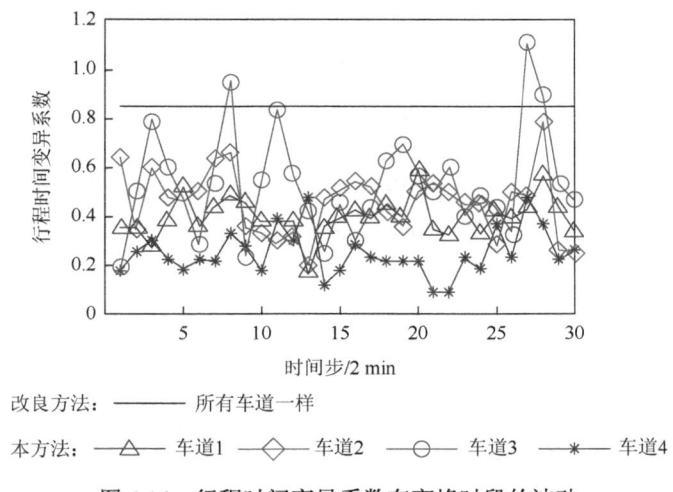

图 4.14 行程时间变异系数在高峰时段的波动

改良方法：———— 所有车道一样
本方法：—△— 车道1 —◇— 车道2 —○— 车道3 —∗— 车道4

本方法利用实时更新的数据，估计分布类型 $\pi_{l,t}$ 和标准差 $\sigma_{l,t}$，进一步放宽了偏离现实的假设。估计精度的改善也有利于对时间窗的精准构建，提高车辆匹配的正确率。如表 4.6 所示，本方法的匹配误差 ME 在 4 条车道上均优于其他方法。而随着有效样本的增加，行程时间平均值的估计也普遍得到改善，无论是基于车道的估计还是基于路段的估计，估计误差 MAPE_μ 的改进详见表 4.6。

3. 非高峰时段的估计效果

实验还对比了基于路段的方法（Wang 等[117]的方法）与基于车道的方法（本方法）在非高峰时段的估计效果。如表 4.7 所示，本方法在各项指标上都优于 Wang 等[117]的方法，尤其在估计标准差 $\sigma_{l,t}$ 和分布类型 $\pi_{l,t}$ 方面。

表 4.7 不同方法在非高峰时段的行程时间估计评价

评价指标	方法	路段	车道1	车道2	车道3	车道4
ME	Wang 等[117]	17.9%	14.4%	22.3%	18.9%	15.1%
	本方法	6.2%	0.8%	10.7%	4.8%	6.3%
MAPE_μ	Wang 等[117]	3.8%	5.5%	6.4%	6.3%	6.7%
	本方法	1.1%	0.1%	2.3%	0.7%	1.0%
MAPE_σ	Wang 等[117]	21.1%	103.0%	60.9%	41.4%	26.5%
	本方法	1.5%	0.3%	3.2%	1.1%	1.6%
TE_π	Wang 等[117]	0	30.0%	30.0%	73.3%	56.7%
	本方法	0	0	0	0	0

总的来说，Wang 等[117]的方法效果也不错。对于所有车道而言，其匹配误差 ME 不超过 23%，平均行程时间估计误差 MAPE_μ 不超过 7%。这是由于非高峰时段的车辆较少，车辆重识别的难度降低，进而估计精度提升。

同时可以看到，Wang 等[117]的方法对于路段行程时间的分布类型假设，在非高峰时段是正确的。表 4.8 总结了非高峰时段行程时间真实值的描述性统计，虽然不同车道的行程时间，不完全服从正态分布，但如果把这些行程时间样本以路段集计，那么正态分布的假设是满足的。

表 4.8 非高峰时段行程时间真实值的描述性统计

统计量	路段	车道 1	车道 2	车道 3	车道 4
平均值/s	5.43	5.55	5.41	5.47	5.34
标准差/s	0.63	0.32	0.47	0.67	0.60
正态分布占比	100%	70.0%	70.0%	26.7%	43.3%
对数正态分布占比	0	30.0%	30.0%	73.3%	56.7%
平均速度/(km/h)	43.78	42.82	43.94	43.40	44.47

然而，Wang 等[117]的方法对于标准差 $\sigma_{l,t}$ 的估计不够理想，比如车道 1 的标准差估计误差 MAPE_σ 达到了 103.0%，这是因为标准差 $\sigma_{l,t}$ 估计中引入了变异系数不变的假设，这一假设即使是在非高峰时段也是难以满足的，更好的做法是利用实时更新的行程时间样本直接估计标准差 $\sigma_{l,t}$。

4.2 基于历史轨迹数据的 OD 估计

OD 指的是路网中两点之间（从出发地到目的地）的流量，通过 OD 可以得到入口匝道到下游瓶颈路段的交通量情况，据此更科学地控制交通流入。然而，OD 难以直接采集，通常利用断面流量进行 OD 估计，已有估计方法在不同程度上简化了 OD 的高度动态性，引入的假设限制了适用场景，这些局限造成了 OD 估计的偏差，进而影响了控制效果。本章在假定没有信息诱导造成 OD 需求转移的前提下，利用历史轨迹数据提取 OD 样本，通过足够的样本获取路径选择比例，再结合断面流量，实现更精准的 OD 估计，为主动协同控制提供必要条件。

4.2.1 问题描述

1. 问题背景

1）OD 对于入口匝道控制的重要性

OD 指的是从出发地（origin）到目的地（destination）的交通流量，用于刻画快速路交通的流入流出分布，由此得到入口匝道的交通流入到达下游主线路段的比例，因此 OD 是入口匝道控制的重要依据。最初的控制方法只考虑高峰时段的静态 OD[2, 3]，而后动态 OD 也常被考虑在控制方法中，通过分时段更新来体现 OD 的动态变化[34, 40, 97]。

然而，现实中 OD 难以直接获取。一些研究[97]基于断面流量动态估计 OD，并整合于控制方法中，控制效果受 OD 估计精度影响。另一些研究[9]假设 OD 是完全已知的，利用假设数据展开实证分析，但这一假设在现实中难以满足。还有一些研究[36, 98]则是引入离开率来表示主线交通流在出口匝道处的驶出比例，这种方法只考虑了接近出口匝道处的交通流是否离开主线，而为了实现主动协同控制，应在入口匝道处就预测其目的地分布，只有这样才能及时控制交通流入。

2）OD 估计方法

OD 估计最早通过居民出行调查获得，将抽样调查得到的 OD 数据扩样得到 OD 分布。然而，居民出行调查费时费力，调查结果主观性较强，抽样扩样方法的科学性存在不少争论[127]。

越来越丰富的交通检测器数据为 OD 精准估计提供可能。其中，固定检测器布设最早、普及度较高、数据环境典型，常见数据格式如环形线圈数据，记录着道路断面的过车数（traffic count）。许多方法基于断面交通量数据反推 OD，典型方法包括重力模型[128]、最小二乘法模型[129]、最大熵模型[130]、贝叶斯方法[131]、网络均衡模型等。然而，由于断面交通量数据本身不包含起讫信息，这些方法为了反推 OD 不可避免地需要引入假设，比如 OD 分布以行程时间为阻抗[132]、满足网络均衡[133]等，因此该方法只适用于现实条件满足假设时的情况。

除了断面交通量数据，一些 OD 估计方法还充分利用了浮动车 GPS 数据、手机数据、车牌识别数据等多源数据[134-136]。浮动车 GPS 数据记录着车辆移动，但由于其渗透率通常较低（不足 5%），无法直接将浮动车 GPS 数据记录的 OD 需求作为 OD 分布[137]，不过可以从中提取行程时间和路径选择，作为 OD 估计方法的补充[138]。通过手机数据可提取使用者的移动特征，然而由于其定位精度及采集频率较低，手机数据通常只用于大尺度交通网络之间的宏观 OD 分析[139, 140]。车牌识别数据记录着车辆在不同位置的到达时刻，然而当车牌识别卡口设置稀疏时，难以获取其路径选择，因此需要结合轨迹重构得到任意两点间的 OD 数据[141, 142]。

2. 研究思路

随着移动互联网技术的发展，手机地图应用的在途路径导航变得越来越普及，为了提供这一服务，需要实时采集高质量的轨迹数据。典型的轨迹数据如

图 4.15 所示,平均 5 s 返回一次,可据此连续跟踪车辆行驶轨迹,从而提取该次出行的 OD。

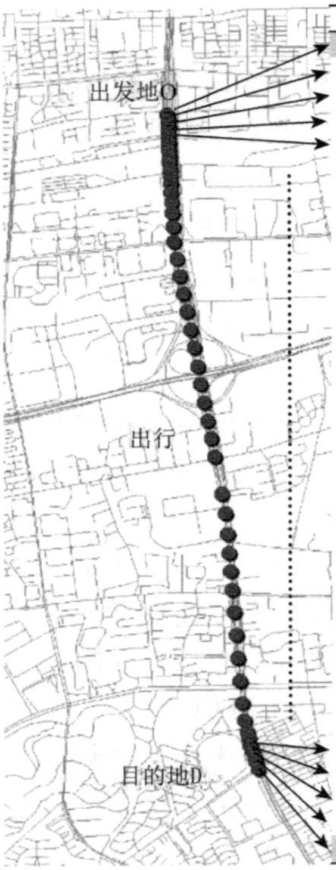

时间戳	车辆ID	速度/(km/h)	经度/°	纬度/°	道路ID
2017/10/23 09:24:31	7197********	18	121.448647	31.303833	35935
2017/10/23 09:24:36	7197********	18	121.448662	31.303623	35935
2017/10/23 09:24:41	7197********	22	121.448677	31.303356	35935
2017/10/23 09:24:46	7197********	23	121.448685	31.303061	35935
2017/10/23 09:24:51	7197********	15	121.448700	31.302816	35935
2017/10/23 09:24:56	7197********	18	121.448708	31.302603	35935
2017/10/23 09:25:01	7197********	23	121.448715	31.302326	35935
2017/10/23 09:25:06	7197********	22	121.448730	31.302063	35935
2017/10/23 09:25:11	7197********	23	121.448746	31.301781	35935
2017/10/23 09:25:16	7197********	20	121.448761	31.301481	35935
2017/10/23 09:25:21	7197********	26	121.448776	31.301207	35935
2017/10/23 09:25:26	7197********	26	121.448792	31.300854	1511
2017/10/23 09:25:31	7197********	33	121.448814	31.300488	1511
2017/10/23 09:25:36	7197********	24	121.448837	31.300072	1511
2017/10/23 09:25:41	7197********	43	121.448860	31.299625	1511
......	......	...	......	......	......
2017/10/23 09:27:21	7197********	68	121.451630	31.284294	35624
2017/10/23 09:27:26	7197********	73	121.451706	31.283442	35624
2017/10/23 09:27:31	7197********	81	121.451797	31.282478	36078
2017/10/23 09:27:36	7197********	81	121.451881	31.281490	36078
2017/10/23 09:27:41	7197********	80	121.451973	31.280516	36078
2017/10/23 09:27:46	7197********	80	121.452065	31.279539	36078
2017/10/23 09:27:51	7197********	77	121.452164	31.278564	35689
2017/10/23 09:27:56	7197********	59	121.452278	31.277803	35689
2017/10/23 09:28:01	7197********	48	121.452393	31.277313	35689
2017/10/23 09:28:06	7197********	32	121.452454	31.277052	35689
2017/10/23 09:28:16	7197********	12	121.452538	31.276754	35689
2017/10/23 09:28:26	7197********	11	121.452629	31.276491	35689
2017/10/23 09:28:48	7197********	7	121.452728	31.276247	35689
2017/10/23 09:29:16	7197********	6	121.452797	31.276056	35689
2017/10/23 09:29:31	7197********	10	121.452904	31.275770	35689

图 4.15 轨迹数据的字段及内容示意

轨迹数据的数据字段与传统的浮动车 GPS 数据类似,包括时间戳、车辆 ID、速度、经纬度。然而,相比浮动车 GPS 数据,轨迹数据在渗透率、采集频率、路段匹配方面存在显著优势,具体如表 4.9 所示。

表 4.9 浮动车 GPS 数据与轨迹数据的对比

项目	浮动车 GPS 数据	轨迹数据
渗透率	渗透率较低(不足 5%),通常只跟踪有限的出租车或公交车的行驶状态	渗透率更高,通过手机地图应用采集,由用户返回众包数据
采集频率	采集频率较低,通常 30 s 返回一次数据	采集频率更高,平均 5 s 返回一次数据
路段匹配	路段匹配可能出现错误,需要根据 GPS 坐标做匹配,在复杂路网、立体路网中较易匹配错误	路段匹配精准,由于轨迹数据最初的采集目的是用于在途路径导航,因此必须定位至所在路段,并且路段匹配经过用户确认

对于传统的浮动车 GPS 数据而言，由于其数据质量较差，需要通过数据修复、地图匹配等技术充分利用有限的 GPS 数据[143]，带来较大工作量；或是直接将异常数据、错误数据剔除，但这样会造成渗透率进一步降低。而对于轨迹数据而言，由于其数据质量更优，可在一定程度上简化数据预处理步骤，并且，其高渗透率为控制理论及其应用提供了新的可能。

基于真实轨迹数据的研究多聚焦于单点层面[144,145]，而鲜有协调/协同层面的研究。本章选取一段快速路进行研究，利用高质量的轨迹数据，对多个出入口匝道之间的 OD 分布进行更精准的估计。然后，以经典的入口匝道控制算法——瓶颈算法为基础，基于轨迹数据提出改进后的入口匝道控制。其中，处于研究范围上游的车辆由于已经驶入快速路主线，无法通过研究范围内的入口匝道进行控制。在实际应用中，可通过不同控制范围的划分，对这些上游流量按照出发地作进一步分解并控制。

至于轨迹数据的渗透率对结果的影响，过去由于不具备足够的数据条件，多利用理论模型或仿真数据展开研究[146,147]，而本章利用真实的轨迹数据进行实验与验证，并由此确定最小渗透率。

4.2.2 OD 估计

1. 轨迹数据的有效性检验

轨迹数据只跟踪了部分车辆，属于样本数据，因此需要经过有效性检验，才能用于 OD 估计及权重计算。为此，分别对比以下两组数据：第一组数据是由环形线圈采集的通过量 $X = \{x_1, \cdots, x_n\}$，是所有车辆的流量；第二组数据是从轨迹数据中提取的对应位置的通过量 $Y = \{y_1, \cdots, y_n\}$，是部分车辆的流量。用 Pearson 相关系数 ρ 来评价两者的线性相关，如式（4.35）所示。ρ 介于 -1 到 1 之间，其绝对值 $|\rho|$ 越大代表相关性越强，通常认为 $|\rho| \geqslant 0.7$ 意味着强相关。假如 $|\rho| \geqslant 0.7$，则通过了有效性检验，代表 OD 样本可以用于 OD 估计及权重计算。

$$\rho = \frac{\sum_{i=1}^{n}(x_i - \overline{x})(y_i - \overline{y})}{\sqrt{\sum_{i=1}^{n}(x_i - \overline{x})^2}\sqrt{\sum_{i=1}^{n}(y_i - \overline{y})^2}} \quad (4.35)$$

2. 基于轨迹数据的 OD 提取

对于一个个体的移动，通常根据停留时间以及停留位置来划分一次出行，进而确定该次出行的 OD（出发地和目的地）[142]。而当研究范围限定在一段快速路时，可以将车辆进入快速路的位置及时间作为 O 点，离开快速路的位置及时间作为 D 点。

基于轨迹数据的 OD 提取流程图如图 4.16 所示，将轨迹数据按照车辆 ID、时间戳排序，可连续跟踪车辆移动，如图 4.15 所示。对比前后两条轨迹数据，若同时满足以下三个条件，则认为这两条轨迹数据属于同一次出行：①车辆 ID 一致，代表是同一辆车；②时间戳间隔小于阈值（如 10 min），代表时间上连续；③所在位置对应的匹配路段是相同或者相邻的，代表空间上连续。由此从连续排列的轨迹数据中，划分出每一次出行，进而提取 OD，如图 4.17 所示。

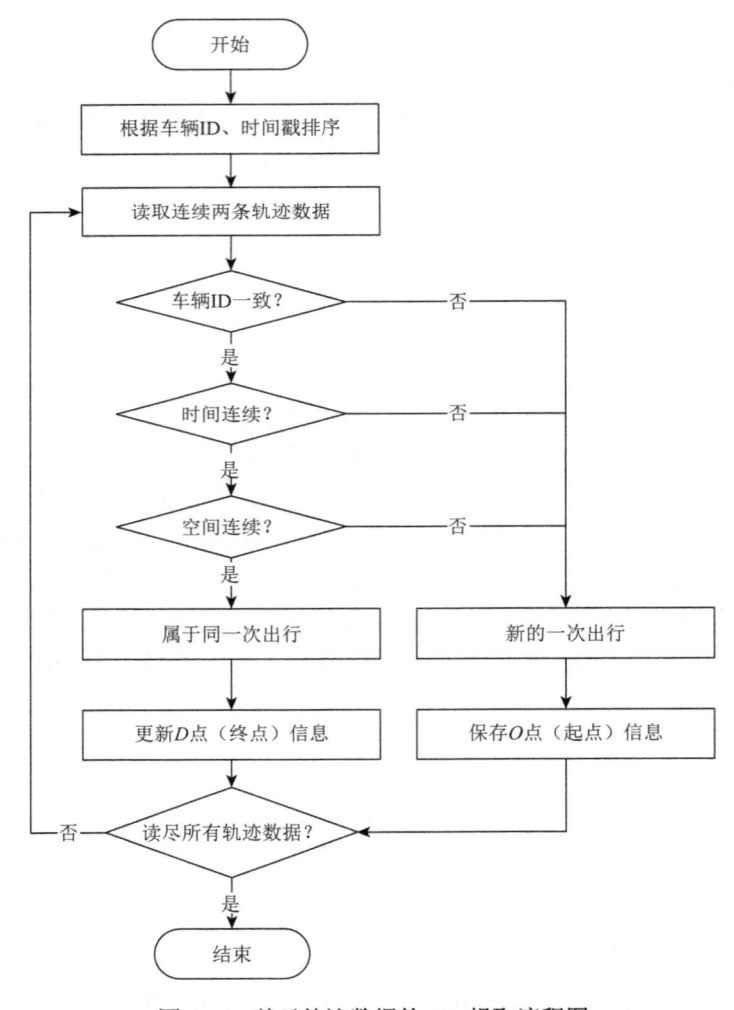

图 4.16　基于轨迹数据的 OD 提取流程图

时间戳	车辆ID	速度/(km/h)	经度/°	纬度/°	道路ID
2017/10/23 09:16:06	2711********	21	121.448570	31.305573	35935
2017/10/23 09:16:11	2711********	19	121.448578	31.305309	35935
......	......	...	......	......	......
2017/10/23 09:19:42	2711********	34	121.451805	31.292656	8221
2017/10/23 09:19:47	2711********	26	121.452164	31.292877	8221
2017/10/23 11:23:15	6445********	38	121.457848	31.267767	29633
2017/10/23 11:23:20	6445********	56	121.458130	31.267225	29633
......	......	...	......	......	......
2017/10/23 11:26:48	6445********	47	121.463089	31.240946	56742
2017/10/23 11:26:53	6445********	45	121.463295	31.240458	56742
2017/10/23 17:47:09	6840********	53	121.448494	31.291805	663873
2017/10/23 17:47:14	6840********	67	121.449203	31.291451	663873
......	......	...	......	......	......
2017/10/23 17:52:09	6840********	24	121.451714	31.281918	31727
2017/10/23 17:52:14	6840********	26	121.451744	31.281622	31727
2017/10/23 07:18:17	6952********	14	121.451492	31.285774	35624
2017/10/23 07:18:27	6952********	20	121.451530	31.285332	35624
......	......	...	......	......	......
2017/10/23 07:45:37	6952********	7	121.459595	31.264107	36073
2017/10/23 07:45:47	6952********	10	121.459702	31.263847	36073
2017/10/23 09:24:31	7197********	18	121.448647	31.303833	35935
2017/10/23 09:24:36	7197********	17	121.448662	31.303623	35935
......	......	...	......	......	......
2017/10/23 09:29:16	7197********	6	121.452797	31.276056	35689
2017/10/23 09:29:31	7197********	10	121.452904	31.275770	35689

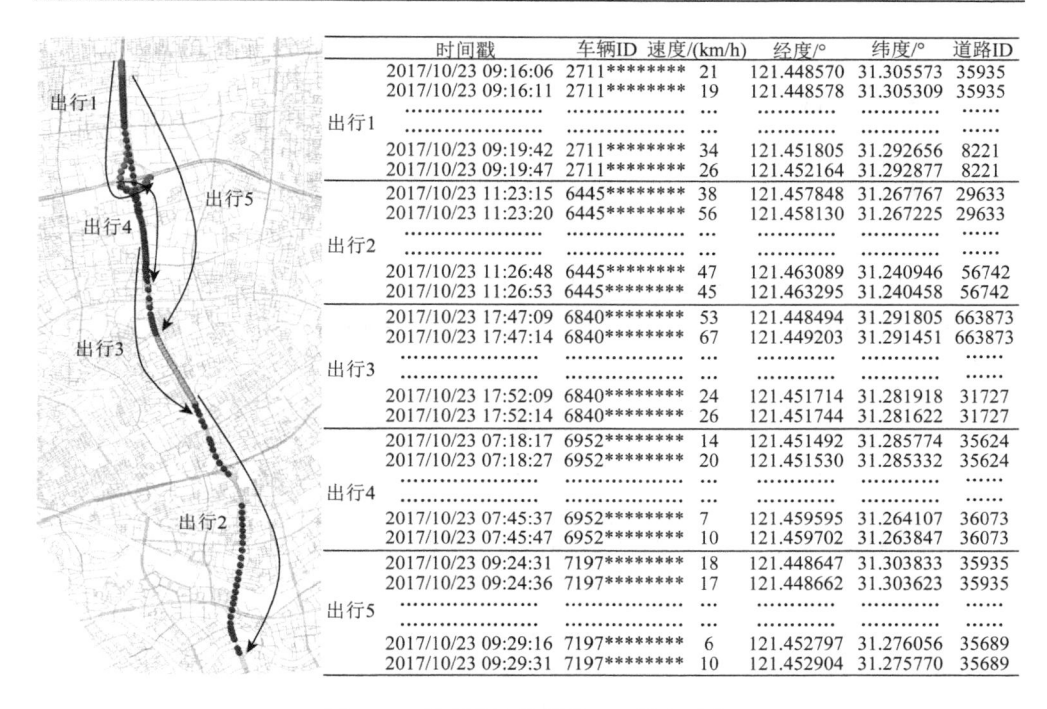

图 4.17 基于轨迹数据的 OD 提取示意

3. 基于轨迹数据的 OD 估计

在本问题中，OD 估计指的是从出发地 i 到目的地 j 的 OD 需求 $d_{i,j,t}$ 的估计，可以通过断面需求与路径选择比例相乘得到，如式（4.36）所示。

$$d_{i,j,t} = d_{i,t} \frac{y_{i,j}}{\sum_j y_{i,j}} \qquad (4.36)$$

其中，$d_{i,t}$ 是出发地 i 的断面需求，可从环形线圈数据中直接获得；$y_{i,j}$ 是由轨迹数据得到的从 i 到 j 的样本量，据此得到路径选择比例[138]。由此得到 OD 矩阵 $D_{I \times J,t}$，如式（4.37）所示。

$$D_{I \times J,t} = \begin{bmatrix} d_{1,1,t} & d_{1,2,t} & \cdots & d_{1,J,t} \\ d_{2,1,t} & d_{2,2,t} & \cdots & d_{2,J,t} \\ \vdots & \vdots & & \vdots \\ d_{I,1,t} & d_{I,2,t} & \cdots & d_{I,J,t} \end{bmatrix} \qquad (4.37)$$

其中，I 是出发地个数；J 是目的地个数；t 是时间步。

4.2.3 实验设计

1. 实验路网

实验选择了上海市南北高架路西侧的场中路至天目中路段,作为瓶颈控制典型的适用场景。主线路段全长约 7.5 km,包含 4 个入口匝道与 4 个出口匝道,出入口匝道之间的交织区形成 4 个典型的瓶颈路段。主线路段与入口匝道的长度如图 4.18 所示。

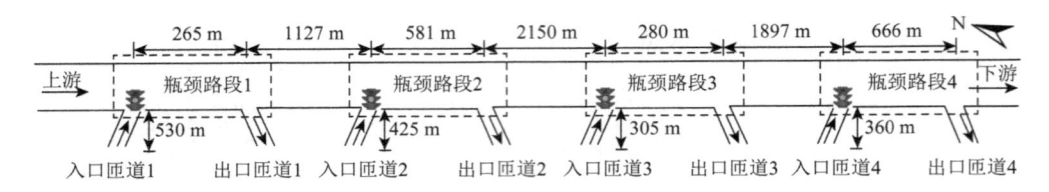

图 4.18 实验路网包含多处瓶颈路段

利用德国 PTV 公司开发的 Vissim 仿真软件,对该真实路网进行建模,道路参数与真实情况保持一致,包括路段长度、车道数以及道路平纵横参数。图 4.19 对比了路网地图以及仿真模型。图 4.20 示意了几处现场图片与仿真模型的对比。

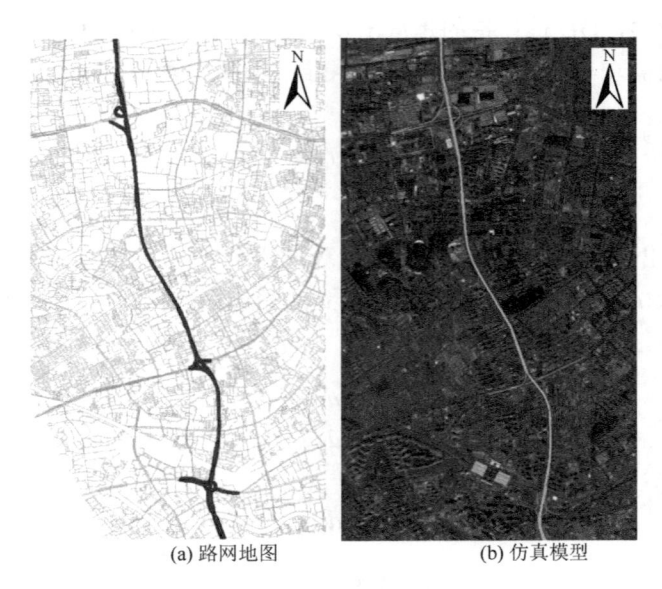

(a) 路网地图   (b) 仿真模型

图 4.19 真实路网仿真建模

(a) 入口匝道1 　　　　　　　　　　　　(b) 入口匝道2

(c) 入口匝道3 　　　　　　　　　　　　(d) 入口匝道4

图 4.20　现场照片（上图）与仿真模型（下图）

2. 仿真实验的控制实现

为了在 Vissim 仿真中实现基于瓶颈算法的入口匝道控制，本书基于 Visual Studio C++开发环境，对 Vissim 仿真进行二次开发，逻辑框架如图 4.21 所示。

首先，在 Vissim 仿真中布设虚拟检测器，采集状态变量，作为控制输入。以入口匝道处为例，检测器至少应布设在主线上游、主线下游以及入口匝道进口这三处，如图 4.22 所示。上游检测器采集主线上游流量 $q_{i,t}^{\text{UP}}$，下游检测器采集入口

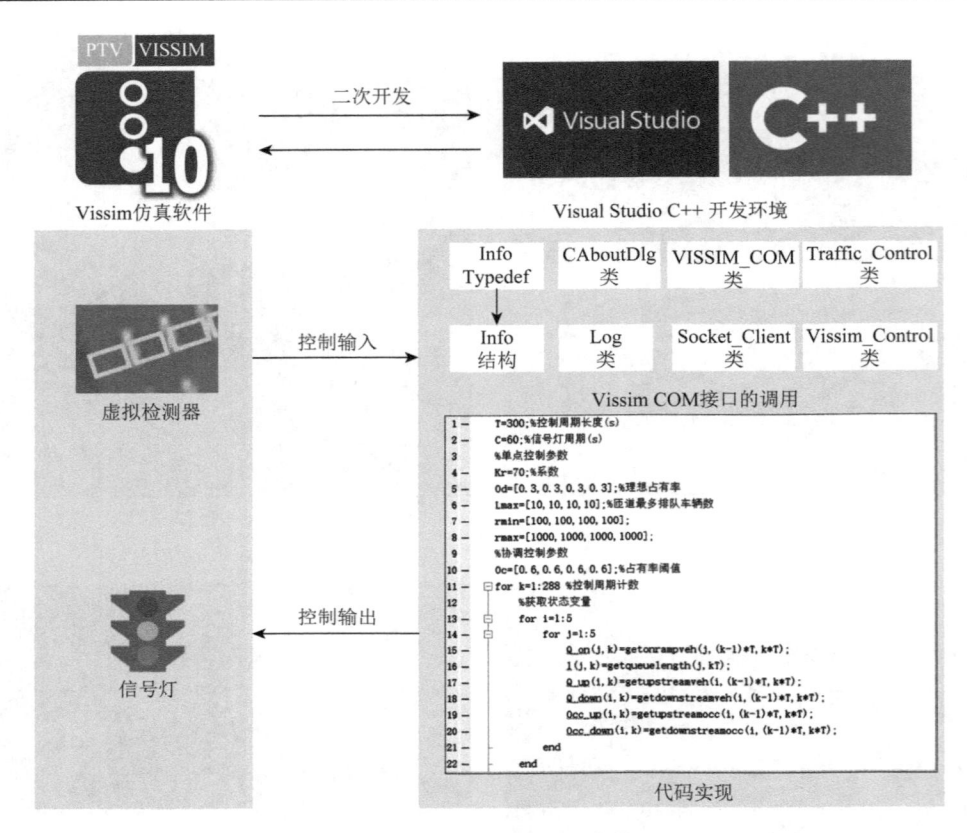

图 4.21　基于 Visual Studio C++ 开发环境的 Vissim 二次开发

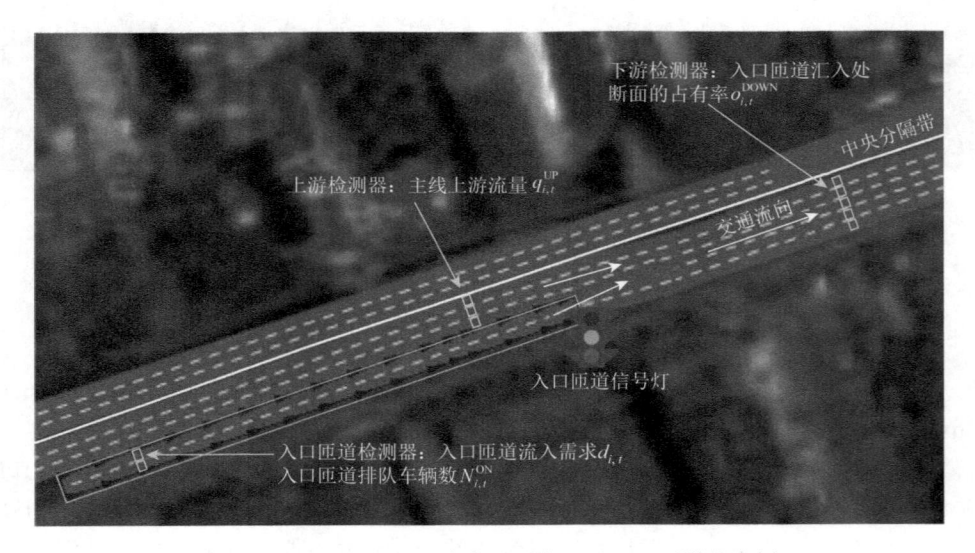

图 4.22　检测器布设及状态变量采集（以入口匝道处为例）

匝道汇入处断面的占有率 $o_{i,t}^{\text{DOWN}}$，入口匝道检测器采集入口匝道流入需求 $d_{i,t}$ 以及入口匝道排队车辆数 $N_{i,t}^{\text{ON}}$。现实中，可以通过环形线圈、视频监控等检测器采集这些状态变量。

其次，在 Visual Studio C++开发环境中调用 Vissim COM 接口，读取实时更新的状态变量，再通过 C++语言实现控制算法，计算红灯与绿灯的启亮时间。

最后，将亮灯时间输出至 Vissim 仿真中的入口匝道信号灯，实现动态控制。如图 4.23 所示，红灯启亮时禁止车辆驶入主线，在入口匝道上形成排队；绿灯启亮时允许车辆驶入主线。

(a) 红灯时禁止交通流入　　　　　　(b) 绿灯时允许交通流入

图 4.23　入口匝道信号灯示意

3. 高峰时段的交通需求

选取了一个典型的工作日早高峰（2017 年 10 月 24 日，星期二，7:00～10:00）展开仿真实验。利用真实流量数据作为仿真实验的交通输入，如图 4.24 所示。流量数据通过环形线圈记录的每 5 min 通过量获得，路径选择则通过轨迹数据获得。

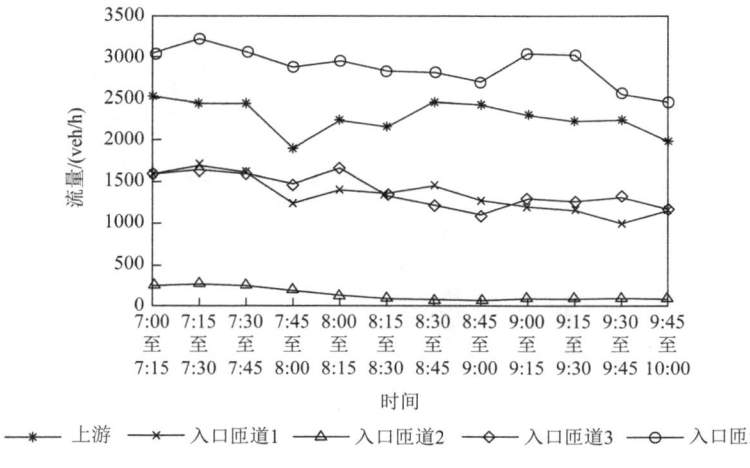

图 4.24　高峰时段（工作日 7:00～10:00）各出发地的交通流入需求

由于实验路网具备较精准、可靠且结构化的环形线圈数据，故通过环形线圈记录的每 5 min 通过量，获得真实流量数据。该真实流量数据也可通过其他数据条件获得。比如，当视频监控布设点位、拍摄角度、画面清晰度等满足条件时，该真实流量数据也可通过视频数据提取。

4. 实验场景与实验对比

为了分析不同需求水平下的控制效果，实验包含了三个场景：①现实场景，交通需求与现实一致（需求水平100%）；②增加20%的交通需求（需求水平120%）；③减少20%的交通需求（需求水平80%）。

在三个场景下，分别对比了无控制、基于线圈数据的控制以及基于轨迹数据的控制。其中，基于线圈数据的控制利用经典的重力模型[128]，对断面流量进行OD反推，再应用于瓶颈算法。而基于轨迹数据的控制，即本方法，直接利用轨迹数据提取OD，结合断面流量获得OD矩阵，作为瓶颈算法中权重计算的依据。

另外，仿真实验的前 15 min 作为预热时间，不启动任何控制。对于每一种场景、每一种控制方法，用不同的随机种子进行 20 次仿真实验，然后取平均值。

4.2.4 实验结果

1. 轨迹数据的有效性分析

对轨迹数据进行有效性检验，先根据线圈数据获得通过量 $X = \{x_1, \cdots, x_n\}$，再利用轨迹数据提取相应位置的通过量 $Y = \{y_1, \cdots, y_n\}$。如图 4.25 所示，两者存在

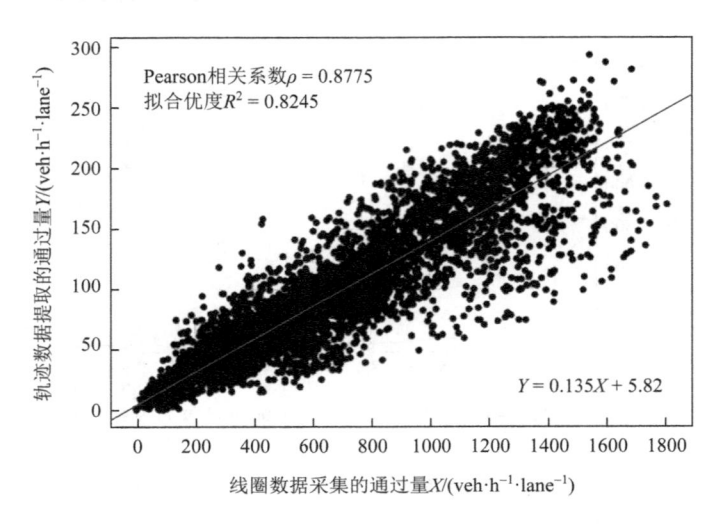

图 4.25 基于线圈数据的通过量与基于轨迹数据的通过量之间的线性相关

很强的线性关系，Pearson 相关系数 ρ 达到 0.8775。用线性回归对 5376 个样本点拟合，得到 $Y = 0.135X + 5.82$，代表轨迹数据的渗透率约为 13.5%，明显高于传统的浮动车 GPS 数据（通常不足 5%）。此外，R^2 达到 0.8245，代表着较好的拟合优度。这些结果说明了轨迹数据样本的有效性。

2. 不同方法的 OD 估计结果

在实验路网中，出发地 O 点包括上游以及 4 个入口匝道，目的地 D 点包括下游以及 4 个出口匝道。分别基于线圈数据和基于轨迹数据，对实验时段内共 3 h 的 OD 总量进行估计，结果如表 4.10 所示。

表 4.10　不同方法的 OD 估计　　　　　　　单位：veh

出发地 O	目的地 D					
	出口匝道 1	出口匝道 2	出口匝道 3	出口匝道 4	下游
基于线圈数据的结果					
上游	1680	402	729	1159	2862
入口匝道 1	992	237	430	684	1690
入口匝道 2		35	63	100	247
入口匝道 3			637	1013	2502
入口匝道 4				2494	6157
基于轨迹数据的结果					
上游	3956	1057	552	360	907
入口匝道 1	2479	549	56	49	903
入口匝道 2		154	44	18	229
入口匝道 3			1691	442	2020
入口匝道 4				2561	6090

4.3　本章小结

本章提出了基于视频数据的行程时间估计方法，充分利用基于车道的交通流特征，提高车辆重识别的正确率，增加了有效样本量。从而不仅可以得到基于路段的行程时间估计，还可得到基于车道的行程时间估计，估计内容除了平均值还包括标准差与分布类型，这些改进都为控制方法的进一步拓展提供了基础。实证分析证明本方法适用于拥堵与非拥堵场景，估计精度分别达到 5.6% 和 1.1%，显著优于现有方法。

此外，本章还提出了基于轨迹数据的 OD 估计方法，相比传统的线圈数据，轨迹数据可连续跟踪车辆移动，获取其出发地及目的地。相比传统的浮动车 GPS 数据，轨迹数据有着更高的渗透率以及更好的数据质量。这些优点使得 OD 估计中的一部分模型假设可以由实测数据替代。实验分析证明了基于轨迹数据控制的优越性，这是由于利用轨迹数据，可以更精准地获得瓶颈路段车辆的出发地分布比例，进而在相应的入口匝道，采取更有效的流入控制。

第5章 基于轨迹数据的快速路干线主动协同控制

快速路不同路段以及出入口匝道之间距离较近,局部拥堵如果得不到及时控制,可能迅速蔓延至全线。为了避免这种情况发生,本章提出了基于实时轨迹数据的主动协同控制,在交通流还未进入主线时,预测其对于下游的主线路段以及出口匝道的影响,并综合考虑主线通行能力约束、主线行驶速度约束、入口匝道排队约束、出口匝道排队约束、入口匝道流量约束,以总耗费时间最少为控制目标,展开最优流入控制。其中,交通流入对于未来系统影响的精准预测,是主动协同控制的主要难点之一。现有研究多通过模型推导,间接建立系统要素的关联,容易造成误差累积,导致控制失效。本章在所有车辆轨迹数据可以实时获取的假设下,对行程时间以及 OD 进行实时更新,直接建立快速路交通系统内的复杂关联,确保控制的有效性。

5.1 问题描述

5.1.1 问题背景

快速路出入口匝道设置密集,尤其在中心城区的高密度路网下,很多情况下匝道间距不足 1 km[148],上下游的匝道与主线路段之间存在高度的时空相关。已有研究只考虑了入口匝道与主线之间的时空相关,而未考虑入口匝道与出口匝道之间的时空相关,如图 5.1 所示。

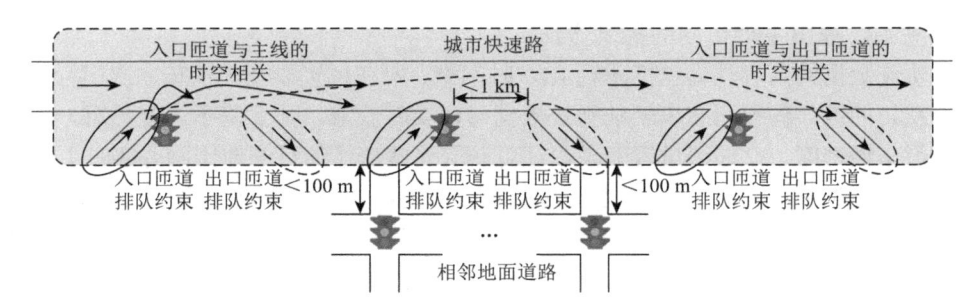

图 5.1 快速路交通系统中的时空相关及出入口匝道排队约束

不仅如此，我国许多快速路的出入口匝道紧邻地面交叉口设置，间距小于100 m。对于入口匝道而言，若车辆排队超过匝道长度，拥堵将迅速蔓延至上游交叉口，造成排队溢出，严重影响地面交通运行，如图 5.2(a)所示。而对于出口匝道而言，其通行能力受到下游的信号控制交叉口及地面车辆交织的限制，可能造成出口匝道上的车辆排队，若未得到及时疏散，将蔓延至快速路主线，严重影响快速路交通运行，如图 5.2(b)所示。虽然有不少研究考虑了入口匝道排队约束，但大多忽略了出口匝道排队约束[40, 78, 79, 81-84, 86]。

(a) 入口匝道排队　　　　　　　　(b) 出口匝道排队

图 5.2　快速路出入口匝道排队示意

5.1.2　研究思路

本书综合考虑了以上这些时空相关以及现实约束。为了实现主动协同控制，应在入口匝道处，预测流入交通对下游尤其是对出口匝道的影响，再根据出口匝道排队约束，对超出排队约束的车辆进行溯源，并提前在上游的入口匝道进行流入控制。这一目标在过去是难以实现的，因为 OD 是动态变化的，并且受到控制方案的影响。

然而，随着车联网、预约出行以及交通管理控制与服务一体化的发展，车辆位置可以被实时追踪，并且每一辆车出发地及目的地的获取也将成为可能。本书基于这样的实时轨迹数据，同时充分利用现有数据，对未来可能造成拥堵的车辆进行溯源，提出主动协同的控制方法。

轨迹数据的内容具体包括车辆 ID、时间戳、所在位置以及该辆车本次出行的出发地及目的地。假设所有车辆的轨迹数据可以实时获取，那么基于这些信息，不仅可获得车辆密度、交通流量等变量，还可获取这些变量的目的地比例并实时更新。

如图 5.3 所示，以主线路段 a（section a）为例，基于断面/路段数据，通常交通流模型中涉及的变量包括该路段的车辆密度（veh·km^{-1}·lane^{-1}）、平均速度（km/h）、交通流量（veh/h），分别用 $\rho_{a,t}, v_{a,t}, q_{a,t}$ 表示，然而，这些变量的目的地比例不明，只能借助模型假设进行推导。

第 5 章　基于轨迹数据的快速路干线主动协同控制

基于实时的轨迹数据，可以直接获取目的地信息，从而对车辆密度和交通流量按照目的地进行区分，记为 $\rho_{a,j,t}, q_{a,j,t}$，其中 j 表示目的地。主线路段的交通流变量（流量、密度、速度）如图 5.3 所示。同样地，入口匝道的各个变量如交通需求、交通流入、匝道排队等，也可以按照目的地进行区分。本章将基于这些信息进行建模，进一步体现各个路段与匝道之间的高度关联，以支撑主动协同控制，研究假定没有信息诱导造成 OD 需求转移。

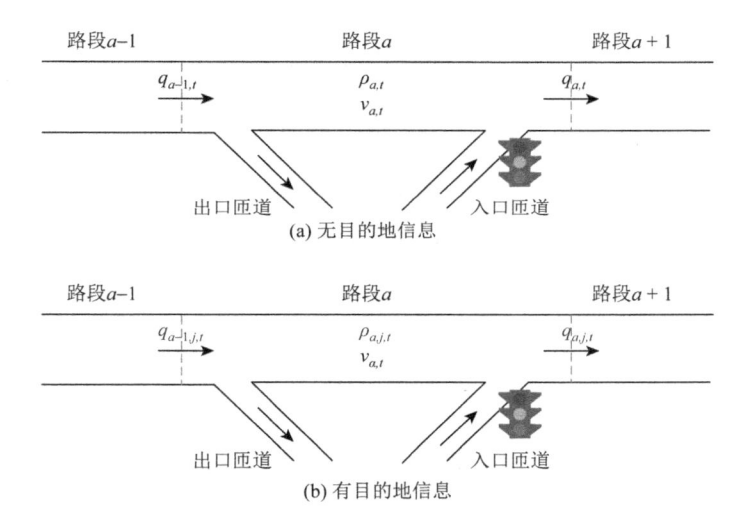

图 5.3　主线路段的交通流变量（流量、密度、速度）

5.2　区分目的地的交通流模型

交通流模型主要包括交通守恒定律（conservation law）和交通基本图两部分，用于刻画交通流传递关系以及随之而来的交通状态演变，据此预判控制效果。

5.2.1　符号说明

在介绍模型之前，罗列了本章主要变量及参数的符号说明，如表 5.1 所示。

表 5.1　主要变量及参数的符号说明

主要变量及参数	符号说明
基础路网参数	
A	快速路主线路段的集合

续表

主要变量及参数	符号说明
a	主线路段 $a \in A$
L_a	主线路段 a 的长度（km）
λ_a	主线路段 a 的车道数（条）
I	出发地的集合
I_{ramp}	入口匝道的集合
i	出发地 $i \in I$，$i \in I_{ramp}$ 表示入口匝道
L_i^{ON}	入口匝道 i 的长度（km），$i \in I_{ramp}$
λ_i^{ON}	入口匝道 i 的车道数（条），$i \in I_{ramp}$
S_i^{ON}	入口匝道 i 的存储容量（veh），$i \in I_{ramp}$
J	目的地的集合
J_{ramp}	出口匝道的集合
j	目的地 $j \in J$，$j \in J_{ramp}$ 表示出口匝道
L_j^{OFF}	出口匝道 j 的长度（km），$j \in J_{ramp}$
λ_j^{OFF}	出口匝道 j 的车道数（条），$j \in J_{ramp}$
S_j^{OFF}	出口匝道 j 的存储容量（veh），$j \in J_{ramp}$
基本图参数	
v_a^F	自由流速度（km/h）
ρ_a^C	临界密度（veh·km^{-1}·lane^{-1}）
ρ_a^J	阻塞密度（veh·km^{-1}·lane^{-1}）
q_a^{CAP}	通行能力（veh·h^{-1}·lane^{-1}）
α_a	反映交通流特征的固定参数（无单位）
交通流变量	
t	时间步
T	一个时间步的时长（h）
$N_{a,t}$	主线路段 a 在时间步 t 的车辆数（veh）
$\rho_{a,t}$	主线路段 a 在时间步 t 的车辆密度（veh·km^{-1}·lane^{-1}）
$\rho_{a,j,t}$	主线路段 a 在时间步 t 以 j 为目的地的车辆密度（veh·km^{-1}·lane^{-1}）

续表

主要变量及参数	符号说明
$q_{a,j,t}$	主线路段 a 在时间步 t 以 j 为目的地的交通流量（veh·h^{-1}·lane^{-1}）
$v_{a,t}$	主线路段 a 在时间步 t 的空间平均速度（km/h）
$N_{i,t}^{\mathrm{ON}}$	入口匝道 i 在时间步 t 的车辆数（veh）
$N_{i,j,t}^{\mathrm{ON}}$	入口匝道 i 在时间步 t 以 j 为目的地的车辆数（veh）
$q_{i,j,t}^{\mathrm{ON}}$	入口匝道 i 在时间步 t 以 j 为目的地的汇入主线交通流量（veh/h）
$d_{i,j,t}$	入口匝道 i 在时间步 t 以 j 为目的地的到达率（交通需求）（veh/h）
N_j^{OFF}	出口匝道 j 在时间步 t 的车辆数（veh）
$q_{j,t}^{\mathrm{OFF}}$	出口匝道 j 在时间步 t 的离开主线交通流量（veh/h）
e_j	出口匝道 j 在时间步 t 的离开率（veh/h）
控制变量及参数	
k	控制时间步
N_C	更新频率（时间步）
N_p	预测时长（时间步）
$r_{i,k}$	入口匝道 i 在控制时间步 k 的调节率（veh·h^{-1}·lane^{-1}）
$r_i^{\min}$	入口匝道 i 的最小调节率（veh·h^{-1}·lane^{-1}）
$r_i^{\max}$	入口匝道 i 的最大调节率（veh·h^{-1}·lane^{-1}）
$v_a^{\min}$	主线路段 a 的最低目标速度（km/h）

5.2.2 主线路段的交通流模型

主线路段的建模场景及主要涉及的变量如图 5.4 所示。

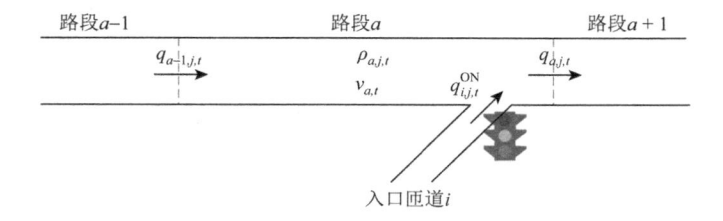

图 5.4 主线路段的交通流变量示意图

主线路段的交通流模型采用的是广为接受的 METANET[37, 149-153]，式（5.1）为交通守恒定律，并将交通流按照目的地进行区分。

$$\rho_{a,j,t+1} = \rho_{a,j,t} + \frac{T}{L_a \lambda_a}\left(q_{a-1,j,t}\lambda_{a-1} - q_{a,j,t}\lambda_a + q_{i,j,t}^{\mathrm{ON}}\right) \quad (5.1)$$

式（5.2）为速度动态变化方程，用于预测下一时间步的速度 $v_{a,t+1}$。第一项 $v_{a,t}$ 为当前时间步的速度，第二项弛豫项（relaxation term）表示交通流将趋于稳态，第三项传递项（convection term）为上游路段 $a-1$ 的交通流驶入本路段 a 带来的速度传递，第四项预测项（anticipation term）考虑了下游路段 $a+1$ 的车辆密度带来的预期速度阻力，第五项代表入口匝道汇入造成的速度下降。

$$v_{a,t+1} = v_{a,t} + \frac{T}{\tau}[V(\rho_{a,t}) - v_{a,t}] + \frac{T}{L_a}v_{a,t}(v_{a-1,t} - v_{a,t}) - \frac{\vartheta T}{\tau L_a}\cdot\frac{\rho_{a+1,t} - \rho_{a,t}}{\rho_{a,t}+\kappa} - \delta_{\mathrm{on}}T\frac{v_{a,t}q_{i,t}^{\mathrm{ON}}}{\rho_{a,t}+\kappa}$$

$$(5.2)$$

其中，$\tau, \vartheta, \kappa, \delta_{\mathrm{on}}$ 都是模型的修正系数，依次表示驾驶员敏捷程度、期望常数、密度修正系数以及匝道汇入的影响程度，可根据实际情况调整。

然后，式（5.3）通过密度 $\rho_{a,t+1}$、车道数 λ_a 以及速度 $v_{a,t+1}$ 的乘积预测下一时间步的流量 $q_{a,t+1}$。

$$q_{a,t+1} = \rho_{a,t+1}\lambda_a v_{a,t+1} \quad (5.3)$$

而式（5.2）中的 $V(\rho_{a,t})$ 表示的是稳态速度，通过式（5.4）计算。

$$V(\rho_{a,t}) = v_a^F \exp\left[-\frac{1}{\alpha_a}\left(\frac{\rho_{a,t}}{\rho_a^C}\right)^{\alpha_a}\right] \quad (5.4)$$

另外，将不同目的地的车辆密度 $\rho_{a,j,t}$、交通流量 $q_{a,j,t}$ 汇总，容易得到该路段的总密度 $\rho_{a,t}$、总流量 $q_{a,t}$，如式（5.5）和式（5.6）所示。

$$\rho_{a,t} = \sum_j \rho_{a,j,t} \quad (5.5)$$

$$q_{a,t} = \sum_j q_{a,j,t} \quad (5.6)$$

路段 a 的总密度 $\rho_{a,t}$ 与总车辆数 $N_{a,t}$ 存在式（5.7）所示的关系。

$$N_{a,t} = \rho_{a,t} L_a \lambda_a \quad (5.7)$$

5.2.3 入口匝道的交通流模型

入口匝道的建模场景及主要涉及的变量如图 5.5 所示。

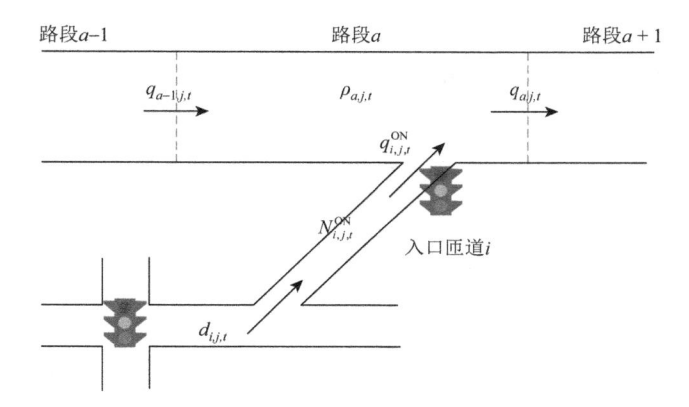

图 5.5 入口匝道的交通流变量示意图

入口匝道汇入主线的实际流量 $q_{i,t}^{ON}$ 取决于以下三部分的最小值，如式（5.8）所示。第一部分为允许流入的量，即入口匝道调节率；第二部分为流入需求，具体根据入口匝道排队车辆 $N_{i,t}^{ON}$ 及该时间步上游到达车辆（交通需求）$d_{i,t}$ 计算；第三部分是下游可供流入的容量，根据下游主线路段的阻塞（最大）密度 ρ_a^J 及当前密度 $\rho_{a,t}$ 之差计算。

$$q_{i,t}^{ON} = \min\left(r_{i,t}\lambda_i^{ON}, d_{i,t} + \frac{N_{i,t}^{ON}}{T}, \frac{L_a\lambda_a}{T}\left(\rho_a^J - \rho_{a,t}\right)\right) \quad (5.8)$$

根据先进先出（first-in，first-out）的原则，可确定汇入车辆。由于每辆车的目的地已知，可对汇入流量 $q_{i,t}^{ON}$ 按照目的地进行区分，得到 $q_{i,j,t}^{ON}$。式（5.9）根据不同目的地车辆的到达率（交通需求）$d_{i,j,t}$ 和离开率（汇入主线流量）$q_{i,j,t}^{ON}$，对入口匝道上不同目的地的车辆数 $N_{i,j,t}^{ON}$ 进行更新。

$$N_{i,j,t+1}^{ON} = N_{i,j,t}^{ON} + \left(d_{i,j,t} - q_{i,j,t}^{ON}\right)T \quad (5.9)$$

将不同目的地的车辆数 $N_{i,j,t}^{ON}$、汇入流量 $q_{i,j,t}^{ON}$、交通需求 $d_{i,j,t}$ 汇总，得到入口匝道的总车辆数 $N_{i,t}^{ON}$、总汇入流量 $q_{i,t}^{ON}$、总交通需求 $d_{i,t}$，如式（5.10）～式（5.12）所示。

$$N_{i,t}^{ON} = \sum_j N_{i,j,t}^{ON} \quad (5.10)$$

$$q_{i,t}^{ON} = \sum_j q_{i,j,t}^{ON} \quad (5.11)$$

$$d_{i,t} = \sum_j d_{i,j,t} \quad (5.12)$$

5.2.4 出口匝道的交通流模型

出口匝道的建模场景及主要涉及的变量如图 5.6 所示。

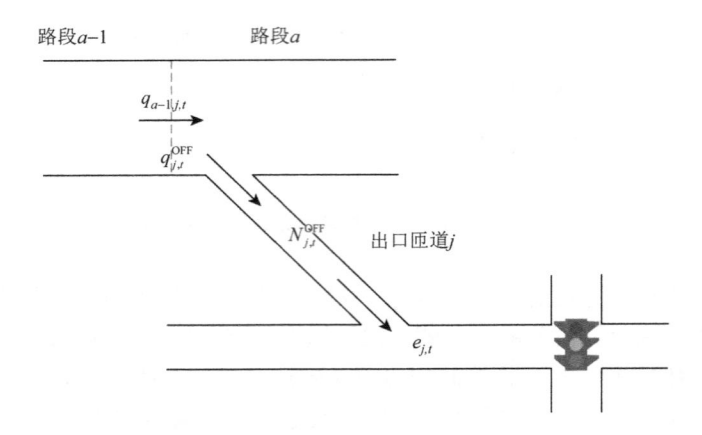

图 5.6 出口匝道的交通流变量示意图

出口匝道离开主线的实际流量 $q_{j,t}^{\text{OFF}}$ 取决于两部分的最小值，如式（5.13）所示。第一部分为流出需求，即上游主线路段 $a-1$ 中以出口匝道 j 为目的地的交通流量 $q_{a-1,j,t}$，第二部分是出口匝道的剩余容量，根据最大容量 S_j^{OFF} 及当前车辆数 $N_{j,t}^{\text{OFF}}$ 之差计算。

$$q_{j,t}^{\text{OFF}} = \min\left(q_{a-1,j,t}, S_j^{\text{OFF}} - N_{j,t}^{\text{OFF}}\right) \tag{5.13}$$

式（5.14）根据出口匝道车辆的到达率 $q_{j,t}^{\text{OFF}}$（进入出口匝道）和离开率 e_j（离开出口匝道），对出口匝道上的车辆数 $N_{j,t}^{\text{OFF}}$ 进行更新。其中 e_j 取决于出口匝道下游的通行能力，现实中受到地面信号控制交叉口的限制。

$$N_{j,t+1}^{\text{OFF}} = N_{j,t}^{\text{OFF}} + \left(q_{j,t}^{\text{OFF}} - e_j\right)T \tag{5.14}$$

5.3 主动协同控制模型

本章将主动协同控制构建为非线性优化问题，首先介绍一般情况下的优化控制建模，而当问题无解时，则松弛约束，并基于分层序列法，提出多目标优化控制，按照优化目标的优先级顺序进行求解。

5.3.1 快速路主线路段及出入口匝道一体化实时控制

控制对研究范围内所有主线路段 $a \in A$、入口匝道 $i \in I_\text{ramp}$、出口匝道 $j \in J_\text{ramp}$ 的状态进行实时更新,并利用交通流模型,对未来多时间步内(N_p个时间步)的状态演变进行预测。控制以总耗费时间最小化为优化目标,包括主线行驶时间及出入口匝道等待时间,如式(5.15)所示。

控制问题综合考虑了各种现实约束。式(5.16)为主线通行能力约束,主线交通流量 $q_{a,k}$ 不超过通行能力 q_a^CAP。式(5.17)为主线行驶速度约束,主线交通流的平均速度 $v_{a,k}$ 维持在最低目标速度 v_a^min 之上。式(5.18)为入口匝道排队约束,入口匝道车辆数 $N_{i,k}^\text{ON}$ 不超过其存储容量 S_i^ON,避免排队蔓延至地面。式(5.19)为出口匝道排队约束,出口匝道车辆数 $N_{j,k}^\text{OFF}$ 不超过其存储容量 S_j^OFF,考虑了离开出口匝道车流的通行能力受限,避免出口匝道上的车辆排队溢出至主线。式(5.20)为入口匝道流量约束,其最大值 r_i^max 代表入口匝道的通行能力,最小值 r_i^min 考虑到控制方案的公平性,避免入口匝道车辆过长时间的等待。另外,优化问题也同时满足 5.2 节交通流模型的等式约束。

最后,控制变量 $r_{i,k}$ 是输出方案,即各入口匝道在未来 N_p 个时间步的调节率。优化控制的模型具体如下:

$$\min \sum_{k=t+1}^{t+N_p} \left(\sum_{a \in A} N_{a,t} + \sum_{i \in I} N_{i,t}^\text{ON} + \sum_{j \in J} N_{j,t}^\text{OFF} \right) \quad (5.15)$$

s.t.

$$q_{a,k} \leqslant q_a^\text{CAP}, \quad \forall a \in A, \quad k \in [t+1, t+N_p] \quad (5.16)$$

$$v_{a,k} \geqslant v_a^\text{min}, \quad \forall a \in A, \quad k \in [t+1, t+N_p] \quad (5.17)$$

$$N_{i,k}^\text{ON} \leqslant S_i^\text{ON}, \quad \forall i \in I_\text{ramp}, \quad k \in [t+1, t+N_p] \quad (5.18)$$

$$N_{j,k}^\text{OFF} \leqslant S_j^\text{OFF}, \quad \forall j \in J_\text{ramp}, \quad k \in [t+1, t+N_p] \quad (5.19)$$

$$r_i^\text{min} \leqslant r_{i,k} \leqslant r_i^\text{max}, \quad \forall i \in I_\text{ramp}, \quad k \in [t+1, t+N_p] \quad (5.20)$$

交通流模型:式(5.1)~式(5.14)。

变量:$r_{i,k}$、$i \in I_\text{ramp}$、$k \in [t+1, t+N_p]$。

5.3.2 基于分层序列法的多目标优化控制

上述的优化控制几乎考虑了现实中所有约束,然而在运行中可能造成模型无解。比如，当交通需求旺盛时，无法将主线行驶速度维持在设定目标之上。发生这种情况时，不得不对原问题进行松弛。本章的做法是松弛主线行驶速度约束，以惩罚函数的形式在优化目标中考虑。

由此，形成了图 5.7 所示的控制逻辑。当原优化控制有解时，直接输出控制方案。否则，将问题转化为基于分层序列法的多目标优化（hierarchical multi-objective optimization）控制，首要目标为主线行驶速度尽快恢复至最低目标速度以上，次要目标为总耗费时间最少。

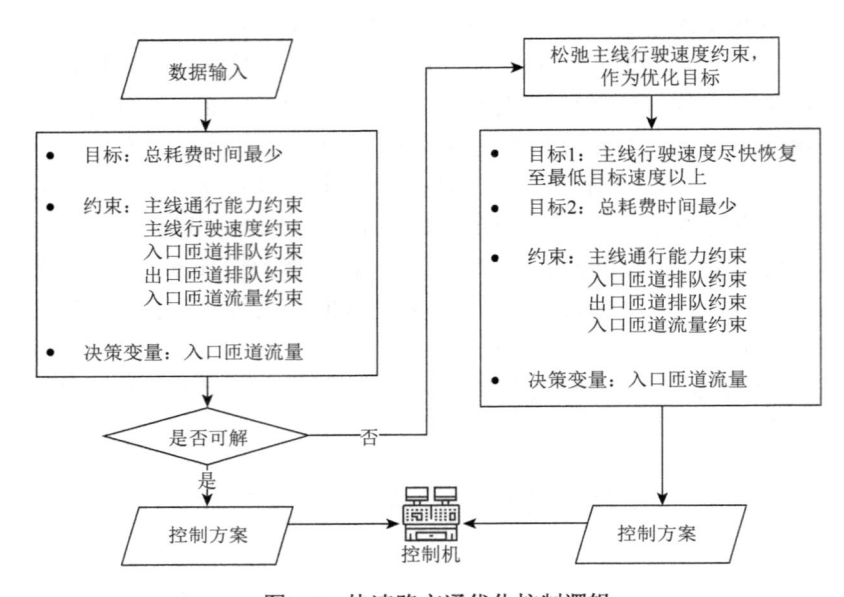

图 5.7 快速路交通优化控制逻辑

基于分层序列法的多目标优化控制建模如下，在原模型的基础上，松弛了式（5.17）的主线行驶速度约束。目标函数中将式（5.21）作为首要目标，使主线行驶速度与最低目标速度的差距之和最小化，当主线行驶速度大于最低目标速度时不计入目标函数中，再将式（5.22）的总耗费时间最小化作为次要目标。其他部分保持不变。

$$\min \sum_{k=t+1}^{t+N_p} \sum_{a \in A} \phi_{a,k}^{\text{slow}} \left(v_a^{\min} - v_{a,k} \right) \tag{5.21}$$

$$\min \sum_{k=t+1}^{t+N_p} \left(\sum_{a \in A} N_{a,t} + \sum_{i \in I} N_{i,t}^{\text{ON}} + \sum_{j \in J} N_{j,t}^{\text{OFF}} \right) \tag{5.22}$$

s.t.

$$q_{a,k} \leq q_a^{\text{CAP}}, \quad \forall a \in A, \quad k \in [t+1, t+N_p] \tag{5.23}$$

$$N_{i,k}^{\text{ON}} \leq S_i^{\text{ON}}, \quad \forall i \in I_{\text{ramp}}, \quad k \in [t+1, t+N_p] \tag{5.24}$$

$$N_{j,k}^{\text{OFF}} \leq S_j^{\text{OFF}}, \quad \forall j \in J_{\text{ramp}}, \quad k \in [t+1, t+N_p] \tag{5.25}$$

$$r_i^{\min} \leq r_{i,k} \leq r_i^{\max}, \quad \forall i \in I_{\text{ramp}}, \quad k \in [t+1, t+N_p] \tag{5.26}$$

交通流模型：式（5.1）～式（5.14）。

控制变量：$r_{i,k}$、$i \in I_{\text{ramp}}$、$k \in [t+1, t+N_p]$。

式（5.21）引入了 $\phi_{a,k}^{\text{slow}}$ 来判断主线路段 a 在 k 时间步的行驶速度是否低于最低目标速度 $v_a^{\min}$，$\phi_{a,k}^{\text{slow}}$ 为 0-1 变量，按照式（5.27）确定。

$$\phi_{a,k}^{\text{slow}} = \begin{cases} 1, & v_{a,k} < v_a^{\min} \\ 0, & v_{a,k} \geq v_a^{\min} \end{cases} \tag{5.27}$$

5.3.3 基于 Nevergrad 优化的模型求解

入口匝道调节率 r 最终需转化为绿灯时间 g 输出至信号灯，通常精确至 1 s。因此，可以将控制变量 r 离散化，在有限的解空间中寻优，而不一定需要得到精确解。绿灯时间的精度 Δg 和入口匝道调节率 Δr 的精度存在以下关系：

$$\Delta g = \frac{\Delta r}{q^{\text{CAP}}} \Delta C \tag{5.28}$$

其中，饱和流率 q^{CAP} 为 1800 veh/h，假设入口匝道信号灯周期 C 为 10 s，绿灯时间 g 需精确至 1 s（$\Delta g = 1$），得到 $\Delta r = 180$ veh/h。那么，r 可取的值为 180 veh·h^{-1}·lane^{-1}，360 veh·h^{-1}·lane^{-1}，…，1800 veh·h^{-1}·lane^{-1}。

然后，采用开源的 Nevergrad 优化器[154]进行求解。Nevergrad 最初用于机器学习问题中的参数及超参数优化，已在工程中应用，适用于本书非线性规划的求解，且对于大规模问题计算高效，求解速度可满足 5 min 一次的更新。基于 Nevergrad 的模型求解实现过程如图 5.8 所示。

步骤 1 初始化状态 $x(t=0)$ 与时间步 $t=0$。其中状态 x 包括研究范围内的车辆信息（位置、出发地、目的地）以及交通流状态变量（主线路段 a 的车辆数 N_a、入口匝道 i 的车辆数 N_i^{ON}、出口匝道 j 的车辆数 N_j^{OFF}、主线路段 a 的车辆密度 ρ_a、主线路段 a 的平均速度 v_a、主线路段 a 的交通流量 q_a）。

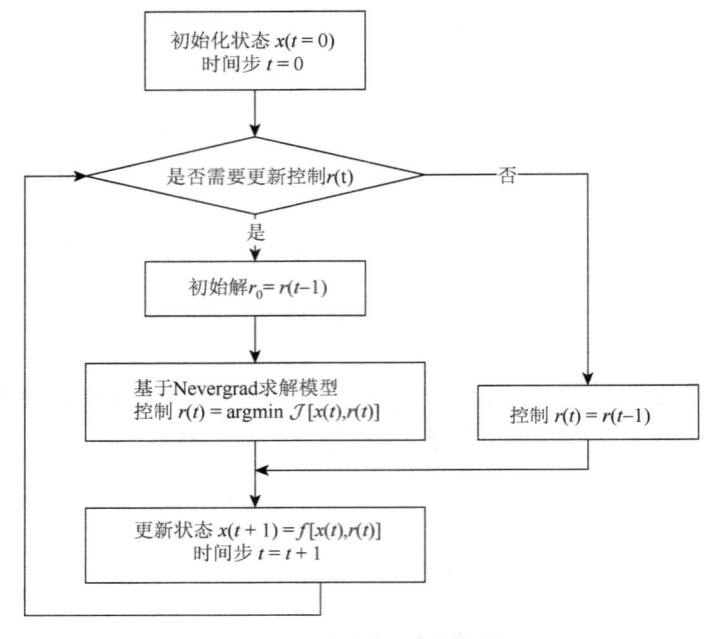

图 5.8 基于 Nevergrad 的模型求解实现过程

步骤 2 判断时间步 t 是否需要更新控制 $r(t)$。控制每隔 N_c 个时间步更新一次，当 $t \bmod N_c = 0$ 时，更新控制 $r(t)$，转步骤 3；否则，沿用上一时间步 $t-1$ 的控制 $r(t-1)$，即 $r(t) = r(t-1)$，转步骤 5。

步骤 3 设定初始解 r_0 为上一时间步 $t-1$ 的控制 $r(t-1)$，即 $r_0 = r(t-1)$。

步骤 4 基于 Nevergrad 求解模型。将初始解 r_0 输入 Nevergrad 优化器，对控制 $r(t)$ 寻优使得目标函数 $\mathcal{J}$ 最小，如式（5.29）所示。其中，目标函数 $\mathcal{J}$ 与状态 $x(t)$、控制 $r(t)$ 的关系具体可见式（5.1）至式（5.15）、式（5.21）及式（5.22）。

$$r(t) = \arg\min \mathcal{J}[x(t), r(t)] \tag{5.29}$$

步骤 5 通过当前状态 $x(t)$ 及控制 $r(t)$，更新状态 $x(t+1)$，如式（5.30）所示，具体见式（5.1）至式（5.14）。然后，更新时间步 $t = t+1$，回到步骤 2。

$$x(t+1) = f[x(t), r(t)] \tag{5.30}$$

5.4 实 验 设 计

5.4.1 实验路网

实验选择了上海市南北高架路西侧的共江路至广中路段，作为典型的出入口匝道密集设置场景。主线路段全长约 5.6 km，包含 5 个入口匝道，3 个出口匝道。对实验路网进行建模，将主线分为 20 个路段，如图 5.9 所示。

(a) 卫星地图

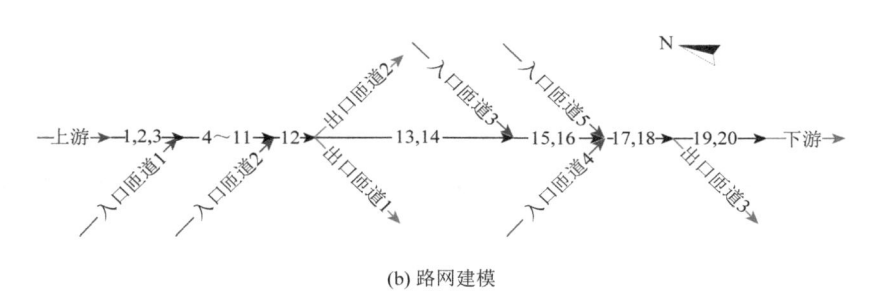

(b) 路网建模

图 5.9 实验路网中的出入口匝道设置密集

根据地图资料，得到主线路段及出入口匝道的长度和车道数。假设实验路网中每辆车的车长加最小车头空距平均为 6 m，计算得到出入口匝道的存储容量（最大排队车辆数）。再基于线圈数据所记录的流量、密度、速度，对 20 个主线路段的基本图参数进行标定，如自由流速度、通行能力、阻塞密度、临界密度（通行能力流量所对应的密度）等。主线路段、入口匝道以及出口匝道的参数具体可参见附录。

5.4.2 高峰时段的无控制场景

实验时段是工作日的上午 4:00~10:00，包含典型的早高峰。图 5.10 是线圈数据记录的每 5 min 交通流量，作为实验路网内 6 个出发地的交通需求，包括主线上游和 5 个入口匝道。交通需求大约在 6:00~7:00 达到高峰，之后维持这一水平或略有回落。

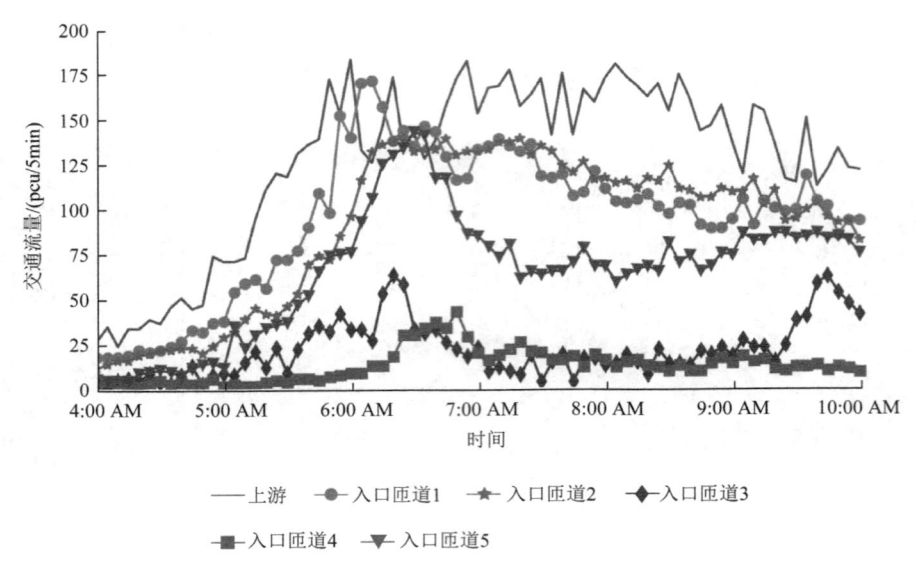

图 5.10　高峰时段（工作日 4:00～10:00）各出发地的交通流入需求

无控制时的交通状态演变通过 METANET 得到，模型的参数标定参考了文献[37, 149-153]，如表 5.2 所示。其中实验时段内的前 1 h（4:00～5:00）为预热时间，后 5 h（5:00～10:00）用于不同控制方法的实验对比。

表 5.2　METANET 参数

步长 T/s	τ/s	ϑ /(km²/h)	κ /(veh·km⁻¹·lane⁻¹)	δ_{on}/(h/km)
10	18	30	40	0.66

无控制时的速度分布（speed contour）如图 5.11 所示，横坐标为时间，纵坐标为主线路段编号，并且将入口匝道入口 1～入口 5 以及出口匝道出口 1～出口 3 标记于相应的位置。可以看到交通拥堵大约于 6:00 出现，分别从入口匝道 2、4、5 向上游蔓延，入口匝道 2 处的拥堵持续到 8:30 左右，入口匝道 4 和入口匝道 5 处的拥堵大约于 7:00 之后消散。从图 5.11 还可以看到，一些拥堵从出口匝道处向上游主线蔓延，这意味着出口匝道排队溢出。

图 5.12 呈现了无控制时的出口匝道排队情况，纵坐标是相对排队（relative queue）长度，即排队车辆除以存储容量，最大为 1，代表出口匝道上排满车辆。可以看到，出口匝道 3 在 6:50 到 7:20 这段时间内排满车辆，存在排队溢出的风险。这是由于其下游通行能力受到地面交叉口的限制，而其上游驶离主线进入出口匝道的交通需求较大。另外，无控制时入口匝道不存在排队，交通流不受限制地进入主线路段。

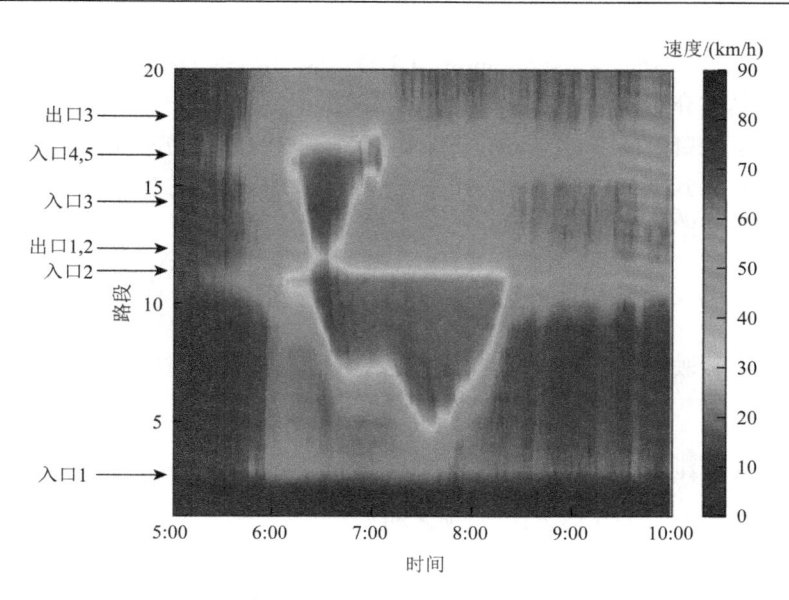

图 5.11 无控制时的速度分布图

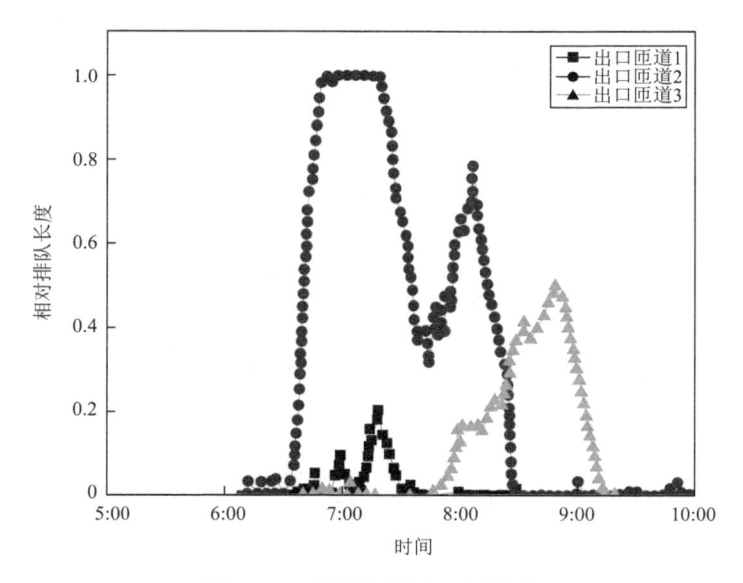

图 5.12 无控制时的出口匝道排队

5.4.3 控制效果的评价指标

评价指标采用的是总耗费时间、总行驶时间以及总等待时间，这三个指标都是公认的用于评价快速路交通运行效率的指标。另外，提出了拥堵距离及持续时间（congestion distance and duration，CDD）这一新的指标，用于评价主线路段拥堵程度。具体介绍及公式如下。

（1）总耗费时间 TTS（h），评价研究范围内的总耗费时间，通过车辆数乘以时间得到，如式（5.31）所示，分为三个部分，依次为主线路段、入口匝道和出口匝道上耗费的时间。

$$\mathrm{TTS} = \sum_{t \in T_{\mathrm{all}}} \left(\sum_{a \in A} N_{a,t} + \sum_{i \in I} N_{i,t}^{\mathrm{ON}} + \sum_{j \in J} N_{j,t}^{\mathrm{OFF}} \right) T \quad (5.31)$$

（2）总行驶时间 TTT（h），评价主线路段上耗费的时间，为 TTS 的第一项。

$$\mathrm{TTT} = \sum_{t \in T_{\mathrm{all}}} \sum_{a \in A} N_{a,t} T \quad (5.32)$$

（3）总等待时间 TWT（h），评价匝道上耗费的时间，包括入口匝道和出口匝道上耗费的时间，为 TTS 的后两项之和。

$$\mathrm{TWT} = \sum_{t \in T_{\mathrm{all}}} \left(\sum_{i \in I} N_{i,t}^{\mathrm{ON}} + \sum_{j \in J} N_{j,t}^{\mathrm{OFF}} \right) T \quad (5.33)$$

（4）拥堵距离及持续时间 CDD（km·h），将研究范围内处于拥堵状态的主线路段长度乘以时间并求和，得到总拥堵距离及持续时间，如式（5.34）所示。

$$\mathrm{CDD} = \sum_{t \in T_{\mathrm{all}}} \sum_{a \in A} \phi_{a,t}^{\mathrm{congest}} L_a T \quad (5.34)$$

其中，$\phi_{a,t}^{\mathrm{congest}}$ 是 0-1 变量，用于判断主线路段 a 在 t 时间步的速度 $v_{a,t}$ 是否低于临界速度 v_a^C，通过式（5.35）得到。

$$\phi_{a,t}^{\mathrm{congest}} = \begin{cases} 1, & v_{a,t} < v_a^C \\ 0, & v_{a,t} \geqslant v_a^C \end{cases} \quad (5.35)$$

以上评价指标的时间范围皆为所有时间步，用 T_{all} 表示。在本案例中，评价范围是上午 5:00～10:00，共 5 h。

5.5 实验结果

围绕本章所提出的方法，展开全面的实验分析，大致可分为两大部分。第一部分从不同方面，对比了本方法与传统方法的控制效果。第二部分为敏感性分析，讨论了不同控制参数、控制输入对控制效果的影响。

本章提出的是基于数据的主动协同控制方法，控制步长 N_C 为 5 min，预测时长 N_p 为 15 min，最低目标速度 $v_a^{\min}$ 均设为 20 km/h，入口匝道的最小及最大调节率 $r_i^{\min}$、$r_i^{\max}$ 分别为 180 veh·h^{-1}·lane^{-1} 和 1800 veh·h^{-1}·lane^{-1}。

5.5.1 对比 ALINEA 与主动协同控制

ALINEA 在现实中得到广泛应用，其控制范围只考虑入口匝道以及汇入处紧邻的上下游（单点控制），是基于简单规则的反馈式感应控制[8]。本方法的主动协同控制不仅考虑了入口匝道流入对紧邻路段的影响，还考虑了其对研究范围内全线以及出口匝道的影响，并基于预测得到控制方案。

图 5.13 分别呈现了无控制、ALINEA 以及主动协同控制的速度分布。ALINEA 虽然有效缓解了拥堵，代表拥堵的中间阴影区域相比无控制时明显减少，但拥堵仍然存在，大致从 6:00 开始蔓延并于 7:30 消散。主动协同控制的效果有进一步改善，只出现零星拥堵，未有明显的拥堵蔓延，总体维持在通畅水平。

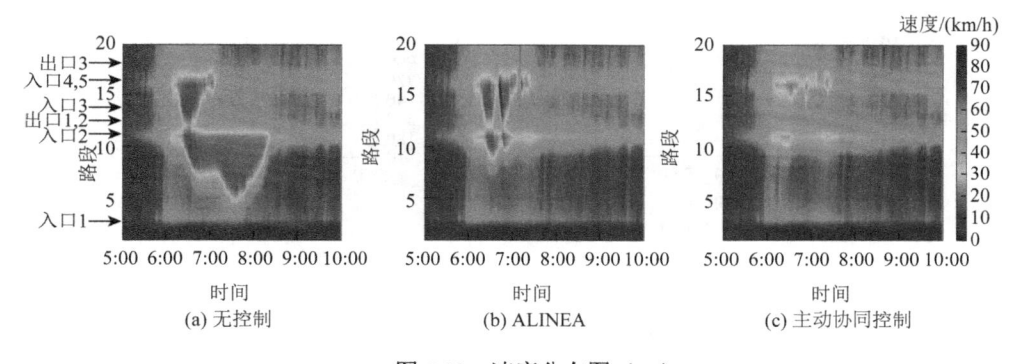

图 5.13 速度分布图（一）

表 5.3 通过评价指标进行定量比较。主动协同控制与 ALINEA 相比，虽然匝道耗费时间 TWT 从 236 h 增加至 326 h，但主线拥堵得到明显缓解，拥堵距离及持续时间 CDD 从 2.28 km·h 降低至 1.56 km·h，主线耗费时间 TTT 从 1573 h 减少至 1438 h。因此，主动协同控制的总耗费时间 TTS 更少，从 1809 h 减少至 1764 h，相比无控制时的 1953 h 减少了 9.7%。

表 5.3 不同控制方案的控制效果

控制方案	TTS/h	TTT/h	TWT/h	CDD/(km·h)
无控制	1953	1781	172	4.29
ALINEA	1809	1573	236	2.28
主动协同控制	1764	1438	326	1.56

进一步地，对 ALINEA 以及主动协同的控制方案（入口匝道调节率）进行对比，如图 5.14 所示，主动协同控制存在以下特点及优势。

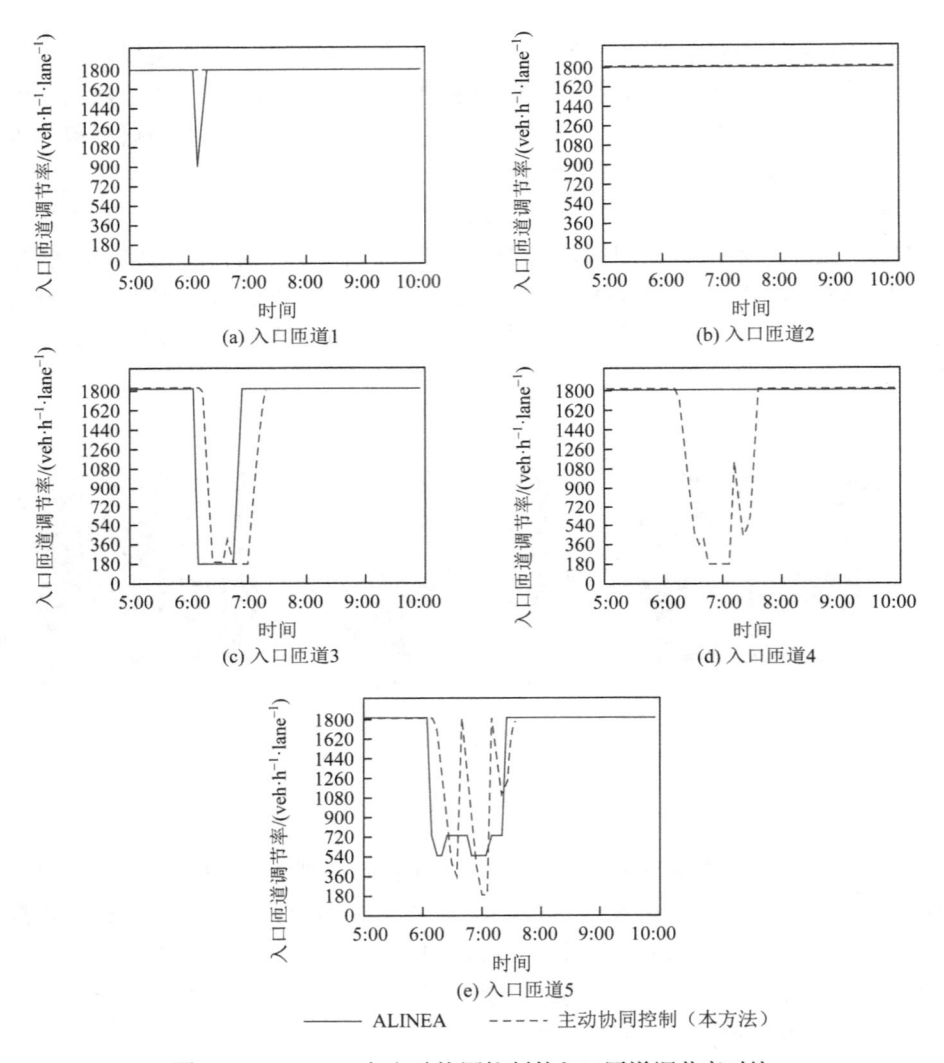

图 5.14 ALINEA 与主动协同控制的入口匝道调节率对比

第一，主动协同控制会对更上游的入口匝道进行控制。在本例中，受主动协同控制的包括入口匝道 1、3、5，而受 ALINEA 控制的是入口匝道 3、4、5，是相对下游位置的匝道。造成这一现象的原因是传统 ALINEA 只着眼于单点范围，因此出现拥堵路段时，只控制紧邻入口匝道的交通流入，而未考虑更上游的入口匝道与该拥堵路段的时空关联。

第二，主动协同控制更早启动控制。比如，在入口匝道 3，主动协同控制轨迹相比 ALINEA 轨迹整体提前 15 min，意味着主动协同控制能更早响应，体现控制的主动性，而传统 ALINEA 在拥堵发生后才进行控制。

第三，主动协同控制方案更稳定。比如，在入口匝道 5，传统 ALINEA 虽然随交通状态实时更新，但也造成了控制轨迹波动震荡，而主动协同控制基于多步预测生成控制，控制轨迹相对稳定。

5.5.2 对比基于模型与基于数据的控制

传统控制方法受到数据获取的限制，大量依赖简单模型，脱离实际。随着信息技术的发展，可充分利用数据的时效性、客观性等诸多优势，取代不必要的模型假设，提高控制的实时性、精准性。为了体现数据的这些优势，本章对比了基于模型与基于数据的控制效果。

其中，基于模型的控制在本书中指的是，基于简单模型间接建立主线路段及出入口匝道之间的时空关联。具体来说，为了得到主线交通驶出匝道的流量，在出口匝道处预设一个固定的流出比例[98]。为了获取两点之间的路径行程时间（path travel time），通过路段的车辆密度估计平均速度，算出路段行程时间（link travel time），再叠加得到路径行程时间[34]。

基于数据的控制则是充分利用实时数据进行状态实测以及时空关联建立。具体地说，本书中利用实时 OD 替代了原先控制理论中的预设 OD 或主线驶出匝道的预设交通量比值，并且实时更新两点之间的行程时间，实现流入交通对下游影响的动态预测。本章实验假设这些数据是精准、可靠、结构化的理想数据，尽可能多地替代不必要的模型假设。然而为了实现主动控制，方法仍保留了必要的模型用于预测。

两者的控制效果如表 5.4 所示。基于模型的控制和基于数据的控制都显著缓解了主线拥堵，在主线上达到相近的效果。然而，基于模型的控制在很大程度上牺牲了匝道排队车辆的效益，相比无控制时，匝道耗费时间 TWT 由 172 h 增加至 570 h，整个路网的总耗费时间 TTS 由 1953 h 增加至 2009 h。基于数据的控制也造成了匝道排队增加，匝道耗费时间 TWT 增加了 154 h，然而，主线耗费时间 TTT 减少了 343 h，总耗费时间 TTS 仍减少了 189 h。

表 5.4 基于模型与基于数据的控制效果

控制方案	TTS/h	TTT/h	TWT/h	CDD/(km·h)
无控制	1953	1781	172	4.29
基于模型的控制	2009	1439	570	1.41
基于数据的控制	1764	1438	326	1.56

造成这一结果的原因是，基于模型的控制不可避免地引入与现实不符的假设，因此对于交通演变、控制效果的预测存在偏差，导致不适当的控制。如图 5.15 所示，在本例中，基于模型的控制选取了更严格的入口匝道调节率，尤其对于入口匝道 1 的流入控制持续了三个多小时，这造成了入口匝道上更多的车辆排队，如图 5.16 所示。而基于数据的控制可直接建立快速路不同路段及匝道之间的时空关联，通过更精准的预测及控制，以较小的匝道牺牲达到相近的主线改善效果，对于整体路网来说控制效果更优。

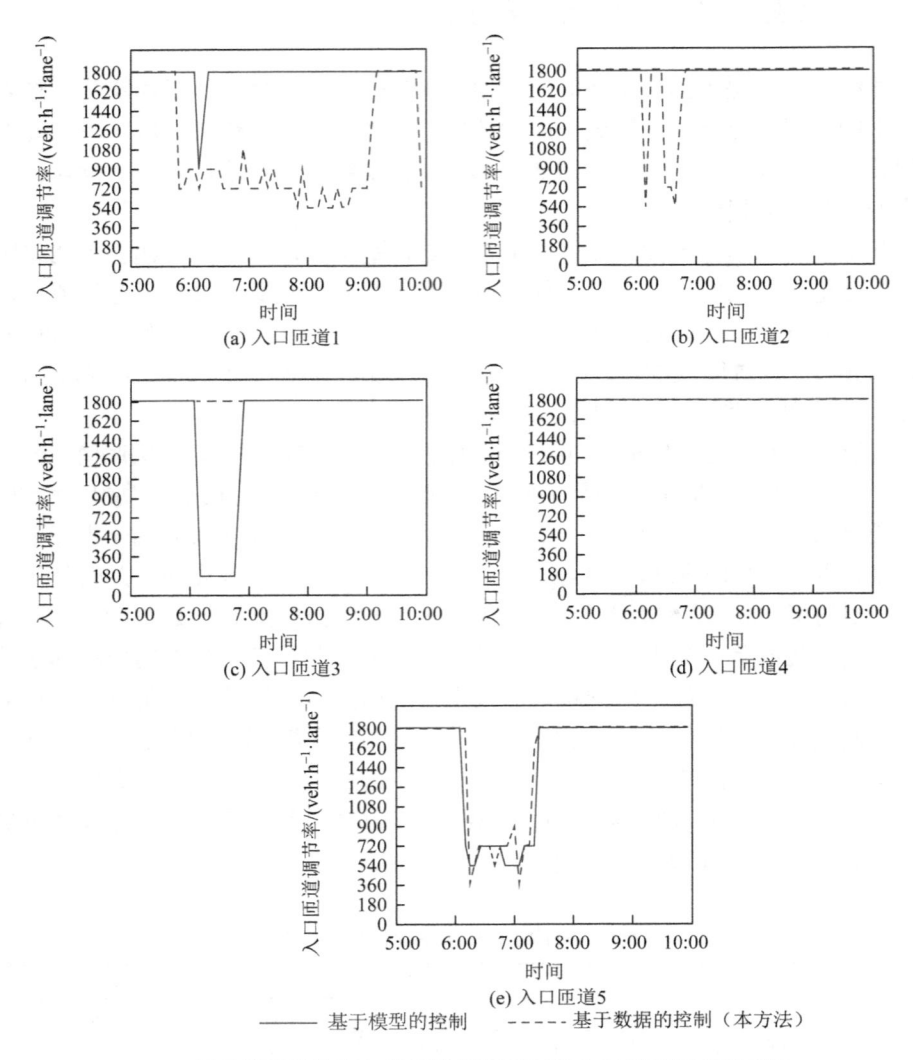

图 5.15 基于模型的控制与基于数据的控制的入口匝道调节率对比

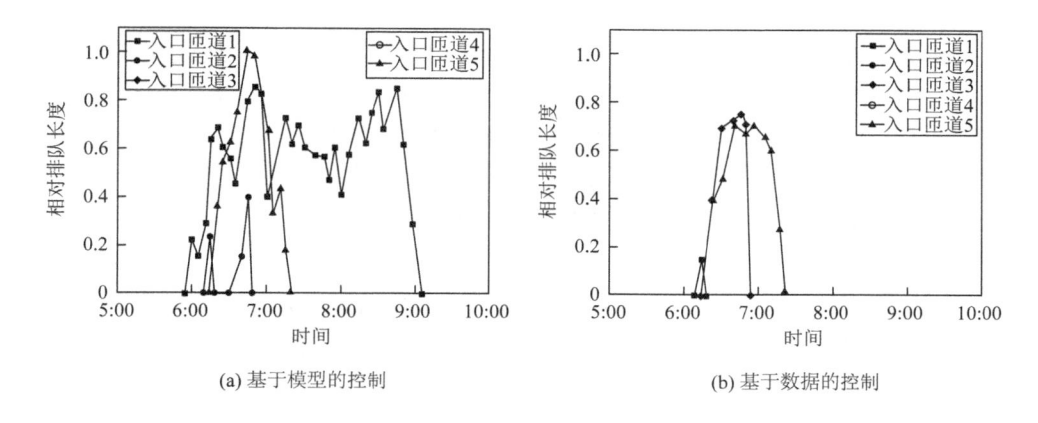

图 5.16 入口匝道排队（一）

（a）中入口匝道 3 和 4 的相对排队长度始终为 0，（b）中入口匝道 2 和 4 的相对排队长度始终为 0

5.5.3 对比是否考虑出口匝道排队约束的控制

不少快速路出口匝道紧邻地面交叉口设置，极大地限制了出口匝道下游的通行能力。本方法的入口匝道控制考虑了出口匝道排队约束，而已有方法大多忽略了这一约束。为了分析出口匝道排队约束的作用，本章对比了两种控制方法：一种是考虑了出口匝道排队约束的本方法，即式（5.15）到式（5.22）；另一种是除去式（5.19）出口匝道排队约束的方法。两者的速度分布图如图5.17 所示。

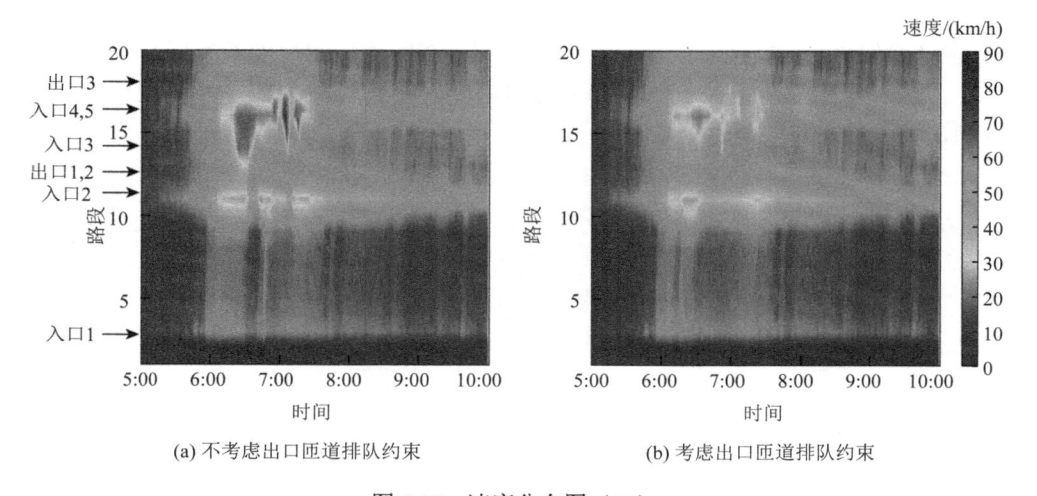

图 5.17 速度分布图（二）

可以看到，不考虑这一约束时，会导致出口匝道排队溢出，造成主线拥堵，如图 5.17(a)所示。而考虑了这一约束的本方法，利用实时轨迹数据，精准预测未来将到达出口匝道的车辆，对于超出存储容量部分的车辆，根据其 OD 信息溯源至入口匝道，并进行流入控制，从而很好地预防了出口匝道排队溢出，如图 5.17(b)所示。总耗费时间 TTS 也进一步降低，如表 5.5 所示。

表 5.5　不考虑与考虑出口匝道排队约束的控制效果

控制方案	TTS/h	TTT/h	TWT/h	CDD/(km·h)
无控制	1953	1781	172	4.29
不考虑出口匝道排队约束	1785	1480	305	1.73
考虑出口匝道排队约束	1764	1438	326	1.56

5.5.4　对比不同预测时长的控制

预测时长 N_p 决定着控制的启动时间，假如预测时长为 5 min，那么控制最多预测未来 5 min 内的潜在拥堵，因此控制最多提前 5 min 启动。然而，对于一些高峰时段，由于交通需求在连续一段时间内处于较高水平，仅提前 5 min 启动控制难以有效应对，因此需要延长预测时长，提前启动控制，从而在更长的时间域中寻求可行解，避免控制失效。

本章对比了单步预测控制（预测 1 个时间步，即未来 5 min）和多步预测控制（预测 3 个时间步，即未来 15 min），两种控制方案的入口匝道调节率对比如图 5.18 所示，从入口匝道 1、3、5 的调节率可以看到，多步预测相比单步预测更早启动控制，体现控制的主动性。

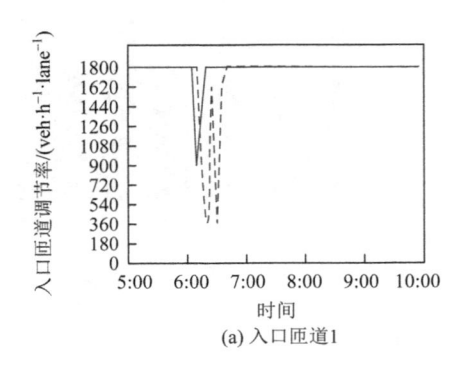

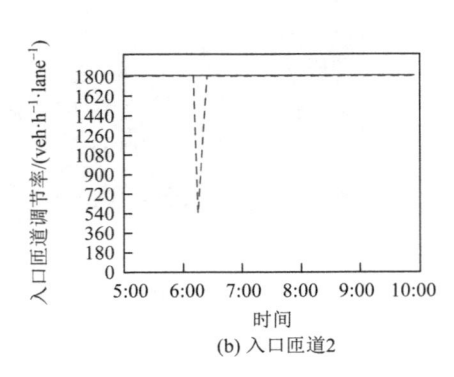

(a) 入口匝道1

(b) 入口匝道2

(c) 入口匝道3

(d) 入口匝道4

(e) 入口匝道5

—— 单步预测控制　　----- 多步预测控制（本方法）

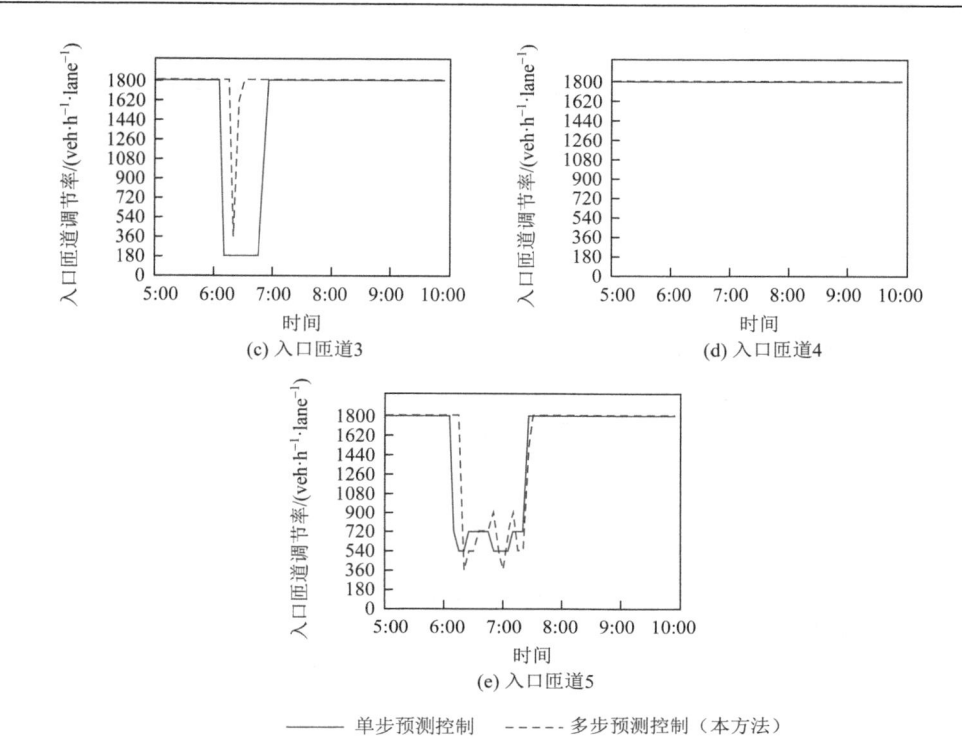

图 5.18　单步预测控制与多步预测控制的入口匝道调节率对比

两者的速度分布图如图 5.19 所示，从图中黑色圈出的区域可以看到，多步预测控制进一步缓解了入口匝道 4 和入口匝道 5 汇入流引起的拥堵，并且避免了入口匝道 2 处的拥堵蔓延。总耗费时间 TTS 由 1774 h 进一步减少至 1764 h，如表 5.6 所示。

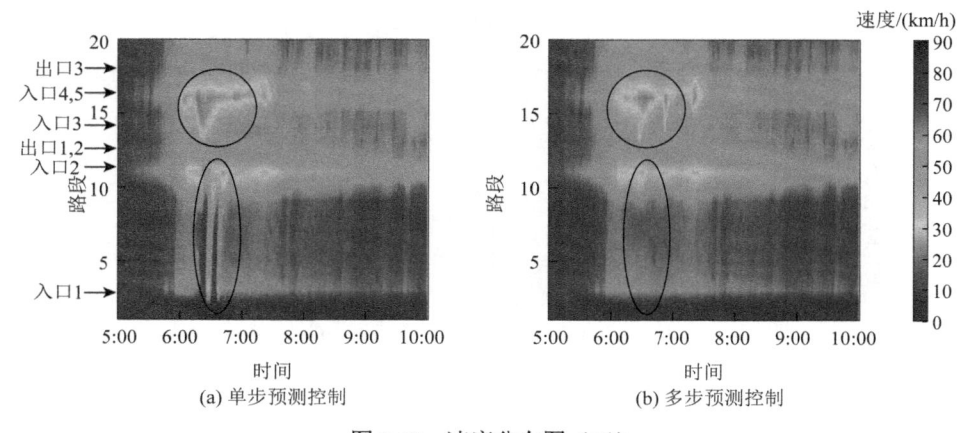

(a) 单步预测控制

(b) 多步预测控制

图 5.19　速度分布图（三）

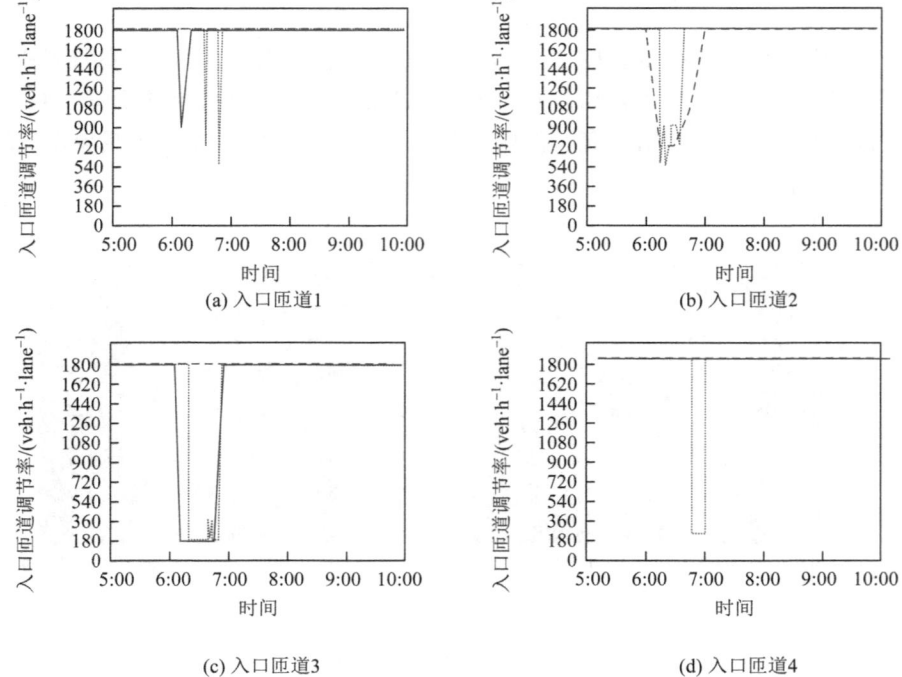

表 5.6 不同预测时长的控制效果

预测时长	TTS/h	TTT/h	TWT/h	CDD/(km·h)
无控制	1953	1781	172	4.29
单步预测控制（5 min）	1774	1454	321	1.65
多步预测控制（15 min）	1764	1438	326	1.56

5.5.5 对比不同更新频率的控制

控制的更新频率 N_c 影响着控制的实时性，本章分别对比了 1 min、5 min 以及 15 min 的更新频率，三种控制方案的入口匝道调节率对比如图 5.20 所示，可以看到，更新频率越快，控制轨迹波动越大。

不同更新频率所对应的速度分布图以及评价指标如图 5.21 和表 5.7 所示。从控制效果来看，当更新频率为 15 min 时，虽然相比无控制时有显著缓解，但是在路段 10 到路段 16 以及 6:00 至 7:00 期间仍出现了明显拥堵［图 5.21(c)中黑色圈出的区域］，这是由于 15 min 一次的更新无法及时应对系统的高度动态变化，控制的实时性不足。

(a) 入口匝道1

(b) 入口匝道2

(c) 入口匝道3

(d) 入口匝道4

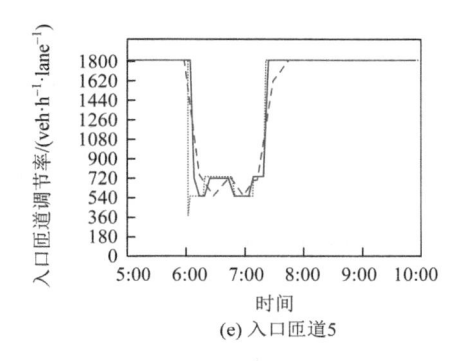

第 5 章 基于轨迹数据的快速路干线主动协同控制

(e) 入口匝道5

———— 1 min更新　———— 5 min更新（本方法）　----- 15 min更新

图 5.20　不同更新频率的入口匝道调节率对比

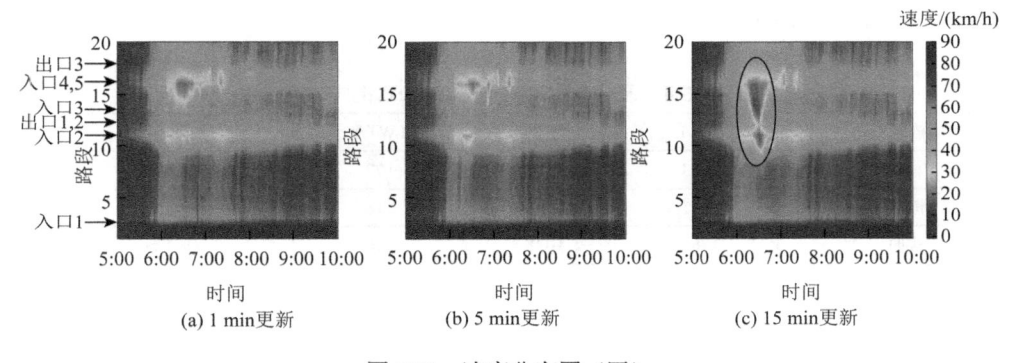

(a) 1 min更新

(b) 5 min更新

(c) 15 min更新

图 5.21　速度分布图（四）

表 5.7　不同更新频率的控制效果

更新频率	TTS/h	TTT/h	TWT/h	CDD/(km·h)
无控制	1953	1781	172	4.29
1 min 更新	1771	1445	325	1.56
5 min 更新	1764	1438	326	1.56
15 min 更新	1786	1475	311	1.74

当更新频率为 5 min 时，随着控制方案的及时更新，主线拥堵得到进一步消除，拥堵距离及持续时间 CDD 从 1.74 km·h 降低至 1.56 km·h，总耗费时间 TTS 也从 1786 h 减少至 1764 h。

进一步将更新频率提高至每分钟更新，控制效果基本维持不变，从总耗费时间 TTS 看，甚至存在些微增加。这说明控制的更新频率未必越频繁越好，如果控制更新过于频繁，不仅会增加计算负担，而且可能对系统随机因素过于敏感，造成控制方案震荡，无益于交通流运行效率及稳定。由此，也可对数据采集的颗粒度提出要求。在本例中，5 min 一次的数据采集已能满足本方法的数据需求。

5.5.6 对比基于静态 OD 与实时 OD 的控制

实时 OD 是主动协同控制的重要输入，然而在现实中难以实时获取。本章对比了静态 OD 与实时 OD 对于控制效果的影响，其中，静态 OD 取的是实验时段内的整体 OD 分布，不随时间变化。两者的评价指标如表 5.8 所示，基于静态 OD 与实时 OD 的控制都显著缓解了主线拥堵，主线耗费时间 TTT 从 1781 h 分别减少至 1422 h 和 1438 h。拥堵距离及持续时间 CDD 从 4.29 km·h 分别减少至 1.21 km·h 和 1.56 km·h。

表 5.8 基于静态 OD 与实时 OD 的控制效果

控制方案	TTS/h	TTT/h	TWT/h	CDD/(km·h)
无控制	1953	1781	172	4.29
静态 OD	1941	1422	518	1.21
实时 OD	1764	1438	326	1.56

然而，基于静态 OD 的控制对于路径选择的预测存在误差，再加上出口匝道排队约束影响着入口匝道的流入控制，造成了较严重的入口匝道排队，如图 5.22 所示。因此，在本例中，基于静态 OD 的控制在很大程度上只是将主线拥堵转移至匝道排队，从总耗费时间 TTS 指标上看，路网拥堵几乎没有改善。

(a) 基于静态OD的控制

(b) 基于实时OD的控制

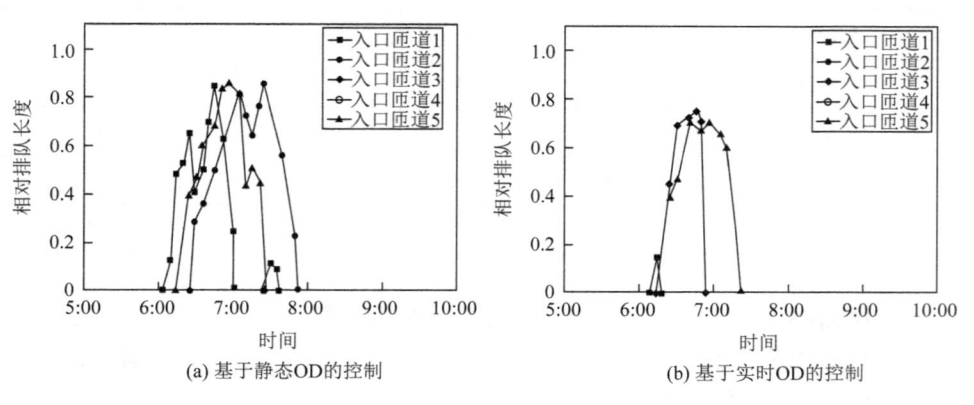

图 5.22 入口匝道排队（二）

（a）中入口匝道 3 和 4 的相对排队长度始终为 0，(b) 中入口匝道 2 和 4 的相对排队长度始终为 0

相比之下，基于实时 OD 的控制可以有效改善路网整体的交通运行。由此体现了实时 OD 对于主动协同控制的重要性，进而证明了 OD 数据实时采集的必要性。

5.5.7 对比不同最低目标速度的控制

本方法面向现实应用需求，针对主线交通流的平均速度，提出最低目标速度约束，如式（5.17）所示。本章分别将最低目标速度 v_a^{min} 设置为 0（即除去此约束）、10 km/h、20 km/h、30 km/h，对比最低目标速度的设置对于控制效果的影响。

从表 5.9 的评价指标以及图 5.23 的速度分布图可以看到，当最低目标速度 v_a^{min} 设置为 0、10 km/h、20 km/h 时，总耗费时间 TTS 维持在相近的水平，处于 1718 h 到 1764 h 之间。不同之处在于 v_a^{min} 越高，主线拥堵越少，匝道排队越多。因此，v_a^{min} 的设置决定着主线拥堵转移至匝道排队的程度。现实中，交通管理部门应权衡利弊，根据管控目标的优先程度，合理设置最低目标速度。

表 5.9 不同速度约束的控制效果

最低目标速度 v_a^{min} /(km/h)	TTS/h	TTT/h	TWT/h	CDD/(km·h)
无控制	1953	1781	172	4.29
0	1757	1556	201	2.34
10	1718	1500	218	1.96
20	1764	1438	326	1.56
30	2149	1406	743	1.10

而当 v_a^{min} 设置为 30 km/h 时，总耗费时间 TTS 显著增加至 2149 h，比无控制时的 1953 h 还多。这是因为随着 v_a^{min} 的提高，匝道耗费时间 TWT 显著增加，而主线耗费时间 TTT 减少有限，边际效益越来越小。

5.6 本章小结

随着交通网联化、共享化、交通管控与服务一体化，实时轨迹数据的获取在未来将成为可能，不仅可获得每一辆车的实时位置，还可预知车辆的出发地及目的地。本章基于实时轨迹数据，精准预测流入交通可能导致的主线拥堵以及出口匝道溢流，进而溯源并采取相应的入口匝道控制。

本章建立了区分目的地的交通流模型，提出了主动协同的入口匝道控制方法，对系统演变进行多步预测并控制。控制目标是路网总耗费时间最小，包括主线及

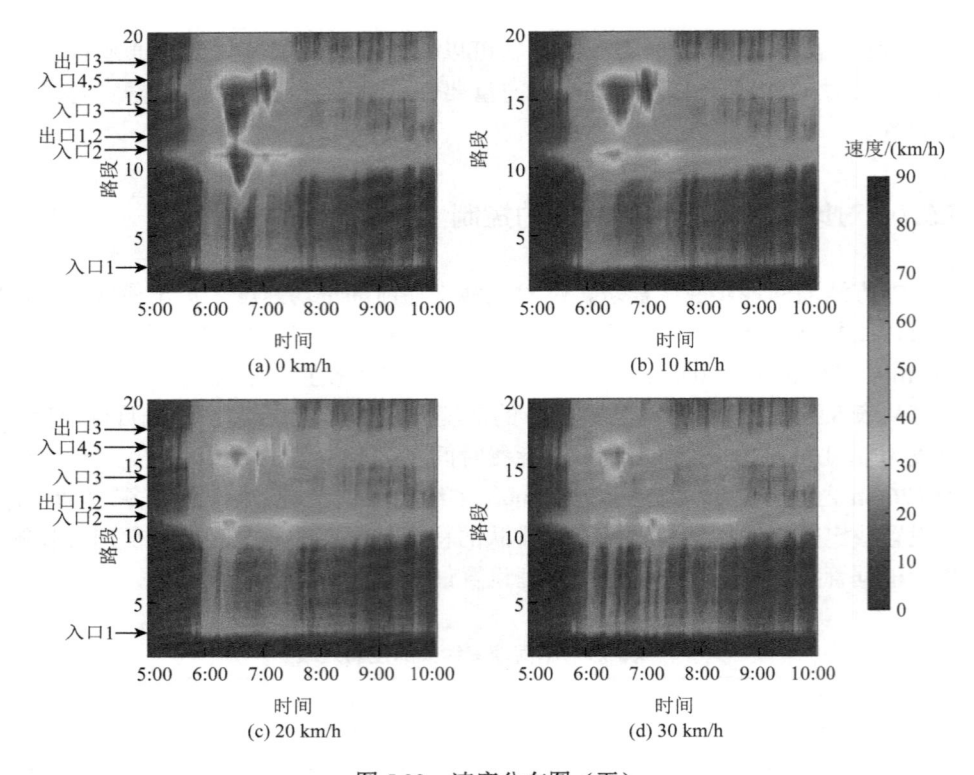

图 5.23　速度分布图（五）

匝道上的耗费时间，考虑以下约束条件：主线路段交通流量不超过其通行能力，主线路段速度维持在最低目标速度之上，避免入口和出口匝道的排队溢出，入口匝道流量不超过其通行能力，避免入口匝道一直处于关闭状态。并且提出了问题无解时的约束松弛策略。

以上海市南北高架路早高峰为典型场景展开实证分析，得到以下关键结论。

（1）本方法对更上游的入口匝道采取流入控制，并且更早启动控制，控制方案更稳定。相比无控制时，总耗费时间降低了 9.7%，控制效果优于传统的 ALINEA。

（2）实测的状态数据有利于更精准的预测及控制，而通过模型假设，推导得到的状态数据，可能由于误差累积，造成控制失效。

（3）出口匝道排队约束可有效避免排队溢出，如果控制方法不考虑这一约束，可能导致出口匝道排队溢出，进而造成主线拥堵。

（4）多步预测相比单步预测更早启动控制，在更长的时间域中寻求可行解，体现控制的主动性，提前 15 min 相比提前 5 min 控制能更有效地缓解拥堵。

（5）控制更新频率太慢会造成时效性不足，无法有效预防拥堵；更新频率太快不仅会增加计算负担,而且容易造成控制方案震荡,无益于交通流运行效率及稳定。本例以 5 min 更新一次控制为宜,由此对数据采集的时间颗粒度提出要求。控制更新频率的选择取决于交通流是否稳定,值得进一步研究。

（6）基于静态 OD 的控制无法有效减少总耗费时间,而基于实时 OD 的控制可以显著改善交通运行,由此证明了 OD 数据实时采集的必要性。

（7）主线最低目标速度的设置体现了主线拥堵与匝道排队之间的权衡,交通管理部门可根据管控目标的优先程度,合理设置最低目标速度,设置得太高会造成匝道排队过多,设置得太低则无法体现这一约束的作用。

本章为未来高度网联化条件下的主动协同控制提供了理论储备。然而,研究假设所有车辆的轨迹数据可以实时获取,该假设在当前技术环境下无法满足。为了提升控制方法的实用性,需要利用现实数据条件,精准建立上下游时空关联。具体来说,本书 4.1 节的行程时间估计,可用于获取更精准的空间平均速度数据 $v_{a,t}$,支撑本章中式（5.4）的模型标定。本书 4.2 节的 OD 估计提供了动态更新的交通 OD 需求 $d_{i,j,t}$,该变量是重要的控制输入。这些估计量在一定程度上可作为实时轨迹数据的替代。

本章针对已建成的一段快速路,提出了主动协同的交通控制方法。在一定需求水平下,可实现交通拥堵的缓解甚至预防。然而,现实中一些快速路拥堵问题更为严峻,其根本原因除了管理控制方面的问题,还在于不合理的建设及使用。因此,进一步的研究可关注快速路的规划与设计,在建设阶段避免快速路瓶颈与堵点,如出入口匝道紧邻地面交叉口设置、出入口匝道间距过小等问题。还可关注交通需求管理,通过其他路网、其他交通方式分流甚至预约出行等手段,对不合理的快速路交通需求进行管理、控制或引导。

此外,在本章研究的基础上,可从一段快速路区域内部的主动协同控制,拓展至区域之间的主动协同控制。对于大规模快速路网优化控制的快速求解,可借助梯度信息加快收敛速度,提升求解效率。

第 6 章　城市快速路匝道区域协同控制

城市道路拥堵问题已成为当今世界各大城市面临的共同难题，而城市快速路匝道区域和下游交叉口恰是道路交通流动中的瓶颈。如何有效控制匝道区域和下游交叉口的交通流量，提高道路通行能力，已成为交通管理和规划领域的重要研究课题。传统的道路交通控制方式主要采用独立控制匝道区域和下游交叉口的交通信号，忽略了两个交叉口之间的相互影响和制约关系。这种控制方式容易导致匝道区域和下游交叉口交通流的互相干扰和竞争，造成交通延误和阻塞。因此，本章通过对城市快速路匝道区域与下游交叉口的协同控制研究，为城市道路交通管理和规划提供更有效的解决方案。

6.1　快速路出入匝道交织区车道功能与信号协同控制

车道分配和入口匝道信号控制是缓解交织区交通拥堵的两种潜在方法。不同于现有文献预先选择优化策略的方法，本章提出了单侧交织区的集成优化模型，明确考虑了两种优化策略及其组合，比较不同设计类型的优缺点。此外，本章制订了一个混合整数非线性规划，以同时优化控制策略、车道标线和信号配时。

6.1.1　基本概念和符号说明

本章针对《公路通行能力手册》第五版（*Highway Capacity Manual* 5th Edition，HCM 2010）中定义的单侧交织段进行研究，探讨了两种拥堵缓解策略以及它们的组合方案。其中，车道分配策略将交织段中的车道分为两部分：一部分仅用于直行交通（车道组类型 1），另一部分用于直行和交织交通（车道组类型 2）。在信号控制策略中，入口匝道流量由交通信号灯控制，在信号控制之后，可以暂时消除车辆交织，主线可以在入口匝道为红灯时顺利行驶。通过限制每个车道组（包括主线和匝道）的饱和度来确保服务水平保持在可接受的范围内。

为了便于演示，关键的几何参数如图 6.1 所示。使用的符号汇总在表 6.1 中。

第 6 章　城市快速路匝道区域协同控制

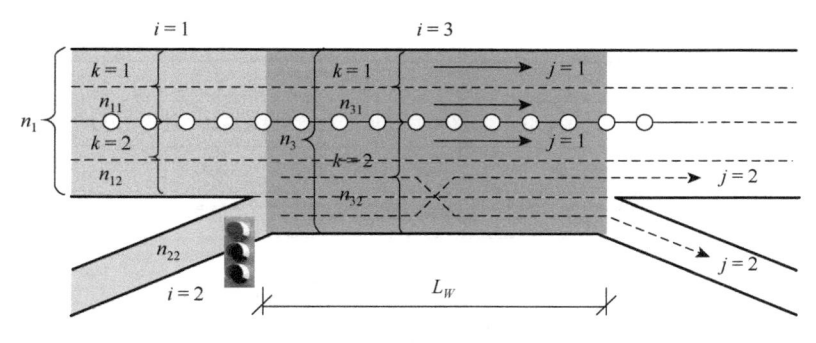

图 6.1　关键的几何参数示意图

表 6.1　关键模型参数和变量的符号（一）

参数和变量	说明
集合和参数	
i	分析路段索引，$i=1$ 为上游主线，$i=2$ 为入口匝道，$i=3$ 为交织区
j	流向索引，$j=1$ 为直行流向，$j=2$ 为交织流向
k	车道组类型索引，$k=1$ 为车道组类型 1（仅直行交通），$k=2$ 为车道组类型 2（直行和交织）
p	控制策略索引，$p=1$ 为车道分配策略，$p=2$ 为入口匝道信号控制
N_i	分析路段 i 中的车道数（条）
N_{WL}	可在一次或不改变车道的情况下进行交织机动的车道数（条）
L_r	入口匝道排队长度限制（m）
L_w	交织段长度（m）
h_q	排队车辆的平均间隔（m/veh）
Q_{ij}	分析路段 i 中流向 j 的流量（veh/h）
V_R	交织流量比
ξ_{min}, ξ_{max}	最小和最大周期长度（s）
s_{ik}	分析路段 i 中车道组 k 平均每车道的饱和流率（veh·h^{-1}·lane^{-1}）
f_p	陌生驾驶员群体的调整系数
f_{HV}	重型车辆的调整系数
P_T	卡车和公共汽车在交通流中的比例
P_R	交通流中房车的比例
E_T	交通流中一辆卡车或公共汽车的乘用车当量（passenger car equivalent, PCE），平地 1.5，丘陵 2.5，山地 4.5
E_R	交通流中一辆房车的 PCE，平地 1.2，丘陵 2.0，山地 4.0

续表

参数和变量	说明
C_{IFL}	在同等理想条件下，与交织路段具有相同自由流速度的快速路单车道通行能力（pc·h^{-1}·lane^{-1}）
d_{max}	最大可接受饱和度
P_1, P_2	在该模型中，两个控制目标 P_1 和 P_2 的优先级系数分别设置为 1000 和 1
$\lceil \ \rceil, \lfloor \ \rfloor$	分别为向上舍入和向下舍入
M	任意大的正常数
决策变量	
μ	整个交织区系统的公共流量乘数
δ_p	一个二进制变量，表示是否选择控制策略 p（1 为选择，0 为不选择）
n_{ik}	分析路段 i 中车道组 k 的车道数（条）
q_{ijk}	分析路段 i 中使用车道组 k 流向 j 的流量（veh/h）
ξ	周期时长（s）
λ_{ik}	分析路段 i 中车道组 k 的绿信比
α_1, α_2	确定是否允许交织的二进制变量
辅助变量	
δ	控制复杂性水平
L_{rq}	入口匝道排队长度（m）
C_{ik}	分析路段 i 中车道 k 的通行能力（veh/h）
C_w	交织区通行能力（veh/h）
C'_w	根据密度标准确定的交织区通行能力（veh/h）
C''_w	由交织需求标准确定的交织区通行能力（veh/h）
q'_{ijk}	使用车道 k 设置信号，调整分析路段 i 流向 j 的流量（veh/h）

6.1.2 协同优化模型构建

为了最大限度地提高交织段系统的运行效率，本章建立了同时确定控制策略、车道标线和信号配时的优化模型。

1. 目标函数

车道分配和信号配时等控制策略是增加城市快速路通行能力和缓解拥堵的有效措施。然而，这些控制策略也可能会导致驾驶员的决策混淆，并且实施它们通常需要其他基础设施。因此，本章提出的模型旨在在不影响快速路交织路段运行的情况下最小化控制策略的复杂度 δ。控制策略的复杂度分为三个级别，如表 6.2 所示。如果没有使用车道分配和匝道信号控制策略，则复杂度设置为 0；如果使用车道分配或匝道信号控制策略，则复杂度设置为 1；如果同时使用车道分配和入口匝道信号控制策略，则复杂度设置为 2。在这样的目标下，只有在快速路交织路段的正常运行不能满足交通需求时，才会考虑两种特殊的控制策略。

表 6.2 快速路交织路段控制复杂度水平

复杂度	控制策略
0	无
1	车道分配策略或入口匝道信号控制策略
2	车道分配＋入口匝道信号控制策略

在相同复杂度的控制策略下，为了获得快速路交织段的最佳性能，选择存储容量最大化作为次要目标。在 OD 矩阵的比例保持不变的情况下，最大化存储容量等同于最大化公共流量乘数 μ。$\mu<1$ 表示分析部分过载 $(1-\mu)\times 100\%$，$\mu>1$ 表示存储容量为 $(\mu-1)\times 100\%$。

综上所述，目标函数由两部分组成：最小化控制策略的复杂度 δ 和最大化公共流量乘数 μ。通过双目标问题的标量化可以将其指定为式（6.1）。为确保次要目标的影响不抵消主要目标的影响，优先级系数 P_1 应充分大于 P_2。

$$\max -P_1\delta + P_2\mu, \quad P_1 \gg P_2 \tag{6.1}$$

2. 约束条件

协同优化模型应包括下述约束。

1）控制策略复杂度的定义

控制策略的复杂度 δ 可由约束条件式（6.2）确定。约束（6.3）表示车道分配策略 δ_1 的选择。当车道组类型 1 的车道数为正（$n_{11}>0$）时，表示使用了车道分配策略；相应地，δ_1 的值将等于 1。反之，如果 $n_{11}=0$，则 δ_1 的值将等于 0，这表明不使用车道分配策略。约束（6.4）表示信号控制策略 δ_2 的选择。当入口匝道上车道组类型 2 的绿信比小于 1（$\lambda_{22}<1$）时，表示该入口匝道使用了信号控制策略（$\delta_2=1-\lambda_{22}>0$）。

$$\delta = \sum_{p=1}^{2}\delta_p \tag{6.2}$$

$$\delta_1 = \frac{n_{ik}}{N_i}, \quad \forall i \in \{1\}, \quad k \in \{1\} \tag{6.3}$$

$$\delta_2 = 1 - \lambda_{ik}, \quad \forall i \in \{2\}, \quad k \in \{2\} \tag{6.4}$$

2）流量乘数约束

为了确保满足初始流量需求，公共流量乘数 μ 不应小于 1，如式（6.5）所示。式（6.6）表示不同类型车道的流量之和 $\sum_{i=1}^{2} q_{ijk}$ 应等于调整后的输入交通量 μQ_{ij}。式（6.7）表示分配给直行车道的交织交通流量 q_{121} 应为 0。式（6.8）表示交织路段的流量 q_{3jk} 应等于上游主线和入口匝道的流量总量 $\sum_{i=1}^{2} q_{ijk}$。

$$\mu \geq 1 \tag{6.5}$$

$$\mu Q_{ij} = \sum_{k=1}^{2} q_{ijk}, \quad \forall i \in \{1, 2\}, \quad j \in \{1, 2\} \tag{6.6}$$

$$q_{ijk} = 0, \quad \forall i \in \{1\}, \quad j \in \{2\}, \quad k \in \{1\} \tag{6.7}$$

$$q_{3jk} = \sum_{i=1}^{2} q_{ijk}, \quad \forall j \in \{1, 2\}, \quad k \in \{1, 2\} \tag{6.8}$$

3）车道分配约束

车道分配策略将交织段系统中的车道分成两组。每个车道组类型的车道数总和 $\sum_{k=1}^{2} n_{ik}$ 应等于该分析路段中的车道数 N_i，如式（6.9）所示。在这个模型中，车道分配策略只考虑在主线上。因此，入口匝道上车道组类型 1 的车道数应始终等于 0，如式（6.10）所示。如果该车道组的车道数 n_{ik} 为 0，则式（6.11）将分配的车道流量 q_{ijk} 设置为 0；M 是任意大的正常数。此外，为了平稳和安全运行，上游主线上车道组类型 1 中的车道数 n_{11} 应等于交织段中的车道数 n_{31}，如式（6.12）所示。

$$N_i = \sum_{k=1}^{2} n_{ik}, \quad \forall i \in \{1, 2, 3\} \tag{6.9}$$

$$n_{ik} = 0, \quad \forall i \in \{2\}, \quad k \in \{1\} \tag{6.10}$$

$$M n_{ik} \geq \sum_{j=1}^{2} q_{ijk} \geq 0, \quad \forall i \in \{1, 2, 3\}, \quad k \in \{1, 2\} \tag{6.11}$$

$$n_{ik} = n_{i'k}, \quad \forall i \in \{1\}, \quad i' \in \{3\}, \quad k \in \{1\} \tag{6.12}$$

4）信号时序约束

入口匝道的周期长度 ξ 限制在最小和最大周期长度（$\xi_{\min}$ 和 $\xi_{\max}$）之内，如式（6.13）所示。根据 HCM 2010 中快速路交织路段的定义，快速路主线不应有交通流以外的固定延误或中断原因。因此，主线的绿信比 λ_{1k} 应始终等于 1，如式（6.14）所示。入口匝道上车道组类型 2 的绿信比 λ_{22} 限制为周期长度的一部分，介于 0 和 1 之间，如式（6.15）所示。

$$\xi_{\max} \geqslant \xi \geqslant \xi_{\min} \tag{6.13}$$

$$\lambda_{ik} = 1, \quad \forall i \in \{1\}, \quad k \in \{1, 2\} \tag{6.14}$$

$$1 \geqslant \lambda_{ik} \geqslant 0, \quad \forall i \in \{2\}, \quad k \in \{2\} \tag{6.15}$$

5）排队长度限制

为防止信号配时方案造成的排队溢出到地面道路，入口匝道上的排队长度 L_{rq} 不应大于排队长度限制值 L_r，如式（6.16）所示。不等式的右侧代表排队长度，它基于 HCM 2010 中排队后测量公式的第一项。每个车道组的饱和度不超过最大限制，因此排队长度仅考虑不饱和条件。

$$L_r \geqslant L_{rq} = \frac{h_q \sum_{j=1}^{2} q_{ijk} \xi (1 - \lambda_{ik})}{3600 \left(1 - \frac{\sum_{j=1}^{2} q_{ijk}}{C_{ik}} \lambda_{ik}\right)}, \quad \forall i \in \{2\}, \quad k \in \{2\} \tag{6.16}$$

6）可接受的服务水平限制

将每个车道组的饱和度 $\dfrac{\sum_{j=1}^{2} q_{ijk}}{C_{ik}}$ 限制为不超过最大限制 $d_{\max}$，以确保可接受的服务水平，如式（6.17）所示。主线和入口匝道上每个车道组的通行能力 C_{ik} 可以使用式（6.18）～式（6.20）计算。在这项研究中，HCM 2010 中的方法被用来确定交织段的通行能力，如式（6.21）～式（6.24）所示。交织段的车道组类型 2 被视为新的独立交织段。在 HCM 2010 中，交织段的通行能力 C_w 由两个条件中较小的一个控制：①整个交织段中所有车辆的最大密度 C'_w；②最大交织需求流量 C''_w。式（6.25）显示了交织流量比 V_R 的计算方程。此外，交通流量应根据信号设备的设置调整，如式（6.26）和式（6.27）所示。此外，根据 HCM 2010，重型车辆调整因子 f_{HV} 可以通过式（6.28）计算。

$$d_{\max} \geqslant \frac{\sum_{j=1}^{2} q_{ijk}}{C_{ik}}, \quad \forall i \in \{1, 2\}, \quad k \in \{1, 2\} \tag{6.17}$$

$$C_{ik} = s_{ik} n_{ik} \lambda_{ik}, \quad \forall i \in \{1\}, \quad k \in \{1\} \tag{6.18}$$

$$C_{ik} = s_{ik}n_{ik}(\lambda_{ik} - \lambda_{i'k}) + C_w \frac{\sum_{j=1}^{2} q'_{ijk}}{\sum_{i=1}^{2}\sum_{j=1}^{2} q'_{ijk}} \lambda_{i'k}, \quad \forall i \in \{1\}, \quad i' \in \{2\}, \quad k \in \{2\} \quad (6.19)$$

$$C_{ik} = C_w \frac{\sum_{j=1}^{2} q'_{ijk}}{\sum_{i=1}^{2}\sum_{j=1}^{2} q'_{ijk}} \lambda_{ik}, \quad \forall i \in \{2\}, \quad k \in \{2\} \quad (6.20)$$

$$C_w = \alpha_1 C'_w + \alpha_2 C''_w \quad (6.21)$$

$$(C'_w - C''_w)(\alpha_1 - \alpha_2) < 0 \quad (6.22)$$

$$C'_w = [C_{\text{IFL}} - 438.2(1+V_R)^{1.6} + 0.25098 L_w + 119.8 N_{\text{WL}}] n_{32} f_{\text{HV}} f_p \quad (6.23)$$

$$C''_w = \frac{2400 + 1100(N_{\text{WL}} - 2)}{V_R} f_{\text{HV}} f_p \quad (6.24)$$

$$V_R = \frac{q'_{ijk}}{\sum_{j=1}^{2} q'_{ijk}}, \quad \forall i \in \{3\}, \quad j \in \{2\}, \quad k \in \{2\} \quad (6.25)$$

$$q'_{ijk} = \frac{q_{ijk}}{\lambda_{ik}}, \quad \forall i \in \{1,2\}, \quad j \in \{1,2\}, \quad k \in \{1,2\} \quad (6.26)$$

$$q'_{ijk} = \sum_{i=1}^{2} q'_{ijk}, \quad \forall i \in \{3\}, \quad j \in \{1,2\}, \quad k \in \{1,2\} \quad (6.27)$$

$$f_{\text{HV}} = \frac{1}{1 + P_T(E_T - 1) + P_R(E_R - 1)} \quad (6.28)$$

6.1.3 数值实验

本章采用基于数值测试的结果来评估车道分配和信号控制策略的性能。所有算例的计算时间都不超过 5 min。为了便于讨论,将这 4 种策略编号如下。

策略 1:无控制。
策略 2:车道分配策略。
策略 3:入口匝道信号控制策略。
策略 4:车道分配 + 入口匝道信号控制策略。

1. 性能评估

以主线 4 车道、匝道 1 车道的 5 车道单侧交织路段为例,评估所提出设计模型的性能。交织段长度(L_w)设置为 150 m;可在一次或不改变车道(N_{WL})的情况下进行交织的车道数设置为 2；最大可接受饱和度（d_{max}）设置为 0.9；所有车道的饱和流率（s_{ik}）设置为 1900 veh·h^{-1}·lane^{-1}；基本快速路路段的通行能力（C_{IFL}）设置为 1800 pc·h^{-1}·lane^{-1}；陌生驾驶员群体和重型车辆的调整因子（f_p 和 f_{HV}）设置为 1；最小和最大周期长度（ξ_{min} 和 ξ_{max}）分别设置为 10 s 和 60 s；排队车辆的平均车头间距（h_q）设置为 7 m，主线和入口匝道的排队长度限制足够长以容纳排队车辆。表 6.3 总结了测试的交通需求。

表 6.3 交通需求

V_R 等级	V_R	流向			总计
		快速路到快速路	快速路到匝道	匝道到快速路	
低	0.30	3500	750	750	5000
中	0.45	2750	1125	1125	5000
高	0.60	2000	1500	1500	5000

所提模型的优化结果表明，三个交织流量比等级分别选择了策略 1（无控制）、策略 3（入口匝道信号控制策略）和策略 4（车道分配＋入口匝道信号控制策略）。为了说明应用所提出模型的潜在好处，将所选策略与所有其他策略进行了比较。图 6.2 显示了所有四种策略的优化结果。性能评估结果列于表 6.4，使用传统设计的结果作为基准。

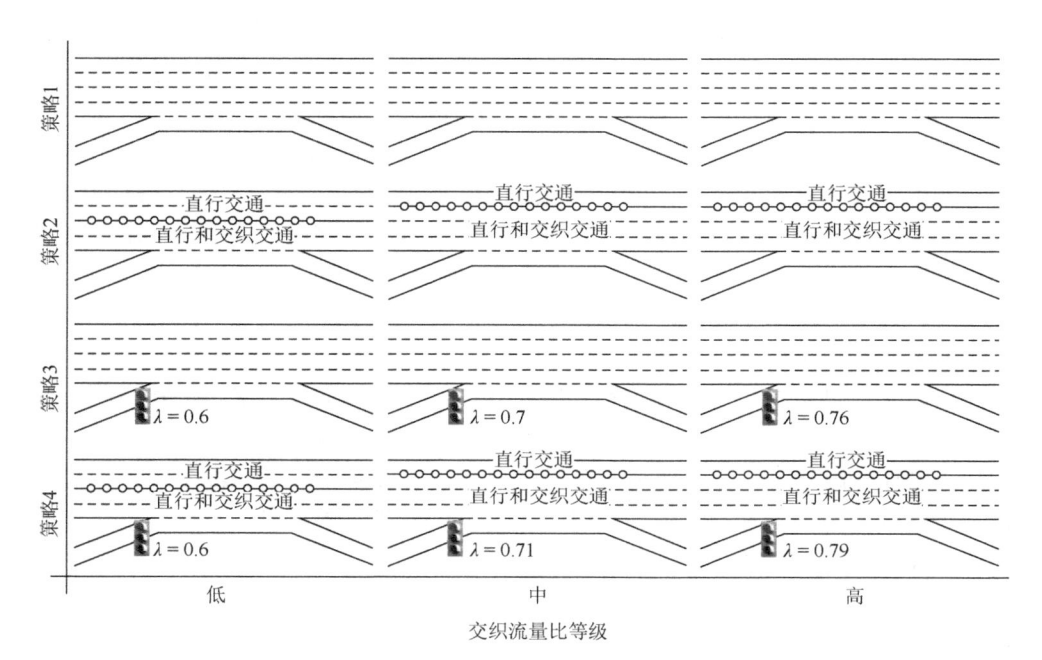

图 6.2 优化结果

表 6.4 不同控制策略的比较

控制策略	控制复杂度	低等级 V_R		中等级 V_R		高等级 V_R	
		μ	增加百分比	μ	增加百分比	μ	增加百分比
1	0	1.269	0.00%	0.960	0.00%	0.720	0.00%
2	1	1.257	−0.95%	1.024	6.67%	0.788	9.44%
3	1	1.300	2.44%	1.056	10.00%	0.862	19.72%
4	2	1.268	−0.08%	1.078	12.29%	0.900	25.00%

当交织流量比较低时，四种策略均能满足给定最大允许饱和度下的交通需求约束。因此，应选择常规设计（策略1：无控制）作为所提出模型的最佳结果，因为它具有最低级别的控制复杂度。当交织流量比较中等时，传统设计无法提供足够的容量以满足交通需求。然而，策略3和策略4可以将交织段保持在给定的最大允许饱和度以下。因此，应选择策略3作为所提出模型的最优结果，因为与策略4相比，它的控制复杂度较低。对于高交织流量比情形，没有一种策略可以满足交通需求。选择策略4作为所提出模型的优化结果是因为它的公共流量乘数最大。与传统设计相比，该策略可增加25.00%的容量。

此外，为了捕捉交通流的随机变化，本章使用仿真模拟软件Vissim作为无偏评估器，与其他类型的控制策略在不同的需求水平下进行比较。本章选择总通过量和平均车辆延误两个性能指标，仿真中使用Vissim默认的驾驶员行为参数。仿真和比较结果详见图6.3，其中使用了20次仿真运行的平均值。

为确保模拟结果的可靠性，本章使用统计检验（Kolmogorov-Smirnov检验和t检验）来检测正态性和样本量（详见表6.5和表6.6）。接着，使用多重比较确定四种策略之间的总通过量和平均延误是否有显著差异（详见表6.7和表6.8）。研究发现，当交织流量比较低时，四种策略之间没有显著差异，表明它们具有相似的总通过量。但策略1（无控制）在平均延误方面表现明显优于策略3和策略4。因此，在优化目标集中，确保交织路段能够满足交通需求而不采用特殊的控制方法是十分合理的。当交织流量比较中等时，策略1与策略2、3、4之间存在显著差异。表明策略2、3、4具有较高的总通过量，在需求较高的情况下可以获得较低的平均延迟。当交织流量比较高时，策略4明显优于其他设计，表现出显著更高的总通过量和更低的平均车辆延误。

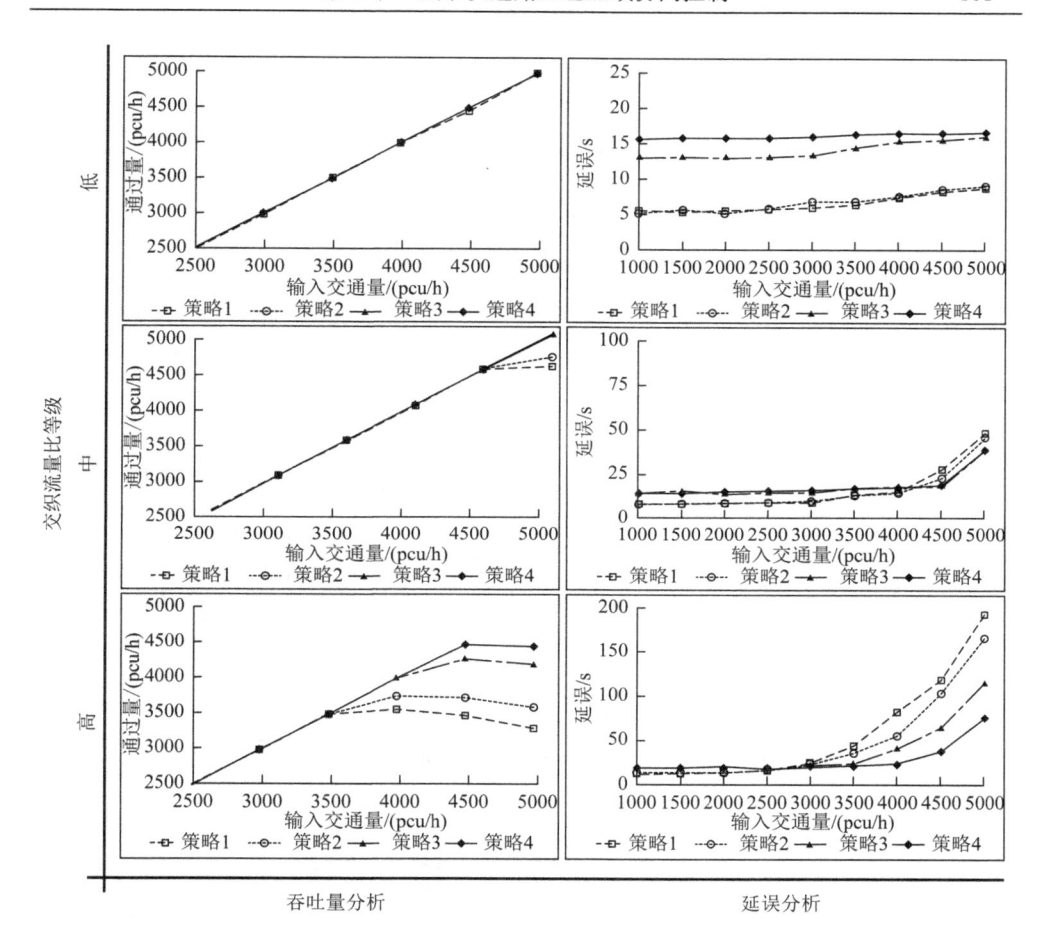

第 6 章 城市快速路匝道区域协同控制

图 6.3 仿真分析结果

表 6.5 通过量分析的正态性和样本量检验

V_R 等级	输入交通量/(pcu/h)	正态性检验				最小样本量			
		S1	S2	S3	S4	S1	S2	S3	S4
低	2500	0.881	0.671	0.960	0.934	10	11	7	8
	3000	0.988	0.994	0.721	0.947	10	10	8	10
	3500	0.834	0.732	0.889	0.982	8	5	7	9
	4000	0.904	0.780	0.842	0.645	12	10	9	10
	4500	0.776	0.776	0.998	0.973	9	9	11	9
	5000	0.892	0.729	0.975	0.419	10	6	10	7

续表

V_R 等级	输入交通量/(pcu/h)	正态性检验 S1	S2	S3	S4	最小样本量 S1	S2	S3	S4
中	2500	0.759	0.965	0.926	0.220	5	11	6	8
	3000	0.800	0.968	0.896	0.851	10	9	8	10
	3500	0.918	0.961	0.842	0.923	7	10	9	9
	4000	0.826	0.951	0.838	0.796	7	8	10	7
	4500	0.992	0.651	0.405	0.426	9	9	4	6
	5000	0.885	0.739	0.784	0.872	14	11	9	7
高	2500	0.867	0.548	0.862	0.878	6	6	7	7
	3000	0.679	0.635	0.792	0.998	10	6	8	9
	3500	0.537	0.982	0.872	0.862	10	8	10	9
	4000	0.856	0.949	0.990	0.985	12	11	10	9
	4500	0.933	0.84	0.776	0.872	16	12	11	10
	5000	0.886	0.835	0.318	0.859	17	18	11	10

注：S1、S2、S3 和 S4 分别表示策略 1、策略 2、策略 3 和策略 4；显著性水平 $\alpha = 0.05$，检验效能 $1-\beta = 0.95$，允许误差 $\delta = 10$。

表 6.6　延误分析的正态性和样本量检验

V_R 等级	输入交通量/(pcu/h)	正态性检验 S1	S2	S3	S4	最小样本量 S1	S2	S3	S4
低	500	0.517	0.525	0.706	0.872	2	12	8	10
	1000	0.981	0.631	0.431	0.987	11	10	8	9
	1500	0.864	0.115	0.925	0.96	9	7	11	7
	2000	0.91	0.999	0.72	0.853	10	13	4	8
	2500	0.889	0.745	0.424	0.662	9	8	11	5
	3000	0.891	0.924	0.743	0.979	6	9	4	9
	3500	0.929	0.763	0.925	0.917	4	6	9	7
	4000	0.907	0.944	0.865	0.876	7	9	8	9
	4500	0.983	0.935	0.676	0.895	7	6	7	7
	5000	0.957	0.997	0.994	0.596	5	9	8	5
中	500	0.466	0.325	0.843	0.976	4	6	5	10
	1000	0.934	0.881	0.401	0.807	9	10	6	8
	1500	0.769	0.157	0.689	0.821	6	8	9	9

续表

V_R 等级	输入交通量/(pcu/h)	正态性检验				最小样本量			
		S1	S2	S3	S4	S1	S2	S3	S4
中	2000	0.814	0.724	0.381	0.716	8	9	9	6
	2500	0.881	0.988	0.408	0.976	7	10	6	9
	3000	0.846	0.938	0.848	0.439	9	9	5	9
	3500	0.994	0.601	0.605	0.792	8	9	9	7
	4000	0.686	0.977	0.76	0.918	11	9	9	11
	4500	0.801	0.65	0.956	0.924	13	8	9	10
	5000	0.732	0.992	0.968	0.976	14	11	12	12
高	500	0.635	0.482	0.974	0.966	6	10	6	9
	1000	0.774	0.501	0.838	0.399	10	5	8	12
	1500	0.946	0.398	0.653	0.816	8	9	9	9
	2000	0.941	0.921	0.572	0.982	10	8	9	8
	2500	0.841	0.976	0.551	0.991	10	11	6	10
	3000	0.582	0.77	0.96	0.637	13	10	8	8
	3500	0.853	0.725	0.495	0.975	11	9	13	9
	4000	0.728	0.979	0.87	0.982	14	13	15	13
	4500	0.650	0.931	0.997	0.970	14	13	14	13
	5000	0.381	0.970	0.651	0.824	19	14	17	17

注：显著性水平 $\alpha = 0.05$，检验效能 $1-\beta = 0.95$，允许误差 $\delta = 2$

表 6.7 通过量多重比较（输入交通量为 5000 pcu/h）

低 V_R				中 V_R				高 V_R			
A	B	平均差（A–B）	显著性	C	D	平均差（C–D）	显著性	E	F	平均差（E–F）	显著性
S1	S2	−5.050	0.224	S1	S2	−137.800*	0.000	S1	S2	−295.250*	0.000
	S3	−1.700	0.982		S3	−455.900*	0.000		S3	−905.300*	0.000
	S4	−4.450	0.359		S4	−461.250*	0.000		S4	−1160.000*	0.000
S2	S1	5.050	0.224	S2	S1	137.800*	0.000	S2	S1	295.250*	0.000
	S3	3.350	0.680		S3	−318.100*	0.000		S3	−610.050*	0.000
	S4	0.600	1.000		S4	−323.450*	0.000		S4	−864.750*	0.000
S3	S1	1.700	0.982	S3	S1	455.900*	0.000	S3	S1	905.300*	0.000
	S2	−3.350	0.680		S2	318.100*	0.000		S2	610.050*	0.000
	S4	−2.750	0.839		S4	−5.350	0.303		S4	−254.700*	0.000
S4	S1	4.450	0.359	S4	S1	461.250*	0.000	S4	S1	1160.000*	0.000
	S2	−0.600	1.000		S2	323.450*	0.000		S2	864.750*	0.000
	S3	2.750	0.839		S3	5.350	0.303		S3	254.700*	0.000

注：当 A 表示 S1，B 表示 S2 时，平均差 A–B 算的是 S1 与 S2 之间的通过量之差
*为平均差异在 0.05 水平上显著

表 6.8 延误多重比较（输入交通量为 5000 pcu/h）

A	B	低 V_R 平均差（A-B）	显著性	C	D	中 V_R 平均差（C-D）	显著性	E	F	高 V_R 平均差（E-F）	显著性
S1	S2	−0.479	0.181	S1	S2	1.966*	0.000	S1	S2	27.331*	0.000
	S3	−7.432*	0.000		S3	8.588*	0.000		S3	78.024*	0.000
	S4	−7.976*	0.000		S4	9.359*	0.000		S4	118.114*	0.000
S2	S1	0.479	0.181	S2	S1	−1.966*	0.000	S2	S1	−27.331*	0.000
	S3	−6.953*	0.000		S3	6.621*	0.000		S3	50.693*	0.000
	S4	−7.498*	0.000		S4	7.393*	0.000		S4	90.783*	0.000
S3	S1	7.432*	0.000	S3	S1	−8.588*	0.000	S3	S1	−78.024*	0.000
	S2	6.953*	0.000		S2	−6.621*	0.000		S2	−50.693*	0.000
	S4	−0.544	0.089		S4	0.771	0.073		S4	40.090*	0.000
S4	S1	7.976*	0.000	S4	S1	−9.359*	0.000	S4	S1	−118.114*	0.000
	S2	7.498*	0.000		S2	−7.393*	0.000		S2	−90.783*	0.000
	S3	0.544	0.089		S3	−0.771	0.073		S3	−40.090*	0.000

*为平均差异在 0.05 水平上显著

因此，基于仿真分析，观察到车道分配、信号控制及其组合控制策略在提高通行能力和降低平均车辆延误方面具有潜在优势，尤其在高流量和高交织流量比场景下（从而常规设计的常用流量乘数低于 1）。但是，策略 3 和策略 4 的性能可能会受到排队长度限制的影响。图 6.4 说明了优化后的存储容量随入口匝道排队长度限制的变化。存储容量首先随着排队长度限制的增加而增加，然后当排队长度限制达到一定阈值（约 110 m）时停止增加。因此，如果没有空间容纳排队车辆，则入口匝道信号控制策略不可用；而如果排队长度限制足够长，则可以充分体现该策略的优势。

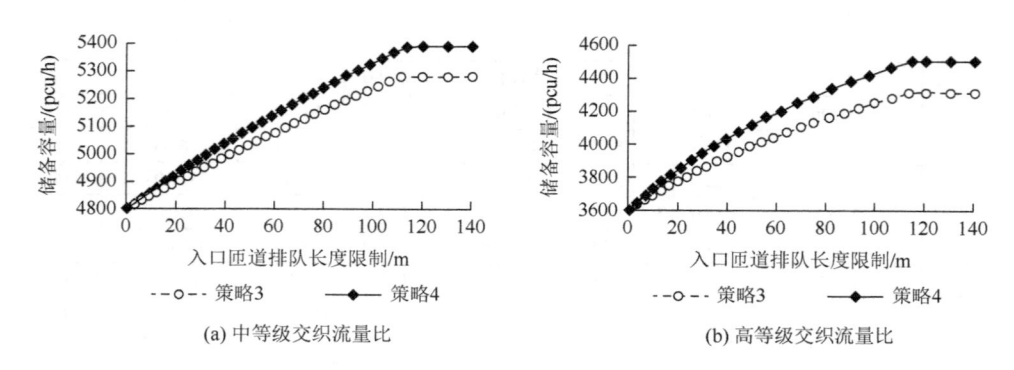

(a) 中等级交织流量比　　(b) 高等级交织流量比

图 6.4 排队长度限制的影响

2. 敏感性分析

为了进一步确定车道分配和（或）信号控制策略能力的定量改进，本章对各种交通模式和几何因素对交织段运行的影响进行了研究。本章考虑交织段（N_3）的车道数为 3 条、4 条、5 条这三种情况，考虑交织段（L_w）的长度为 150 m、450 m、750 m 条这三种情况。交织段总车流量设置在 2000～10 000 veh/h。交织流量比（V_R）设置在 0.1～0.9。

该模型相对于传统交织部分设计的性能提升如图 6.5 所示（彩图见附）。交织段内的车道数从下到上增加，交织段长度从左到右增加。在每个子图中，横、纵坐标轴分别表示总交通流量和交织流量比。不同颜色代表最佳设计容量和常规设

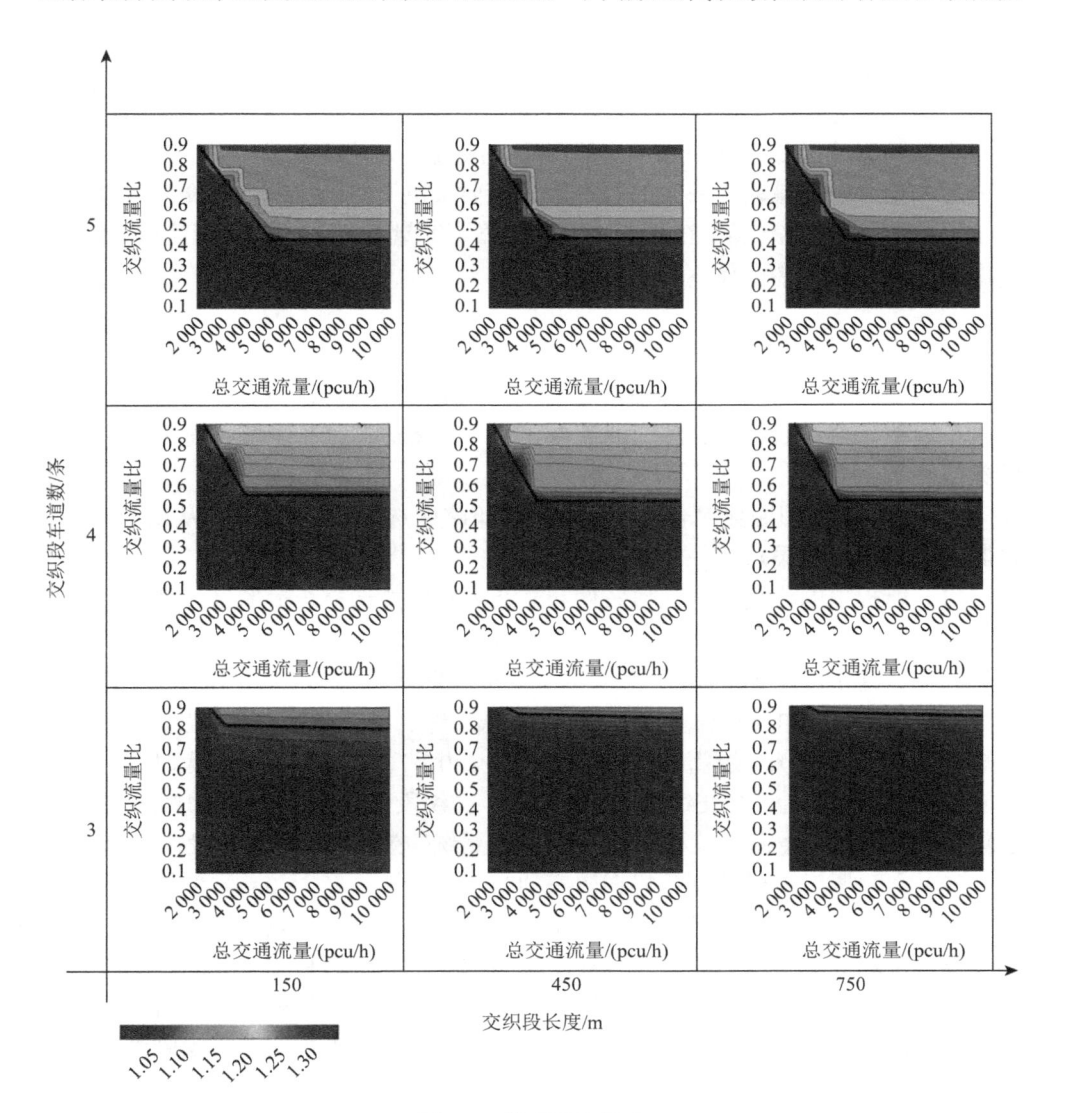

图 6.5 模型性能提升

计容量的比率。从图中可以看出所提出的模型可以提高交织段的容量。当交织流量比高时，改善更为明显。在此数值实验中获得的平均和最高改善效果分别为7.5%和30%。但是，当交织流量比和总交通流量较低时，没有明显改善。这是因为传统的设计可以满足这些场景中的流量需求，所以可以直接选择常规设计方案作为所提模型的优化结果。从列子图中可以看出，交织段中的车道数越多，获得的改进空间越大。当交织段内的车道数为3条、4条和5条时，效率分别增加了2.9%、7.6%和12.0%。从行子图中可以看出，随着交织段长度的增加，改善效果下降。当交织段长度为150 m、450 m和750 m时，效率分别增加了8.0%、7.4%和7.1%。这是因为传统设计的交织段容量增加，使其能够处理更大的交通量模式。然而，所提出方法中的交织段容量模型基于HCM 2010中的模型，其中交织段长度对容量的影响远低于交织流量比的影响，改进效果并不显著。实例表明，从车道分配和信号控制策略中获得的改进大小主要取决于交织流量比和交织段车道数的水平。为了说明这一点，在数值实验中计算了容量增加10%的交织流量比阈值，如图6.5中的粗黑线所示。

3. 应用领域分析

在本节中进一步确定了每种优化策略的适用交通场景，针对不同交通场景（交织段车道数、交织段长段、总交通流量、交织流量比）分别求解并得出相应的推荐策略。

图6.6中的带圆圈数字表示在四种优化策略中选择的策略序号。从图6.6可以推断出以下观察结果。

（1）所提出的模型根据几何条件和交通需求模式选择合适的设计类型。总体而言，常规设计多用于总交通流量和交织流量比均较低的情况。

（2）车道分配策略可以通过设置非交织车道来提高主线的运行效率。然而，由于交织流量比的增加，交织段的运行效率降低。综合考虑结果表明，当交织段长度较短（$L_w \leq 450$ m）、交织流量比较低（$V_R < 0.3$）、总交通流量较大时，其性能可能较好。这是因为，当交织流量比较高时，交织段车道数较少、交织流量比较高的新交织段的性能会恶化，以至于整个交织段系统的效率将低于传统设计（策略1）。

（3）入口匝道信号控制策略在较高的交织流量比（$V_R > 0.6$）条件下可能具有更好的性能。这是因为当交织流量比高时，交织段的运行效率低。

（4）车道分配+入口匝道信号控制策略综合了以上两种优化策略，继承了它们的优缺点。因此，它主要用于车道分配策略和入口匝道信号控制策略应用领域之间的中间地带。结果表明，当交织流量比为中等（0.5左右）且交织段内的车道数为中高（$N_3 \geq 4$）时，它可能具有更好的性能。此外，足够数量的车道也是该策略的应用条件。

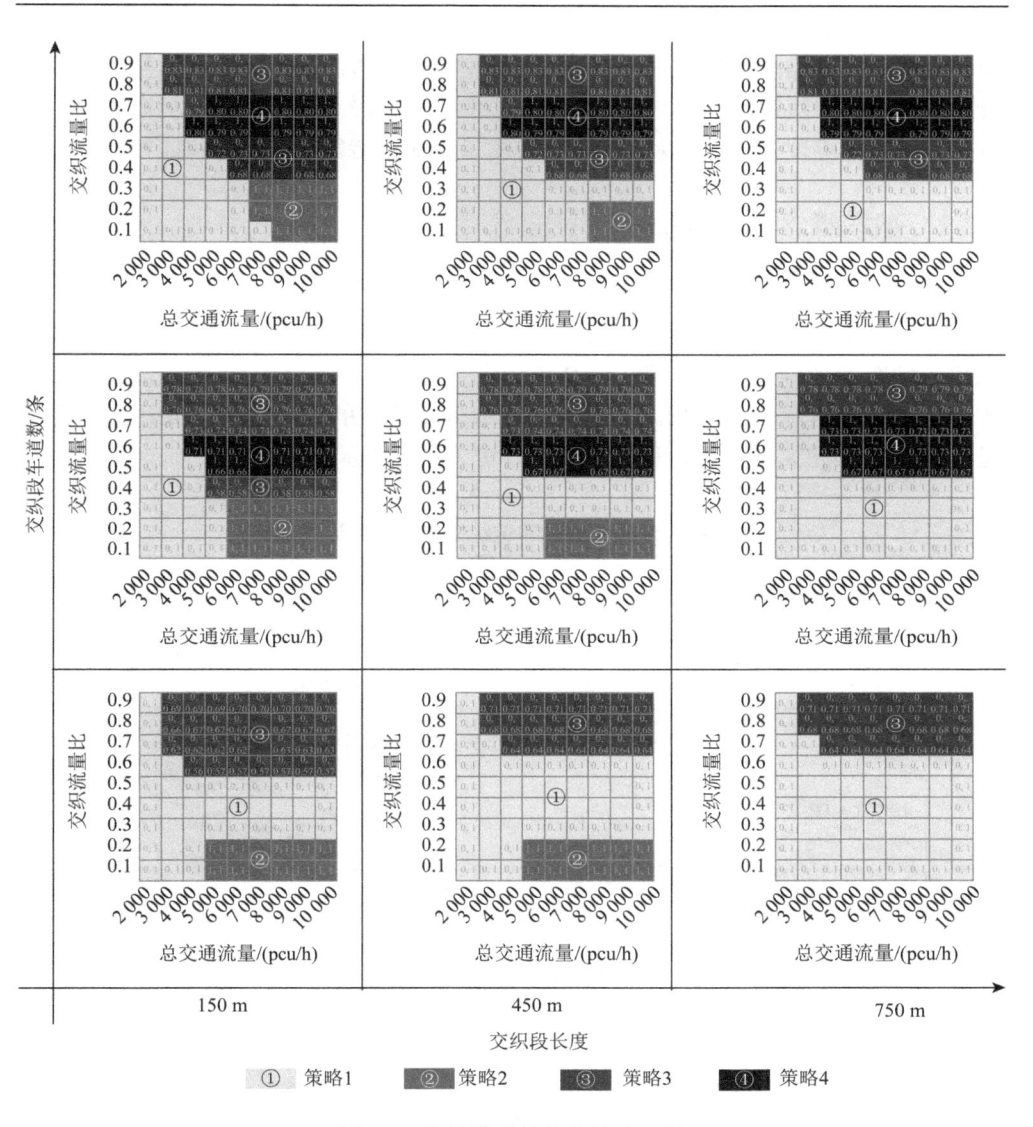

图 6.6　推荐模型的优化策略选择

方格内的数字分别代表 n_{11} 和 λ_{22} 的数值

6.2　基于非传统车道分配的快速路出口匝道衔接区优化控制

城市快速路出口匝道的交通流与地面道路的交通流相互交织，这是导致城市道路拥堵的主要瓶颈之一。本章提出了一种协同优化控制模型，旨在减轻或消除交通交织，最大化该路段的整体通行能力。该模型结合非传统车道分配和信号优化的设计，应用于出口匝道、下游交叉口以及它们的连接路段。该模型通过混合整数非线性规划模型捕捉现实操作约束，如非传统车道分配、特殊阶段处理和信号配时等。

6.2.1 基本概念与符号说明

目前，大多数关于车道设计的研究方法都遵循一个共同的条件，即左转、直行和右转车道的分配按从左到右进行，以消除进口内部的潜在交叉冲突。本章放宽传统的车道限制，并提出了一些特殊的车道分配（special lane allocation，SLA）方案以缓解或消除交通交织。非传统的车道分配策略的基本思想是允许车道内车道之间的内部冲突，包括六种典型类型，如表 6.9 所示。

表 6.9 六种典型的非传统车道分配设计类型

序号	设计类型	说明	图解
1	LT-TH 冲突	左转车道位于直行车道的右侧	
2	TH-RT 冲突	直行车道位于右转车道的右侧	
3	LT-TH + LT-RT 冲突	左转车道位于直行车道和右转车道的右侧	
4	LT-TH + TH-RT 冲突	部分直行车道位于左转车道的左侧，其他直行车道位于右转车道的右侧	
5	LT-RT + TH-RT 冲突	右转车道位于左转和直行车道的左侧	
6	LT-TH-RT 冲突	部分直行车道位于左转车道的左侧，其他直行车道位于右转车道的右侧，左转车道位于右转车道右侧	

注：LT（left turn）代表左转，TH（through）代表直行，RT（right turn）代表右转

考虑到非传统车道分配可能会导致交通流之间的内部冲突，应该对下游交叉口进行特殊信号相位的设计。假设出口匝道位于交叉口的西边，则可使用图 6.7 来表示与六种冲突流向类型中的每一种相对应的相位序列（仅显示了东西方向，南北方向可使用双环信号相位），其中实线表示转向流向的时间（绿灯持续时间），节点表示前一转向流向的结束和后一转向流向的开始（绿灯开始），虚线表示与时间约束相关的优先关系。

为了便于模型演示，表 6.10 中总结了关键模型参数和变量的符号。它们分为三类：集合和参数（模型输入）、决策变量（模型输出）、辅助变量。图 6.8 显示了关键几何参数的布局。

第 6 章 城市快速路匝道区域协同控制

(a) LT-TH冲突

(b) TH-RT冲突

(c) LT-TH + LT-RT冲突

(d) LT-TH + TH-RT冲突

(e) LT-RT + TH-RT冲突

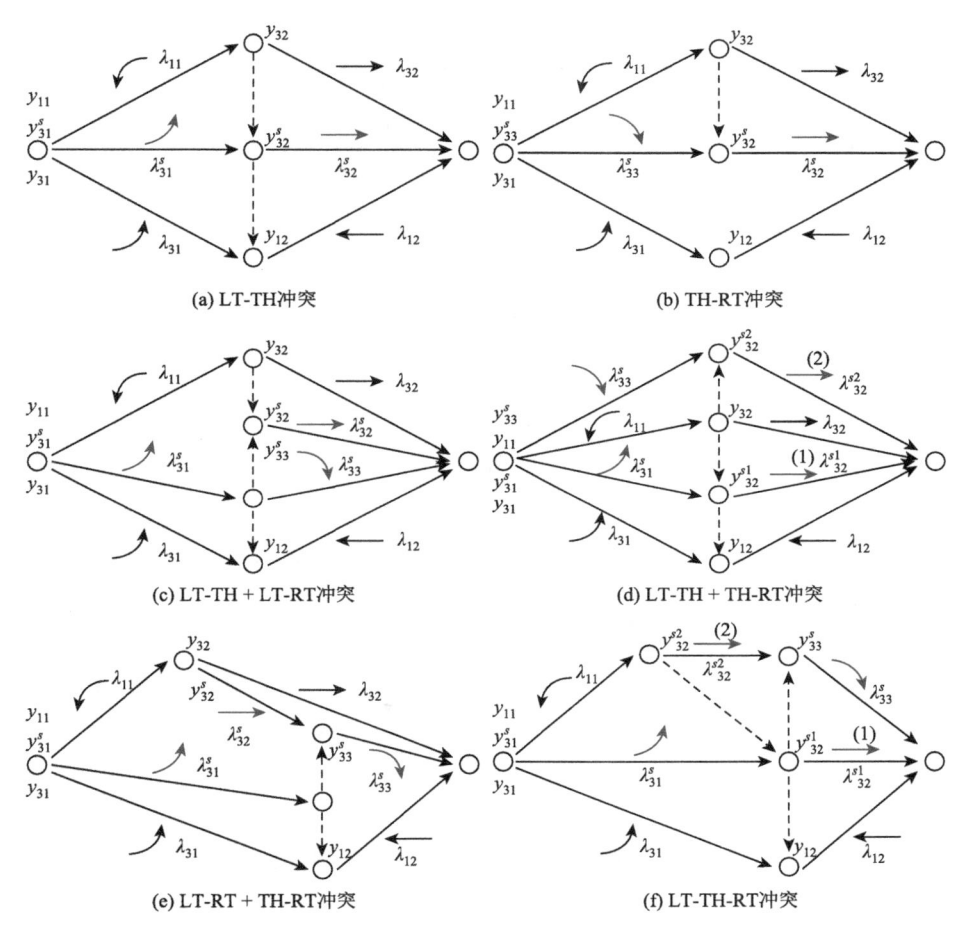

(f) LT-TH-RT冲突

图 6.7 用六种非传统车道分配设计类型的优先图表示信号相位

表 6.10 关键模型参数和变量的符号（二）

参数和变量	说明
集合和参数（模型输入）	
$\mathcal{L}$	进口的集合
$i \in \mathcal{L}$	进口的索引，$i=1$ 为东进口，$i=2$ 为南进口，$i=3$ 为西进口，$i=4$ 为北进口
$\mathcal{S}$	进口中断面的集合
$r \in \mathcal{S}$	进口中断面的索引，$r=1$ 为进口道，$r=2$ 为包括出口匝道和地面道路的路段
$\mathcal{T}$	转向流向的集合
$w \in \mathcal{T}$	转向流向指数，$w=1$ 为左转，$w=2$ 为直行，$w=3$ 为右转
k	车道索引，从最左侧车道开始编号
Q_{iw}^I	交叉口进口 i 流向 w 的流量（veh/h）

续表

参数和变量	说明
Q_{iw}^s	地面道路进口 i 流向 w 的流量（veh/h）
Q_{iw}^f	快速路出口匝道 i 流向 w 的流量（veh/h）
n_{ir}	断面 r 处进口 i 上的车道数（条）
n_{iw}^e	进口 i 上相应的流向 w 接收进口的车道数（条），上标 e 表示接收进口
n_{il}	可在一次或不改变车道的情况下进行交织机动的车道数（条）
l_i	停车线与第 i 段快速路出口匝道接地点之间的距离（m）
l_{iw}	交织段长度（m）
p_{i2k}^s	一个二进制变量，表示进口 i 上的车道 k 是否来自地面道路（1 为是，0 为不是）
p_{i2k}^f	一个二进制变量，表示进口 i 上的车道 k 是否来自快速路出口匝道（1 为是，0 为不是）
$C_{\min}, C_{\max}$	最小和最大周期长度（s）
I	一对冲突交通流的通行时间（s）
s_{ik}^o	进口 i 车道 k 上的饱和流率（veh/h）
c_f	理想条件下每车道基本路段的通行能力（veh·h^{-1}·lane^{-1}）
h_q	排队车辆的平均车头间距（m）
$d_{\max}$	最大可接受饱和度
M	任意大的正常数
决策变量（模型输出）	
μ	交叉口的公共流量乘数
q_{irkw}	断面 r 进口 i 使用车道 k 时流向 w 的流量（veh/h）
$q_{iw(2k,1k')}$	从路段车道 k 到交叉口进口 i 车道 k' 流向 w 的流量（veh/h）
$\eta_{iw(2k,1k')}$	一个二进制变量，表示从路段车道 k 到交叉口车道 k' 的流向 w 是否为交织流向
x_{irkw}	一个二进制变量，表示断面 r 进口 i 车道 k 流向 w 是否允许（1 为允许，0 为不允许）
ξ	周期长度的倒数（1/s）
y_{iw}	对于正常流向，进口 i 流向 w 的绿灯开始时间
$y_{iw}^s, y_{iw}^{s1}, y_{iw}^{s2}$	对于冲突流向，进口 i 流向 w 的绿灯开始时间
λ_{iw}	对于正常流向，进口 i 流向 w 的绿信比
$\lambda_{iw}^s, \lambda_{iw}^{s1}, \lambda_{iw}^{s2}$	对于冲突流向，进口 i 流向 w 的绿信比
辅助变量	
c_{ik}	交叉口进口 i 车道 k 的通行能力（veh/h）
$q_{iw(2k,1k')}^u$	从路段车道 k 到进口 i 交叉口的车道 k' 的流向 w 的交织量（veh/h）
V_{iR}	交织流量比
β_{ip}	一个二进制变量，表示进口 i 是否选择非传统车道分配设计类型 p（1 为选择，0 为未选择）

续表

参数和变量	说明
$\delta_{iww'}$	一个二进制变量，表示在进口 i 流向 w 和流向 w' 之间是否存在内部冲突（1 为存在，0 为不存在），δ_{i12} 表示左转和直行（LT-TH）冲突，δ_{i13} 表示左转和右转（LT-RT）冲突
δ_{irk}	一个二进制变量，表示断面 r 进口 i 车道 k 是否为特殊车道（1 为是，0 为不是）
n_i^u	进口 i 交织区车道数（条）
C	周期长度（s）
Y_{ik}	交叉口进口 i 车道 k 的绿灯启亮时间
Λ_{ik}	交叉口进口 i 车道 k 的绿信比
T_{ik}^o	车辆以饱和流率流出的绿信比
T_{ik}^u	车辆以交织流流出的绿信比
T_{ik}^q	排队清空时间
T_{ik}^{b1}	进口 i 上车道 k 相邻车道的拥堵开始时间
T_{ik}^{b2}	进口 i 上车道 k 相邻车道的拥堵结束时间
$\alpha_{ik1}^{b1}, \alpha_{ik2}^{b1}, \alpha_{ik1}^{b2}, \alpha_{ik2}^{b2}$	整数变量，确保 T_{ik}^{b1} 和 T_{ik}^{b2} 在 $Y_{ik}+\Lambda_{ik}-1$ 到 $Y_{ik}+\Lambda_{ik}$ 之间的分数内
s_{ik}^u	进口 i 车道 k 上的交织流率（veh/h）

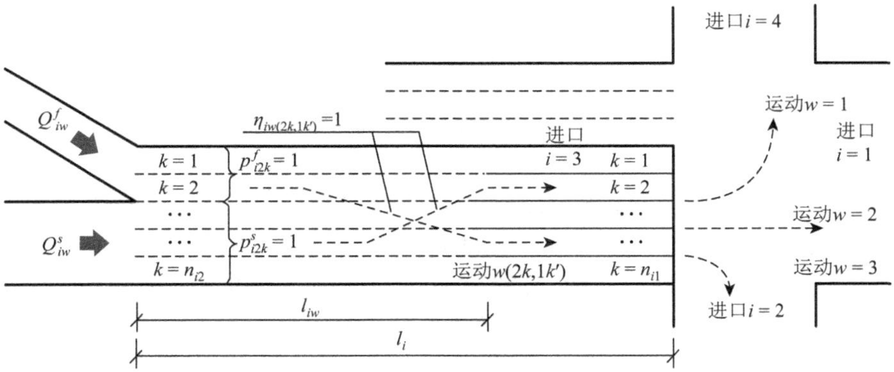

图 6.8 几何参数示意图（一）

6.2.2 协同优化模型构建

1. 目标函数

所提出的模型旨在最大化分析路段（包括出口匝道、下游交叉口及其连接路段）的存储容量。假设转弯比例保持不变，则最大化存储容量等同于最大化公共流量乘数。$\mu<1$ 表示分析部分过载 $(1-\mu)\times100\%$，$\mu>1$ 表示存储容量为 $(\mu-1)\times100\%$。

$$\max \mu \tag{6.29}$$

2. 约束

1）车道分配约束

对于车道分配，交叉口和路段每个进口上每条车道的流向许可 x_{irkw} 是关键决策变量，取决于以下模块（图6.9）：①设计类型的选择，β_{ip}；②识别内部冲突，$\delta_{iww'}$；③确定车道是否为非传统车道，δ_{irk}；④其他常规布局约束。

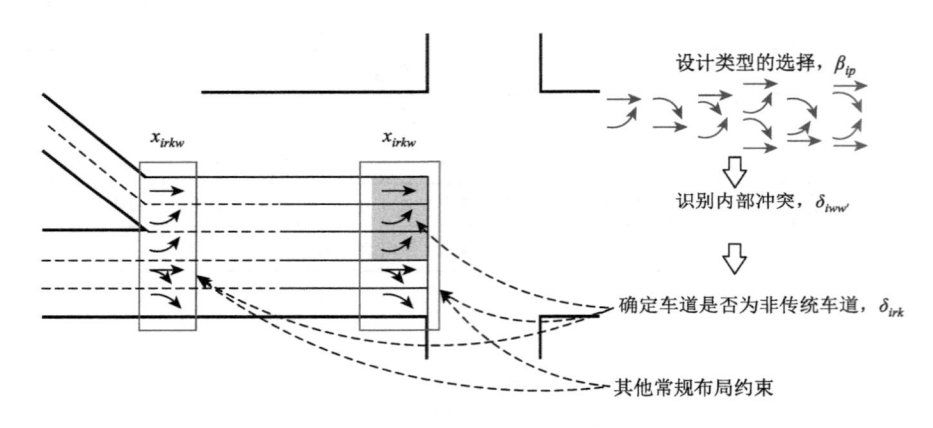

图 6.9 车道分配约束的关键组成部分

用于选择非传统车道分配设计类型的变量 β_{ip} 可以通过判断左转和直行（LT-TH）冲突（δ_{i12}）、左转和右转（LT-RT）冲突（δ_{i13}）以及直行和右转（TH-RT）冲突（δ_{i23}）的存在来确定。例如，如式（6.30）所示，当仅存在 LT-TH 冲突（$\delta_{i12}=1$，$\delta_{i13}=\delta_{i23}=0$）时，将选择非传统车道分配设计类型 1（$\beta_{i1}=1$）。其他设计类型可以通过式（6.31）~式（6.35）类似地确定。

$$\beta_{i1}=\delta_{i12}(1-\delta_{i13})(1-\delta_{i23}), \quad \forall i \in \mathcal{L} \tag{6.30}$$

$$\beta_{i2}=(1-\delta_{i12})(1-\delta_{i13})\delta_{i23}, \quad \forall i \in \mathcal{L} \tag{6.31}$$

$$\beta_{i3}=\delta_{i12}\delta_{i13}(1-\delta_{i23}), \quad \forall i \in \mathcal{L} \tag{6.32}$$

$$\beta_{i4}=\delta_{i12}(1-\delta_{i13})\delta_{i23}, \quad \forall i \in \mathcal{L} \tag{6.33}$$

$$\beta_{i5}=(1-\delta_{i12})\delta_{i13}\delta_{i23}, \quad \forall i \in \mathcal{L} \tag{6.34}$$

$$\beta_{i6} = \delta_{i12}\delta_{i13}\delta_{i23}, \quad \forall i \in \mathcal{L} \qquad (6.35)$$

车道之间流向 w 和流向 w' 的内部冲突（δ_{i12}、δ_{i13} 和 δ_{i23}）可以通过式（6.36）来识别。如果车道 k'（$k'<k$）上允许任何流向 w'（$w'>w$），则项目 $\sum_{k=2}^{n_{i1}}\sum_{k'=1}^{k-1}\dfrac{x_{i1kw}+x_{i1k'w'}}{2}$ 将不小于 1，表明流向 w 和流向 w' 之间存在内部冲突（$\delta_{iww'}=1$）。否则，如果车道 k'（$k'<k$）上不允许流向 w'（$w'>w$），则项目 $\sum_{k=2}^{n_{i1}}\sum_{k'=1}^{k-1}\dfrac{x_{i1kw}+x_{i1k'w'}}{2}$ 将等于 0，表明流向 w 和流向 w' 之间的内部冲突不存在（$\delta_{iww'}=0$）。例如，当允许在车道 k 上左转，允许在车道 k' 的左侧车道进口 i 上通过时，$\dfrac{x_{i1k1}+x_{i1k'2}}{2}=1$。如果任何两条车道满足上述情况，根据式（6.36），有 $M \geqslant \delta_{i12} \geqslant \dfrac{1}{M}$；因此 $\delta_{i12}=1$，表明 LT-TH 冲突存在于进口 i 上。否则，如果两条车道中没有一条满足上述情况，根据式（6.36），有 $0 \geqslant \delta_{i12} \geqslant 0$，此时 $\delta_{i12}=0$，表明在进口 i 上不存在 LT-TH 冲突。类似地，也可以根据式（6.36）识别 LT-RT 冲突和 TH-RT 冲突的存在。

$$M\sum_{k=2}^{n_{i1}}\sum_{k'=1}^{k-1}\frac{x_{i1kw}+x_{i1k'w'}}{2} \geqslant \delta_{iww'} \geqslant \frac{1}{M}\sum_{k=2}^{n_{i1}}\sum_{k'=1}^{k-1}\frac{x_{i1kw}+x_{i1k'w'}}{2}, \quad \forall i \in \mathcal{L}, \ w \in \mathcal{T} \qquad (6.36)$$

对于任意的车道，该车道是否为特殊车道可通过式（6.37）进行识别。如果车道 k'（$k'<k$）上允许任何流向 w'（$w'>w$）或车道 k'（$k'>k$）上许可任何流向 w'（$w'<w$），则 $\sum_{w\in\mathcal{T}}\left(\sum_{w'=w+1}^{w+2}\sum_{k'=1}^{k-1}\dfrac{x_{i1kw}+x_{i1k'w'}}{2}+\sum_{w'=w-2}^{w-1}\sum_{k'=k+1}^{n_{i1}}\dfrac{x_{i1kw}+x_{i1k'w'}}{2}\right)$ 将不小于 1，这表明车道 k 是一条特殊的交通车道（$\delta_{i1k}=1$）。否则，如果车道 k'（$k'<k$）上不允许流向 w'（$w'>w$），且车道 k'（$k'>k$）上也不允许流向 w'（$w'<w$），则 $\sum_{w\in\mathcal{T}}\left(\sum_{w'=w+1}^{w+2}\sum_{k'=1}^{k-1}\dfrac{x_{i1kw}+x_{i1k'w'}}{2}+\sum_{w'=w-2}^{w-1}\sum_{k'=k+1}^{n_{i1}}\dfrac{x_{i1kw}+x_{i1k'w'}}{2}\right)$ 将等于 0，这表明车道 k 不是特殊的交通车道（$\delta_{i1k}=0$）。

$$M\sum_{w\in\mathcal{T}}\left(\sum_{w'=w+1}^{w+2}\sum_{k'=1}^{k-1}\frac{x_{i1kw}+x_{i1k'w'}}{2}+\sum_{w'=w-2}^{w-1}\sum_{k'=k+1}^{n_{i1}}\frac{x_{i1kw}+x_{i1k'w'}}{2}\right)\geqslant\delta_{i1k}$$
(6.37)
$$\geqslant\frac{1}{M}\sum_{w\in\mathcal{T}}\left(\sum_{w'=w+1}^{w+2}\sum_{k'=1}^{k-1}\frac{x_{i1kw}+x_{i1k'w'}}{2}+\sum_{w'=w-2}^{w-1}\sum_{k'=k+1}^{n_{i1}}\frac{x_{i1kw}+x_{i1k'w'}}{2}\right)$$
$$\forall i\in\mathcal{L},\quad k\in\{1,\cdots,n_{i1}\}$$

此外，如式（6.38）所示，车道应允许至少一次流向。此外，与该流向对应的出口的车道数量应大于进口处允许此类流向的车道总数，如式（6.39）所示。

$$\sum_{w\in\mathcal{T}}x_{irkw}\geqslant 1,\quad\forall i\in\mathcal{L},\quad r\in\mathcal{S},\quad k\in\{1,\cdots,n_{ir}\}\quad(6.38)$$

$$n_{iw}^{e}\geqslant\sum_{k=1}^{n_{i1}}x_{i1kw},\quad\forall i\in\mathcal{L},\quad w\in\mathcal{T}\quad(6.39)$$

2）信号控制约束

交叉口的公共周期长度应在 $C_{\min}$ 到 $C_{\max}$ 范围内。为了便于模型求解，不是直接将周期长度定义为控制变量，而是使用其倒数 $\xi=1/C$，从而维持信号配时数学建模中的线性关系。

$$\frac{1}{C_{\min}}\geqslant\xi\geqslant\frac{1}{C_{\max}}\quad(6.40)$$

正常流向的方案由式（6.41）～式（6.47）确定，这是一种具有指定流向的双环同步相位相序方案。为了便于讨论，东、西线左转的绿灯起点等于 0。对于冲突流向，应调整绿灯起点和绿信比。

$$y_{i1}=0,\quad\forall i\in\{1,3\}\quad(6.41)$$
$$y_{12}-y_{31}-\lambda_{31}-I\xi=0\quad(6.42)$$
$$y_{32}-y_{11}-\lambda_{11}-I\xi=0\quad(6.43)$$
$$y_{21}=y_{41}=y_{12}+\lambda_{12}+I\xi=y_{32}+\lambda_{32}+I\xi\quad(6.44)$$
$$y_{22}-y_{41}-\lambda_{41}-I\xi=0\quad(6.45)$$
$$y_{42}-y_{21}-\lambda_{21}-I\xi=0\quad(6.46)$$
$$y_{22}+\lambda_{22}+I\xi=y_{42}+\lambda_{42}+I\xi=1\quad(6.47)$$

对于每个转向流向，绿灯的开始应为周期长度 0 到 1 之间的一个值。

$$1\geqslant y_{iw},y_{iw}^{s},y_{iw}^{s1},y_{iw}^{s2}\geqslant 0,\quad\forall i\in\mathcal{L},\quad w\in\mathcal{T}\quad(6.48)$$

转向流向的绿信比应为 0 和 1 之间的一个值。

$$1\geqslant\lambda_{iw}\geqslant 0,\quad\forall i\in\mathcal{L},\quad w\in\mathcal{T}\quad(6.49)$$

车道信号定时可以由式（6.50）和式（6.51）定义。如果一条车道被多个流向共享，这些流向必须接收相同的信号指示。例如，当路段 1 上的进口车道 k 不是特殊车道（$\delta_{11k}=0$），并且允许在路段 1 的进口车道 k 上进行右转和直行时，则

第 6 章 城市快速路匝道区域协同控制

$x_{112k} = x_{113k} = 1$；然后根据式（6.50），有 $0 \geq Y_{1k} - y_{12} \geq 0$ 和 $0 \geq Y_{1k} - y_{13} \geq 0$；因此，$g_{12} = g_{13}$，这表明右转的绿灯开始时间和进口 1 上直行的绿灯开始时间应该相等。类似地，根据约束条件（6.51），主交叉口的右转绿灯时间和进口 1 上的直行绿灯时间应相同。

$$M(1 - x_{i1wk}) \geq Y_{ik} - (1 - \delta_{i1k})y_{iw} - \delta_{i1k}y_{iw}^s \geq -M(1 - x_{i1wk}) \quad (6.50)$$
$$\forall i \in \mathcal{L}, \quad w \in \mathcal{T}, \quad k \in \{1, \cdots, n_{i1}\}$$

$$M(1 - x_{i1wk}) \geq \Lambda_{ik} - (1 - \delta_{i1k})\lambda_{iw} - \delta_{i1k}\lambda_{iw} \geq -M(1 - x_{i1wk}) \quad (6.51)$$
$$\forall i \in \mathcal{L}, \quad w \in \mathcal{T}, \quad k \in \{1, \cdots, n_{i1}\}$$

3）容量调整限制

如图 6.10 所示，由于拥堵和交织，上游快速路出口匝道可能对下游交叉口的饱和流率产生负面影响。例如，在红灯期间，下游交叉口排队可能会很容易阻止出口匝道的车流汇入车道，从而在绿灯期间浪费这些车道的通行能力[图 6.10(b)、(c)]。因此，在绿灯期间，应将饱和流率调整为交织流量。

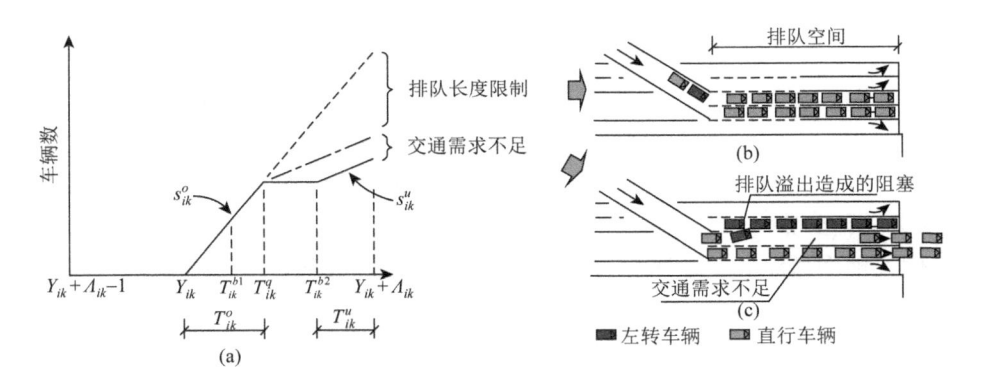

图 6.10 上游出口匝道对下游交叉口车道饱和流率的影响

车道 k 的通行能力可通过式（6.52）估算。

$$c_{ik} = s_{ik}^o T_{ik}^o + s_{ik}^u T_{ik}^u, \quad \forall i \in \mathcal{L}, \quad k \in \{1, \cdots, n_{i1}\} \quad (6.52)$$

其中，s_{ik}^o 是车道 k 的正常饱和流率，其为外源输入或由现场测量；s_{ik}^u 是车道 k 的交织区饱和流率，可通过 HCM 2010 中的方法计算，如式（6.53）所示。

$$s_{ik}^u = c_f - 438.2(1 + V_{iR})^{1.6} + 0.251 l_{iw} + 119.8 n_{il}, \quad \forall i \in \mathcal{L}, \quad k \in \{1, \cdots, n_{i1}\} \quad (6.53)$$

T_{ik}^o 是车辆在饱和流率下排放的绿灯时间部分，可通过式（6.54）～式（6.56）确定。

$$T_{ik}^o = T_{ik}^q - Y_{ik}, \quad \forall i \in \mathcal{L}, \quad k \in \{1, \cdots, n_{i1}\} \quad (6.54)$$

$$Y_{ik} + \frac{3600l_i}{h_q s_{ik}^o}\xi \geq T_{ik}^q, \quad \forall i \in \mathcal{L}, \quad k \in \{1,\cdots,n_{i1}\} \tag{6.55}$$

$$Y_{ik} + \Lambda_{ik} \geq T_{ik}^q \geq Y_{ik}, \quad \forall i \in \mathcal{L}, \quad k \in \{1,\cdots,n_{i1}\} \tag{6.56}$$

T_{ik}^u 是车辆作为交织流排放的绿灯时间部分，可通过式（6.57）～式（6.64）确定。

$$Y_{ik} + \Lambda_{ik} - T_{ik}^{b2} \geq T_{ik}^u, \quad \forall i \in \mathcal{L}, \quad k \in \{1,\cdots,n_{i1}\} \tag{6.57}$$

$$Y_{ik} + \Lambda_{ik} - T_{ik}^q \geq T_{ik}^u, \quad \forall i \in \mathcal{L}, \quad k \in \{1,\cdots,n_{i1}\} \tag{6.58}$$

$$T_{ik}^{b2} - T_{ik}^{b1} \geq T_{ik}^u, \quad \forall i \in \mathcal{L}, \quad k \in \{1,\cdots,n_{i1}\} \tag{6.59}$$

$$T_{ik}^{b1} \geq Y_{i(k+1)} + \Lambda_{i(k+1)} + \frac{3600l_i}{h_q \sum_{w \in \mathcal{T}} q_{i1(k+1)w}}\xi + \alpha_{ik1}^{b1}, \quad \forall i \in \mathcal{L}, \quad k \in \{1,\cdots,n_{i1}-1\} \tag{6.60}$$

$$T_{ik}^{b1} \geq Y_{i(k-1)} + \Lambda_{i(k-1)} + \frac{3600l_i}{h_q \sum_{w \in \mathcal{T}} q_{i1(k-1)w}}\xi + \alpha_{ik2}^{b1}, \quad \forall i \in \mathcal{L}, \quad k \in \{2,\cdots,n_{i1}\} \tag{6.61}$$

$$T_{ik}^{b2} \geq Y_{i(k+1)} + \frac{3600l_i}{h_q s_{i(k+1)}^o}\xi + \alpha_{ik1}^{b2}, \quad \forall i \in \mathcal{L}, \quad k \in \{1,\cdots,n_{i1}-1\} \tag{6.62}$$

$$T_{ik}^{b2} \geq Y_{i(k-1)} + \frac{3600l_i}{h_q s_{i(k-1)}^o}\xi + \alpha_{ik2}^{b2}, \quad \forall i \in \mathcal{L}, \quad k \in \{2,\cdots,n_{i1}\} \tag{6.63}$$

$$Y_{ik} + \Lambda_{ik} \geq T_{ik}^{b1}, \quad T_{ik}^{b2} \geq Y_{ik} + \Lambda_{ik} - 1, \quad \forall i \in \mathcal{L}, \quad k \in \{1,\cdots,n_{i1}\} \tag{6.64}$$

4）其他约束

假设地面道路和快速路出口匝道的交通需求是外部输入。那么，总交通需求等于它们的总和，如式（6.65）所示。

$$Q_{iw}^I = Q_{iw}^s + Q_{iw}^f, \quad \forall i \in \mathcal{L}, \quad w \in \mathcal{T} \tag{6.65}$$

不同车道上某一流向的车辆之和应等于该流向的总流量乘以公共流量乘数，如式（6.66）～式（6.68）所示。

$$Q_{iw}^I = \mu \sum_{k=1}^{n_{i1}} q_{i1kw}, \quad \forall i \in \mathcal{L}, \quad w \in \mathcal{T} \tag{6.66}$$

$$Q_{iw}^s = \mu \sum_{k=1}^{n_{i2}} \left(q_{i2kw} p_{i2k}^s\right), \quad \forall i \in \mathcal{L}, \quad w \in \mathcal{T} \tag{6.67}$$

$$Q_{iw}^f = \mu \sum_{k=1}^{n_{i2}} \left(q_{i2kw} p_{i2k}^f\right), \quad \forall i \in \mathcal{L}, \quad w \in \mathcal{T} \tag{6.68}$$

当车道 k 上的流向 w 不允许时（即 $x_{irwk} = 0$），分配的车道流量应等于 0，如式（6.69）所示。

$$Mx_{irkw} \geq q_{irkw}, \quad \forall i \in \mathcal{L}, \quad r \in \mathcal{S}, \quad k \in \{1,\cdots,n_{ir}\}, \quad w \in \mathcal{T} \tag{6.69}$$

从出口匝道地面连接处的车道 k 到达交叉口处的车道 k' 的流量 $q_{iw(2k,1k')}$ 可通过式（6.70）～式（6.73）确定。

$$q_{i2kw} \geqslant q_{iw(2k,1k')}, \quad \forall i \in \mathcal{L}, \quad w \in \mathcal{T}, \quad k \in \{1,\cdots,n_{i2}\}, \quad k' \in \{1,\cdots,n_{i1}\} \quad (6.70)$$

$$q_{i1k'w} \geqslant q_{iw(2k,1k')}, \quad \forall i \in \mathcal{L}, \quad w \in \mathcal{T}, \quad k \in \{1,\cdots,n_{i2}\}, \quad k' \in \{1,\cdots,n_{i1}\} \quad (6.71)$$

$$q_{i2kw} = \sum_{k'=1}^{n_{i1}} q_{iw(2k,1k')}, \quad \forall i \in \mathcal{L}, \quad w \in \mathcal{T}, \quad k \in \{1,\cdots,n_{i2}\} \quad (6.72)$$

$$q_{i1k'w} = \sum_{k=1}^{n_{i2}} q_{iw(2k,1k')}, \quad \forall i \in \mathcal{L}, \quad w \in \mathcal{T}, \quad k' \in \{1,\cdots,n_{i1}\} \quad (6.73)$$

交织流量比是计算交织区饱和流率的关键参数，可通过式（6.74）确定。

$$V_{iR} = \frac{\sum_{w \in \mathcal{T}} \sum_{k=1}^{n_{i2}} \sum_{k'=1}^{n_{i1}} q^u_{iw(2k,1k')}}{\sum_{w \in \mathcal{T}} Q^I_{iw}}, \quad \forall i \in \mathcal{L} \quad (6.74)$$

从出口匝道地面连接处的车道 k 到交叉口的车道 k' 的交织流 $q^u_{iw(2k,1k')}$ 可以通过式（6.75）和式（6.76）确定。

$$q^u_{iw(2k,1k')} \geqslant q_{iw(2k,1k')} + M(\eta_{iw(2k,1k')} - 1) \quad (6.75)$$
$$\forall i \in \mathcal{L}, \quad w \in \mathcal{T}, \quad k \in \{1,\cdots,n_{i2}\}, \quad k' \in \{1,\cdots,n_{i1}\}$$

$$q_{iw(2k,1k')} \geqslant q^u_{iw(2k,1k')} \geqslant 0, \quad \forall i \in \mathcal{L}, \quad w \in \mathcal{T}, \quad k \in \{1,\cdots,n_{i2}\}, \quad k' \in \{1,\cdots,n_{i1}\} \quad (6.76)$$

此外，需要考虑从出口匝道地面连接点的车道 k 到交叉口的车道 k' 的流向 w 是否为可能存在的交织流向，如式（6.77）所示。

$$M \left(\sum_{j'=k+1}^{n_{i1}} \sum_{j=1}^{k-1} q_{iw(2j,1j')} + \sum_{j'=1}^{k-1} \sum_{j=k+1}^{k=n_{i2}} q_{iw(2j,1j')} \right) \geqslant \eta_{iw(2k,1k')}$$
$$\geqslant \frac{1}{M} \left(\sum_{j'=k+1}^{n_{i1}} \sum_{j=1}^{k-1} q_{iw(2j,1j')} + \sum_{j'=1}^{k-1} \sum_{j=k+1}^{k=n_{i2}} q_{iw(2j,1j')} \right) \quad (6.77)$$
$$\forall i \in \mathcal{L}, \quad w \in \mathcal{T}, \quad k \in \{1,\cdots,n_{i2}\}, \quad k' \in \{1,\cdots,n_{i1}\}$$

最后，为了确保交叉口和上游出口匝道区域运行良好，每条车道的饱和度应限制在可接受的最大值范围内。

$$d_{\max} c_{ik} \geqslant \sum_{w \in \mathcal{T}} q_{i1kw}, \quad \forall r \in N, \quad i \in A, \quad k \in \{1,\cdots,n_{if}+n_{ir}\} \quad (6.78)$$

3. 求解

上述优化模型是由目标函数（6.29）和约束（6.30）～约束（6.78）组成的混合整数非线性模型。在求解时，将该模型转化为一个混合整数线性规划（mixed integer linear programming，MILP），该规划可以用标准的分支定界技术求解。决策变量的数量与每个进口的车道数量有关，可以用 $2\sum_{i\in\mathcal{L}}n_{i1}n_{i2}+4\sum_{i\in\mathcal{L}}\sum_{r\in\mathcal{S}}n_{ir}+58$ 来估计。对于每个进口有 5 条车道的十字交叉口，决策变量的总数为 208，这可以由商业 MILP 求解器（如 LINGO）轻松处理。

1）二元变量乘积的线性化

二元变量的乘积 δ_{iww} 涉及式（6.30）～式（6.35）。通过分别再添加两个约束，可以将这类问题转化为混合整数线性方程。

约束（6.30）可以改写为

$$\delta_{i12}+(1-\delta_{i13})+(1-\delta_{i23})-\beta_{i1}\leqslant 2,\quad \forall i\in\mathcal{L} \qquad (6.79)$$

$$-\delta_{i12}-(1-\delta_{i13})-(1-\delta_{i23})+3\beta_{i1}\leqslant 0,\quad \forall i\in\mathcal{L} \qquad (6.80)$$

约束（6.31）可以改写为

$$(1-\delta_{i12})+(1-\delta_{i13})+\delta_{i23}-\beta_{i2}\leqslant 2,\quad \forall i\in\mathcal{L} \qquad (6.81)$$

$$-(1-\delta_{i12})-(1-\delta_{i13})-\delta_{i23}+3\beta_{i2}\leqslant 0,\quad \forall i\in\mathcal{L} \qquad (6.82)$$

约束（6.32）可以改写为

$$\delta_{i12}+\delta_{i13}+(1-\delta_{i23})-\beta_{i3}\leqslant 2,\quad \forall i\in\mathcal{L} \qquad (6.83)$$

$$-\delta_{i12}-\delta_{i13}-(1-\delta_{i23})+3\beta_{i3}\leqslant 0,\quad \forall i\in\mathcal{L} \qquad (6.84)$$

约束（6.33）可以改写为

$$\delta_{i12}+(1-\delta_{i13})+\delta_{i23}-\beta_{i4}\leqslant 2,\quad \forall i\in\mathcal{L} \qquad (6.85)$$

$$-\delta_{i12}-(1-\delta_{i13})-\delta_{i23}+3\beta_{i4}\leqslant 0,\quad \forall i\in\mathcal{L} \qquad (6.86)$$

约束（6.34）可以改写为

$$\delta_{i12}+(1-\delta_{i13})+\delta_{i23}-\beta_{i4}\leqslant 2,\quad \forall i\in\mathcal{L} \qquad (6.87)$$

$$-\delta_{i12}-(1-\delta_{i13})-\delta_{i23}+3\beta_{i4}\leqslant 0,\quad \forall i\in\mathcal{L} \qquad (6.88)$$

约束（6.35）可以改写为

$$\delta_{i12}+\delta_{i13}+\delta_{i23}-\beta_{i6}\leqslant 2,\quad \forall i\in\mathcal{L} \qquad (6.89)$$

$$-\delta_{i12}-\delta_{i13}-\delta_{i23}+3\beta_{i6}\leqslant 0,\quad \forall i\in\mathcal{L} \qquad (6.90)$$

2）车道信号配时约束的线性化

车道信号配时约束（6.50）和约束（6.51）涉及两个决策变量的乘积，$\delta_{i1k}y_{iw}$ 和 $\delta_{i1k}y_{iw}^s$，因为，需要区分该流向是正常流向还是冲突流向。通过将约束（6.50）

第6章 城市快速路匝道区域协同控制

和约束（6.51）线性化，可以将这类问题转化为混合整数线性方程。约束（6.91）和约束（6.92）仅在进口车道不是特殊车道（$\delta_{i1k}=0$）时有效。例如，当在进口 i 的车道 k 上允许流向 w（$x_{i1wk}=1$），并且该车道不是专用车道（$\delta_{i1k}=0$）时，则$(1-x_{i1wk}+\delta_{i1k})=0$。根据约束（6.91），有 $0 \geqslant Y_{ik}-y_{iw} \geqslant 0$，因此 $Y_{ik}=y_{iw}$。否则，如果进口车道是特殊车道（$\delta_{i1k}=1$），则$(1-x_{i1wk}+\delta_{i1k})=1$。根据约束（6.91），有 $M \geqslant Y_{ik}-y_{iw} \geqslant -M$。约束（6.93）～约束（6.100）仅在进口车道为特殊车道（$\delta_{i1k}=1$）时有效。对于左转和右转专用车道，将使用约束（6.93）和约束（6.97）。对于直行专用车道，将使用约束（6.94）～约束（6.96）和约束（6.98）～约束（6.100）。

对于正常流向：

$$M(1-x_{i1wk}+\delta_{i1k}) \geqslant Y_{ik}-y_{iw} \geqslant -M(1-x_{i1wk}+\delta_{i1k}), \quad \forall i \in \mathcal{L}, \quad w \in \mathcal{T}, \quad k \in \{1,\cdots,n_{i1}\} \tag{6.91}$$

$$M(1-x_{i1wk}+\delta_{i1k}) \geqslant \Lambda_{ik}-\lambda_{iw} \geqslant -M(1-x_{i1wk}+\delta_{i1k}), \quad \forall i \in \mathcal{L}, \quad w \in \mathcal{T}, \quad k \in \{1,\cdots,n_{i1}\} \tag{6.92}$$

对于冲突流向：

$$M(2-x_{i1wk}-\delta_{i1k}) \geqslant Y_{ik}-y_{iw}^s \geqslant -M(2-x_{i1wk}-\delta_{i1k})$$
$$\forall i \in \{3\}, \quad w \in \{1,3\}, \quad k \in \{1,\cdots,n_{i1}\} \tag{6.93}$$

$$M(2-x_{i1wk}-\delta_{i1k}+\beta_{i4}+\beta_{i6}) \geqslant Y_{ik}-y_{iw}^s \geqslant -M(2-x_{i1wk}-\delta_{i1k}+\beta_{i4}+\beta_{i6})$$
$$\forall i \in \{3\}, \quad w \in \{2\}, \quad k \in \{1,\cdots,n_{i1}\} \tag{6.94}$$

$$M\left(3-x_{i1wk}-\beta_{i4}-\beta_{i6}-\sum_{k'=k+1}^{n_{i1}} x_{i11k'}\right) \geqslant Y_{ik}-y_{iw}^{s1} \geqslant -M\left(3-x_{i1wk}-\beta_{i4}-\beta_{i6}-\sum_{k'=k+1}^{n_{i1}} x_{i11k'}\right)$$
$$\forall i \in \{3\}, \quad w \in \{2\}, \quad k \in \{1,\cdots,n_{i1}-1\} \tag{6.95}$$

$$M\left(3-x_{i1wk}-\beta_{i4}-\beta_{i6}-\sum_{k'=1}^{k-1} x_{i13k'}\right) \geqslant Y_{ik}-y_{iw}^{s2} \geqslant -M\left(3-x_{i1wk}-\beta_{i4}-\beta_{i6}-\sum_{k'=1}^{k-1} x_{i13k'}\right)$$
$$\forall i \in \{3\}, \quad w \in \{2\}, \quad k \in \{2,\cdots,n_{i1}\} \tag{6.96}$$

$$M(2-x_{i1wk}-\delta_{i1k}) \geqslant \Lambda_{ik}-\lambda_{iw}^s \geqslant -M(2-x_{i1wk}-\delta_{i1k})$$
$$\forall i \in \{3\}, \quad w \in \{1,3\}, \quad k \in \{1,\cdots,n_{i1}\} \tag{6.97}$$

$$M(2-x_{i1wk}-\delta_{i1k}+\beta_{i4}+\beta_{i6}) \geqslant \Lambda_{ik}-\lambda_{iw}^s \geqslant -M(2-x_{i1wk}-\delta_{i1k}+\beta_{i4}+\beta_{i6})$$
$$\forall i \in \{3\}, \quad w \in \{2\}, \quad k \in \{1,\cdots,n_{i1}\} \tag{6.98}$$

$$M\left(3-x_{i1wk}-\beta_{i4}-\beta_{i6}-\sum_{k'=k+1}^{n_{i1}}x_{i11k'}\right) \geqslant \Lambda_{ik}-\lambda_{iw}^{s1} \geqslant -M\left(3-x_{i1wk}-\beta_{i4}-\beta_{i6}-\sum_{k'=k+1}^{n_{i1}}x_{i11k'}\right)$$

$$\forall i \in \{3\}, \quad w \in \{2\}, \quad k \in \{1,\cdots,n_{i1}-1\}$$

(6.99)

$$M\left(3-x_{i1wk}-\beta_{i4}-\beta_{i6}-\sum_{k'=1}^{k-1}x_{i13k'}\right) \geqslant \Lambda_{ik}-\lambda_{iw}^{s2} \geqslant -M\left(3-x_{i1wk}-\beta_{i4}-\beta_{i6}-\sum_{k'=1}^{k-1}x_{i13k'}\right)$$

$$\forall i \in \{3\}, \quad w \in \{2\}, \quad k \in \{2,\cdots,n_{i1}\}$$

(6.100)

3）冲突流向阶段计划的显式表达

对于冲突动作，应相应调整绿灯起始和绿灯时间的比例。

$$M(1-\beta_{31}-\beta_{33}-\beta_{34}-\beta_{35}-\beta_{36}) \geqslant y_{31}^s - y_{31} \geqslant M(\beta_{31}+\beta_{33}+\beta_{34}+\beta_{35}+\beta_{36}-1)$$

(6.101)

$$y_{12}-y_{31}^s-\lambda_{31}^s-I\xi \geqslant M(\beta_{31}+\beta_{33}+\beta_{34}+\beta_{35}+\beta_{36}-1) \quad (6.102)$$

$$y_{32}^s-y_{11}-\lambda_{11}-I\xi \geqslant M(\beta_{31}+\beta_{32}+\beta_{33}+\beta_{34}+\beta_{36}-1) \quad (6.103)$$

$$y_{32}^s-y_{31}^s-\lambda_{31}^s-I\xi \geqslant M(\beta_{31}+\beta_{32}+\beta_{33}+\beta_{34}+\beta_{36}-1) \quad (6.104)$$

$$M(1-\beta_{31}-\beta_{32}-\beta_{33}-\beta_{34}-\beta_{36}) \geqslant y_{32}^s+\lambda_{32}^s-y_{32}-\lambda_{32}$$
$$\geqslant M(\beta_{31}+\beta_{32}+\beta_{33}+\beta_{34}+\beta_{36}-1) \quad (6.105)$$

$$M(1-\beta_{35}) \geqslant y_{32}^s-y_{32} \geqslant M(\beta_{35}-1) \quad (6.106)$$

$$y_{32}+\lambda_{32}-y_{32}^s-\lambda_{32}^s \geqslant M(\beta_{35}+\beta_{36}-1) \quad (6.107)$$

$$y_{33}^s-y_{31}^s-\lambda_{31}^s-I\xi \geqslant M(\beta_{33}+\beta_{35}+\beta_{36}-1) \quad (6.108)$$

$$y_{33}^s-y_{32}^s-\lambda_{32}^s-I\xi \geqslant M(\beta_{35}+\beta_{36}-1) \quad (6.109)$$

6.2.3 案例分析

本节通过案例研究和广泛的数值测试来评估所提出模型的性能。所提出的协同优化控制模型获得的优化结果将与传统方案进行比较。此外，通过敏感性分析来确定本章提出的模型的最佳应用条件。

使用中国上海中环线快速路 18 号出口匝道（国定路出口）、下游交叉口（邯

第 6 章 城市快速路匝道区域协同控制

郸路与国定路交叉口）及其连接路段，验证和评估了所提出的综合模型的有效性。研究现场的原始几何布局如图 6.11 所示。出口匝道连接到 EB 停车线上游 60 m 处的邯郸路。表 6.11 总结了测试现场高峰时段的总交通需求。表 6.12 总结了案例研究中使用的其他参数。

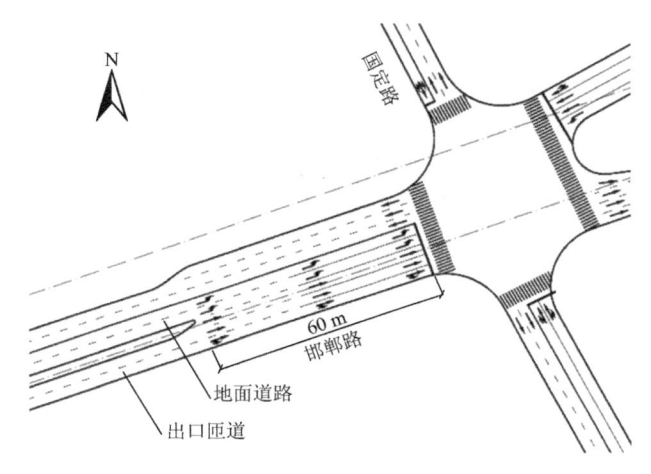

图 6.11　原始几何布局

表 6.11　研究地点的总交通需求　　　　　　　　　　　　单位：veh/h

时段	WB L	WB T	WB R	EB L-S	EB T-S	EB R-S	EB L-F	EB T-F	EB R-F	NB L	NB T	NB R	SB L	SB T	SB R	主线
早高峰	188	445	154	213	505	74	233	575	102	55	352	49	43	410	111	3016
晚高峰	197	604	156	244	624	111	275	710	129	62	366	61	54	307	63	3137

注：WB、EB、NB 和 SB 分别指西行、东行、北行和南行，L、T 和 R 分别表示左转、直行和右转，-S 和 -F 分别表示从地面道路而来的流向和从出口匝道而来的流向。

表 6.12　案例研究中使用的参数

输入参数	值	输入参数	值
最大周期时长 C_{max}	120 s	最小周期时长 C_{min}	60 s
一对冲突交通流的通行时间 I	4 s	排队车辆的平均间隔 h_q	7 m
进口 i 车道 k 上的饱和流率 s_{ik}^o	1800 veh·h^{-1}·lane^{-1}	理想条件下每车道基本路段的通行能力 c_f	1800 veh·h^{-1}·lane^{-1}
最大可接受饱和度 d_{max}	0.9		

目前，由于停车线和出口匝道地面点之间的交织段只有 60 m，因此出口匝道和地面道路之间的交通交织空间非常有限，导致严重的拥堵和溢出问题。

1. 结果分析

在研究现场根据所提出的模型，来设计车道标线和信号配时。车道标线如图 6.12 所示。表 6.13 总结并比较了传统设计和本章提出的模型在早晚高峰时段的信号配时。微观模拟软件包 Vissim 5.40 被用作无偏评估器，并与传统设计进行比较，以评估所提出模型的性能。根据现场调查获得的饱和流率（1800 veh·h^{-1}·lane^{-1}），运行交通模拟的输入和设置如下：平均静止距离设置为 2.3 m，安全距离的附加部分设置为 2.3 m，安全距离的乘法部分设置为 3.3 m，期望速度设置为 40 km/h。20 次模拟运行的平均结果用于评估，以克服随机性。使用总通过量和平均车辆延误两个性能指标进行比较（结果见表 6.14）。

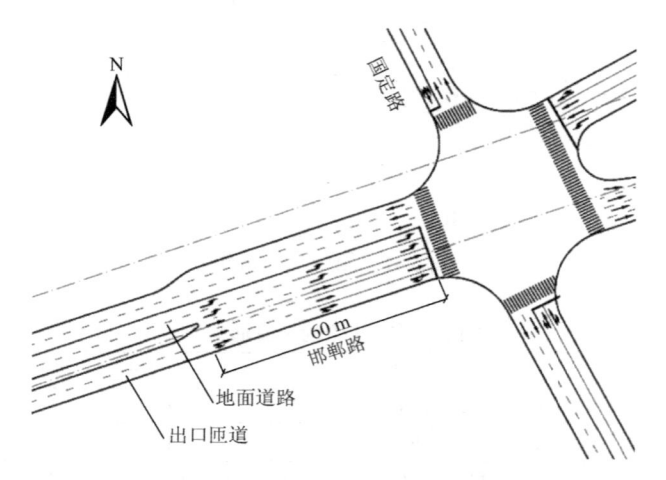

图 6.12 研究地点的车道分配

表 6.13 信号配时计划　　　　　　单位：s

时段	设计	信号配时	WB L	WB T	WB R	EB L-S	EB T-S	EB R-S	EB L-R	EB T-R	EB R-R	NB L	NB T	NB R	SB L	SB T	SB R
早高峰	传统设计	周期	120														
		绿灯开始时间	0	28	28	0	18	18				53	53	53	74	74	74
		绿灯持续时间	14	21	21	24	31	31				17	17	17	42	42	42
		绿灯结束时间	14	49	49	24	49	49				70	70	70	116	116	116
	Synchro	周期	90														
		绿灯开始时间	0	19	19	0	14	14				70	70	70	39	39	39
		绿灯持续时间	10	16	16	15	21	21				16	16	16	27	27	27
		绿灯结束时间	10	35	35	15	35	35				86	86	86	66	66	66
	建议模型	周期	120														

续表

时段	设计	信号配时	WB			EB						NB			SB		
			L	T	R	L-S	T-S	R-S	L-R	T-R	R-R	L	T	R	L	T	R
早高峰	建议模型	绿灯开始时间	0	30	30	0	20	59	0	16	59	59	59	59	78	78	78
		绿灯持续时间	12	25	25	26	35	15	16	39	15	15	15	15	38	38	38
		绿灯结束时间	12	55	55	26	55	74	16	55	74	74	74	74	116	116	116
晚高峰	传统设计	周期	120															
		绿灯开始时间	0	31	31	0	19	19				62	62	62	84	84	84
		绿灯持续时间	15	27	27	27	39	39				18	18	18	32	32	32
		绿灯结束时间	15	58	58	27	58	58				80	80	80	116	116	116
	Synchro	周期	90															
		绿灯开始时间	0	23	23	0	15	15				70	70	70	46	46	46
		绿灯持续时间	11	19	19	19	27	27				16	16	16	20	20	20
		绿灯结束时间	11	42	42	19	42	42				86	86	86	66	66	66
	建议模型	周期	120															
		绿灯开始时间	0	33	33	0	22	68	0	17	68	68	68	68	88	88	88
		绿灯持续时间	13	31	31	29	42	16	18	47	16	16	16	16	28	28	28
		绿灯结束时间	13	64	64	29	64	84	18	64	84	84	84	84	116	116	116

表 6.14　运行性能比较

时段	行进方向	转向	总通过量/(veh/h)				平均车辆延误/s			
			C_d	Sy	P_m	Im	C_d	Sy	P_m	Im
早高峰	WB	L	186	178	188	1.08%	54.5	54.8	66.5	22.02%
		T	444	450	449	1.13%	46.7	34.3	40.8	−12.63%
		R	157	160	158	0.64%	42.9	34.4	37.1	−13.52%
	EB	L-S	203	208	217	6.90%	49.7	45.8	41.6	−16.30%
		T-S	451	437	508	12.64%	83.1	90.5	58.0	−30.20%
		R-S	65	60	72	10.77%	87.0	92.9	59.4	−31.72%
		L-R	207	192	232	12.08%	87.6	92.7	61.7	−29.57%
		T-R	524	503	580	10.69%	81.0	88.3	45.9	−43.33%
		R-R	88	93	95	7.95%	56.3	60.7	49.1	−12.79%
	NB	L	53	54	53	0	53.9	51.4	56.6	5.01%
		T	352	354	354	0.57%	51.1	46.2	55.7	9.00%
		R	46	43	45	−2.17%	53.9	49.7	57.7	7.05%
	SB	L	48	47	47	−2.08%	42.8	34.9	46.8	9.35%
		T	403	397	399	−0.99%	48.1	42.8	53.1	10.40%
		R	113	114	113	0	43.5	45.2	46.6	7.13%

续表

时段	行进方向	转向	总通过量/(veh/h)				平均车辆延误/s			
			C_d	Sy	P_m	Im	C_d	Sy	P_m	Im
早高峰	交叉口总体		3340	3290	3510	5.09%	61.7	60.3	51.0	−17.34%
	快速路主线		2915	2902	3020	3.60%	55.0	58.3	3.7	−93.27%
晚高峰	WB	L	189	192	190	0.53%	55.6	48.7	68.9	23.92%
		T	598	610	609	1.84%	41.3	31.0	39.4	−4.60%
		R	152	153	155	1.97%	45.5	34.0	38.0	−16.48%
	EB	L-S	199	204	238	19.60%	156.4	143.0	49.7	−68.22%
		T-S	492	469	627	27.44%	188.1	206.2	62.5	−66.77%
		R-S	89	79	118	32.58%	179.2	190.9	78.4	−56.25%
		L-R	204	176	274	34.31%	190.3	233.7	67.1	−64.74%
		T-R	549	517	715	30.24%	191.0	210.1	41.0	−78.53%
		R-R	103	104	124	20.39%	161.5	162.2	62.9	−61.05%
	NB	L	62	63	60	−3.23%	50.9	44.8	61.6	21.02%
		T	365	362	373	2.19%	53.8	41.1	55.8	3.72%
		R	55	56	55	0	48.1	44.9	55.8	16.01%
	SB	L	58	58	57	−1.72%	50.6	52.7	55.4	9.49%
		T	305	298	308	0.98%	49.8	54.7	57.7	15.86%
		R	67	66	66	−1.49%	52.2	54.1	57.7	10.54%
	交叉口总体		3487	3407	3969	13.82%	111.6	112.8	53.2	−52.33%
	快速路主线		2669	2476	3142	17.72%	106.2	169.6	4.5	−95.76%

注：C_d、Sy、P_m 和 Im 分别指传统设计、Synchro、建议模型以及建议模型对传统设计的改进

从结果对比中可以看出，传统设计和 Synchro 设计下的交叉口总通过量小于早晚高峰时段的总交叉口需求量（早高峰：3340 veh/h，3290 veh/h＜3509 veh/h，晚高峰：3487 veh/h，3407 veh/h＜3963 veh/h），表明传统设计出现过饱和交通状况。这也可通过传统设计下的平均车辆延误（早晚高峰时间分别为 61.7 s 和 111.6 s）得到验证。对比结果表明，所提出的模型可以显著改善研究地点的交通运行性能（早晚高峰时段平均车辆延误减少 17.34%和 52.33%），无须增加车道和扩大交叉口。此外，出口匝道排队溢出问题得到了缓解。快速路主线的行车延误相应地显著减少（早晚高峰时段的平均车辆延误分别减少了 93.27%和 95.76%）。

2. 敏感性分析

为了进一步研究所提出模型在各种几何配置和需求水平下的性能，进行了敏感性分析。共设计了 18 个实验场景（总结于表 6.15），地面道路的车道数、停车

线与出口匝道之间的距离以及出口匝道的位置发生了变化。交通需求与车道数量成比例变化。左转和直行的转弯比例设置为 20%至 60%。

表 6.15 敏感性分析的实验场景

场景	地面道路的车道数/条	交叉路的车道数/条	出口匝道车道数/条	停车线与出口匝道之间的距离/m	出口匝道的位置
1	2	2	2	50	位于道路横截面的最左侧
2	2	2	2	100	
3	2	2	2	150	
4	3	2	2	50	
5	3	2	2	100	
6	3	2	2	150	
7	4	2	2	50	
8	4	2	2	100	
9	4	2	2	150	
10	2	2	2	50	位于道路横截面中间
11	2	2	2	100	
12	2	2	2	150	
13	3	2	2	50	
14	3	2	2	100	
15	3	2	2	150	
16	4	2	2	50	
17	4	2	2	100	
18	4	2	2	150	

图 6.13 总结了所有实验场景的评估结果。对于每幅图片，水平轴和垂直轴分别表示左转和直行流向的比例；轮廓线说明了与传统设计相比，所提出的模型的通行能力改进百分比。图 6.14 总结了通行能力改进随影响因素的变化。

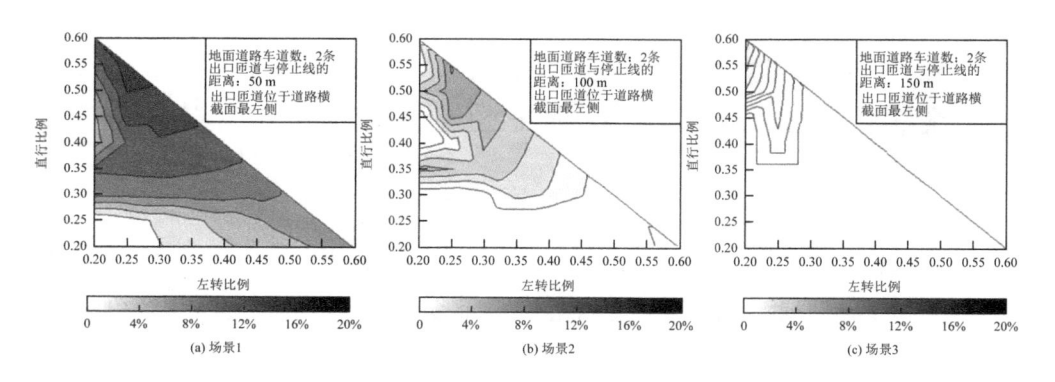

(a) 场景1　　(b) 场景2　　(c) 场景3

(d) 场景4　　(e) 场景5　　(f) 场景6

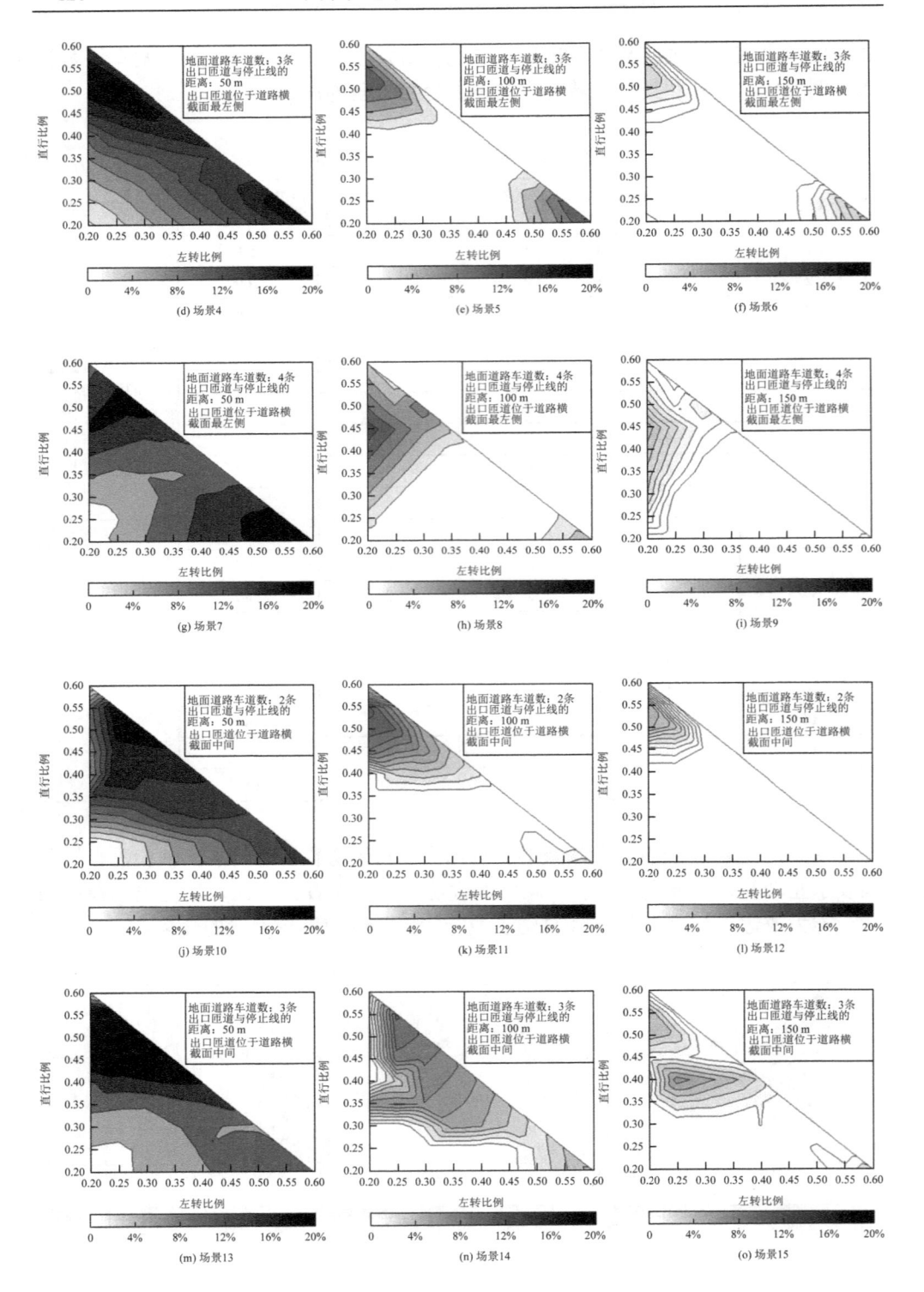

(g) 场景7　　(h) 场景8　　(i) 场景9

(j) 场景10　　(k) 场景11　　(l) 场景12

(m) 场景13　　(n) 场景14　　(o) 场景15

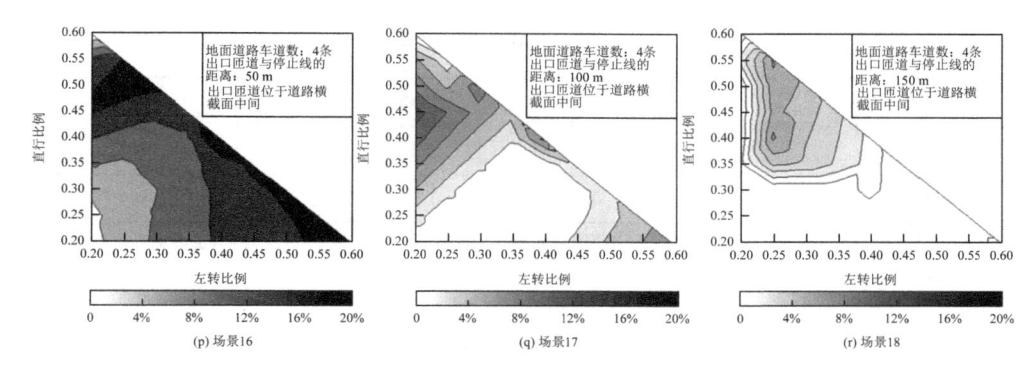

图 6.13 在不同实验场景下所提出模型的容量改进百分比

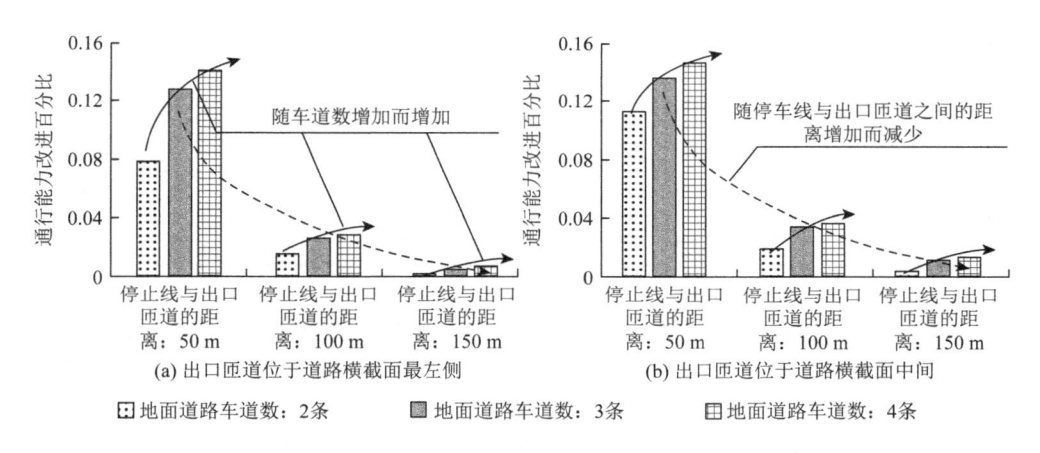

图 6.14 通行能力改进随影响因素的变化

总体而言,在所有测试场景中,所提出的模型在通行能力方面都优于传统设计,其通行能力比传统设计高出 30%左右。

在本章所讨论的所有数值情况下,位于道路横截面中间的出口匝道的通行能力改善效果始终略高于位于道路横截面最左侧的出口匝道。配对 t 检验结果(表 6.16)显示,当出口匝道位于道路横截面最左侧时,与出口匝道位于道路横截面中间时相比,通行能力改善的差异具有显著性($t = -5.35$,p 值 $= 0.000 < 0.05$),表明连接到道路横截面中间和地面道路的出口匝道具有更好的性能。表 6.17 结合多种影响因素进一步调查了不同出口位置的通行能力改善情况。结果表明,在停车线与出口匝道之间距离较短(50 m),主要道路上的车道数较少,左转比例中等(0.3~0.45)的情况下,差异更为明显。

从图 6.14 中可以观察到,随着停车线与出口匝道之间距离的增加,通行能力的提高会降低。停车线与出口匝道之间的距离越大,容纳排队的空间越大,车辆

表 6.16　出口位置对模型性能的影响（一）

项目	平均值	标准偏差	标准误差平均值	差异的95%置信区间 下限	差异的95%置信区间 上限	t	df	p 值
LCS-MCS	−0.0088	0.0334	0.0017	−0.0121	−0.0056	−5.35	404	0.000

注：LCS 和 MCS 分别指出口匝道位于道路横截面最左侧时的通行能力改善和出口匝道位于道路横截面中间时的通行能力改善；df 表示自由度

表 6.17　出口位置对模型性能的影响（二）

因素	停车线与出口匝道之间的距离 50 m	停车线与出口匝道之间的距离 100 m	停车线与出口匝道之间的距离 150 m	主要道路上的车道数 2条	主要道路上的车道数 3条	主要道路上的车道数 4条	左转比例 <0.3	左转比例 0.3~0.45	左转比例 >0.45	直行比例 <0.3	直行比例 0.3~0.45	直行比例 >0.45
LCS	11.7%	2.5%	0.5%	3.2%	5.4%	6.0%	4.9%	4.2%	6.3%	3.8%	5.4%	7.8%
MCS	13.3%	3.1%	1.0%	4.6%	6.1%	6.7%	5.8%	5.5%	6.6%	3.9%	7.5%	8.7%
增长	1.6%	0.6%	0.5%	1.4%	0.7%	0.7%	0.9%	1.3%	0.3%	0.1%	2.1%	0.9%

交织也越灵活。但需要注意的是，当停车线与出口匝道之间的距离大于 150 m 时，使用本章提出的设计没有显著优势。与传统设计相比，通行能力随着地面道路车道数的增加而提高（当地面道路上的车道数量从 2 条增加到 4 条时，通行能力分别增加 3.2%、5.4% 和 6.0%）。这是因为在传统设计下，更多的车道可能会增加快速路和地面道路交通之间交织的复杂性，从而导致更多的交通拥堵和交叉口通行能力的利用率降低；然而，非传统的车道分配策略可以保持车道数量增加所提供的较高通行能力，同时有效缓解或防止交通交织的复杂性。当右转比例较低时，可获得更显著的通行能力改善；这是因为使用了右转红灯控制，减少了右转交通流造成的交织和排队溢出问题的影响。

6.3　基于预信号的快速路出口匝道衔接区优化控制

城市快速路出口匝道的交通量大，再加上大量的交通交织和下游交叉口的通行能力有限，使得出口匝道与地面道路衔接区域经常发生拥堵。本章提出了一种协同控制模型，旨在消除交通交织，通过使用预信号和排序区概念来最大化路段的总通行能力。该模型采用混合整数非线性规划，并在一个统一的框架内同时对预信号控制下的车流流向选择、区段布局和信号配时进行优化。

6.3.1 基本概念与符号说明

1. 预信号

预信号的基本思想如图 6.15 所示。预信号灯和预停车线安装在交叉口的上游。预信号灯用于重组交叉口上游的交通,从而使预信号和主信号之间区域(称为"排序区")中的所有车道在两个子阶段中完全排出左转车流和直行车流,如图 6.15(a) 和图 6.15(b)所示。

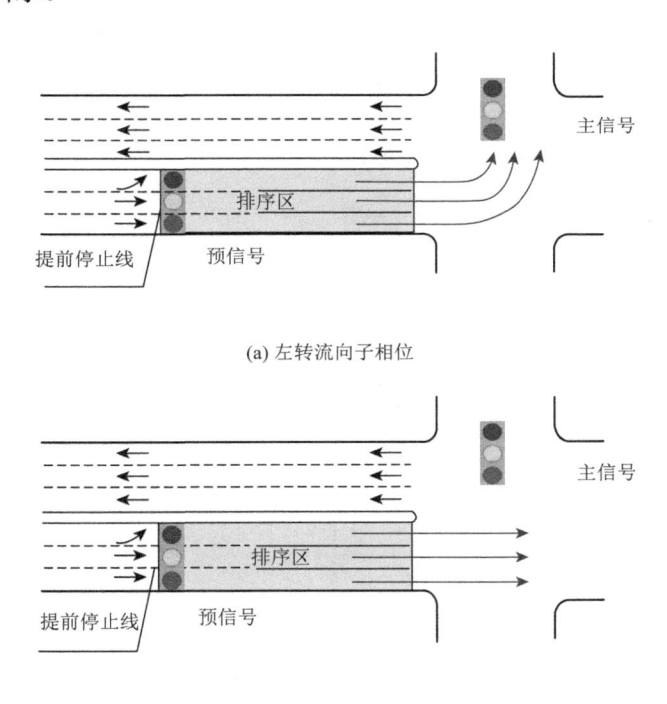

(a) 左转流向子相位

(b) 直行流向子相位

图 6.15 预信号的基本思想

当在具有上游出口匝道的交叉口中使用预信号概念时,可在匝道接地点附近设置预信号。根据预信号的基本思想,预信号和主信号之间的区域中的所有车道都被设置为排序区,如图 6.16 所示。在这种设计中,交叉口需要额外的空间使车辆在预信号灯处等候排队,因为所有车辆都应该在预信号前停车。

然而,快速路出口匝道的排队长度空间是有限的。在匝道接地点附近设置预信号可能会导致排队溢出到城市快速路的主线上。考虑到出口匝道对排队长度的

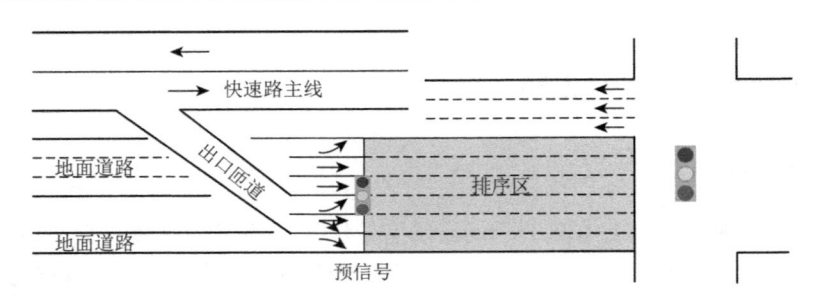

图 6.16 在出口匝道区域使用预信号

限制,可以部分使用预信号和排序区概念,这可以为出口匝道的车辆提供更多的排队空间。以图 6.17 为例,出口匝道的大流量直行和右转车道不在排序区,也不受预信号控制。这样就有足够的空间容纳从出口匝道出发的直行和右转的排队车辆。因此,是否所有交通活动都应该由预信号控制是一个需要确定的关键问题。

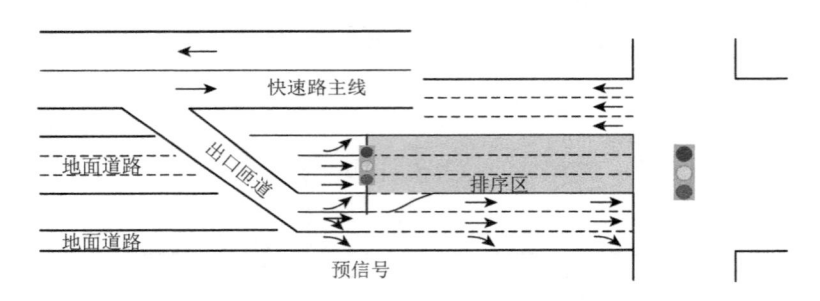

图 6.17 预信号和排序区的部分使用示例

2. 符号说明

为了便于模型演示,模型中使用的符号汇总在表 6.18 中。模型中使用的符号分为三类:集合和参数、决策变量、辅助变量。决策变量是需要优化的关键变量。辅助变量是应该由模型优化但可以由其他决策变量计算的变量。关键几何参数和变量的布局如图 6.18 所示。

表 6.18 关键模型参数和变量的符号(三)

参数和变量	说明
集合和参数	
$\mathcal{L}$	进口集合
$i \in \mathcal{L}$	进口的索引,$i=1$ 为东进口,$i=2$ 为南进口,$i=3$ 为西进口,$i=4$ 为北进口
$\mathcal{S}$	进口中断面的集合

第 6 章　城市快速路匝道区域协同控制

续表

参数和变量	说明
$r \in \mathcal{S}$	进口中断面索引，$r=1$ 为在主信号处的停止线，$r=2$ 为在预信号处的提前停止线
$\mathcal{T}$	转向流向的集合
$w \in \mathcal{T}$	转向流向指数，$w=1$ 为左转，$w=2$ 为直行，$w=3$ 为右转
k	车道索引，从最左侧车道开始编号
Q_{iw}^l	交叉口进口 i 流向 w 的流量（veh/h）
Q_{iw}^s	地面道路进口 i 流向 w 的流量（veh/h）
Q_{iw}^f	快速路出口匝道 i 流向 w 的流量（veh/h）
$v_{\min}$	最小设计车速（m/s）
n_{ir}	断面 r 处进口 i 上的车道数（条）
n_{iw}^e	进口 i 上流向 w 的相应接收进口的车道数（条），上标 e 表示接收进口
L_{gi}	主停车线与快速路出口匝道进口 i 地面连接点之间的距离（m）
L_{oi}	进口 i 的出口匝道长度（m）
L_{ci}	进口 i 上变道区的长度（m）
p_{i2k}^s	一个二进制变量，表示预信号处进口 i 车道 k 是否来自地面道路（1 为是，0 为不是），下标 2 用于表示该符号用于预信号灯
p_{i2k}^f	一个二进制变量，表示进口 i 上的车道 k 是否来自快速路出口匝道（1 为是，0 为不是）
$C_{\min}, C_{\max}$	最小和最大周期长度（s）
I	一对冲突交通流的清空时间，包括黄灯时间和全红时间
s_{irk}	断面 r 进口 i 车道 k 的饱和流率（veh/h）
h_q	排队车辆的平均车头间距（m）
$d_{\max}$	最大可接受饱和度
M	任意大的正常数
决策变量	
μ	交叉口的公共流量乘数
q_{irkw}	断面 r 进口 i 使用车道 k 时流向 w 的流量（veh/h）
δ_{i1k}	一个二进制变量，表示进口 i 主信号处的车道 k 是否为排序车道（1 为是，0 为不是），下标 1 用于表示该符号用于主信号处
δ_{i2k}	一个二进制变量，表示进口 i 预信号处车道 k 上的流向是否驶入排序区（1 为是，0 为不是），下标 2 用于表示该符号用于预信号灯
x_{irkw}	一个二进制变量，表示断面 r 进口 i 车道 k 上的流向 w 是否允许（1 为允许，0 为不允许）
ξ	周期长度的倒数（1/s）
y_{irw}	在 0 至 1 的信号周期内，断面 r 进口 i 上流向 w 的绿灯开始时间

续表

参数和变量	说明
λ_{irw}	断面 r 进口 i 上流向 w 的绿信比
L_{pi}	进口 i 上预信号的位置，定义为主停车线和预停车线之间的距离（m）
辅助变量	
L_{si}	进口 i 上排序区的长度（m）
Y_{irk}	在 0 至 1 的信号周期内，断面 r 进口 i 车道 k 上的绿灯开始时间
Λ_{irk}	断面 r 进口 i 车道 k 上的绿信比

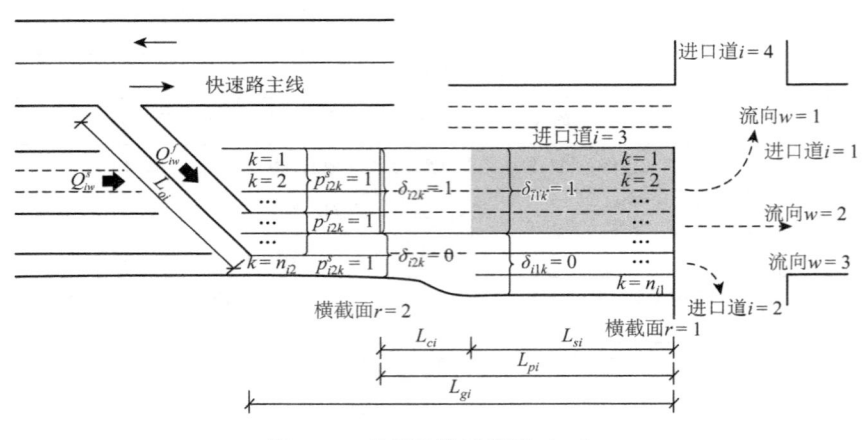

图 6.18 几何参数示意图（二）

6.3.2 协同优化模型构建

基于预信号的基本操作概念，开发了一个优化模型，该模型集成了由预信号控制的流向选择、车道分配、预信号位置和信号配时。由预信号控制的流向选择由 δ_{irk} 确定，车道分配由 x_{irkw} 确定，预信号位置由 L_{pi} 确定，信号配时由 y_{irw} 和 λ_{irw} 确定。

1. 目标函数

所提出的模型旨在最大化分析路段（包括出口匝道、下游交叉口及其连接路段）的存储容量。存储容量的概念是公共乘数（μ）可应用于现有交通需求的大小，它可以确保交叉口转弯流向的交通流量与现有需求矩阵成比例。$\mu<1$ 表示分析部分过载 $(1-\mu)\times 100\%$，$\mu>1$ 表示存储容量为 $(\mu-1)\times 100\%$。最初的优化目标是最大化分析段的存储容量（$\max \mu Q$）。由于每个流向的现有交通需求是一个外部输入，因此最初的优化目标可以使用最大化公共乘数（$\max \mu$）。

$$\max \mu \quad (6.110)$$

2. 约束条件

交叉口处每一个车流的交通需求等于快速路出口匝道和地面道路的交通需求之和。

$$Q_{iw}^I = Q_{iw}^s + Q_{iw}^f, \quad \forall i \in \mathcal{L}, \quad w \in \mathcal{T} \quad (6.111)$$

每个流向在不同车道上的流量总和应等于该流向的现有交通需求乘以公共乘数。式（6.112）~式（6.114）分别显示了交叉口、快速路出口匝道和地面道路的比例流量。

$$\mu Q_{iw}^I = \sum_{k=1}^{n_{i1}} q_{i1kw}, \quad \forall i \in \mathcal{L}, \quad w \in \mathcal{T} \quad (6.112)$$

$$\mu Q_{iw}^f = \sum_{k=1}^{n_{i2}} \left(q_{i2kw} p_{i2k}^f \right), \quad \forall i \in \mathcal{L}, \quad w \in \mathcal{T} \quad (6.113)$$

$$\mu Q_{iw}^s = \sum_{k=1}^{n_{i2}} \left(q_{i2kw} p_{i2k}^s \right), \quad \forall i \in \mathcal{L}, \quad w \in \mathcal{T} \quad (6.114)$$

对于一条车道，如果该车道没有通行权，则该车道的分配车道流量应为 0，如式（6.115）所示。例如，当车道 k 上禁止流向 w 时，有 $x_{irwk} = 0$，那么根据约束（6.115），有 $0 \geqslant q_{irkw} \geqslant 0$。当车道 k 上允许流向 w 时，有 $x_{irwk} = 1$，那么根据约束（6.115），q_{irkw} 可以是任何正值（$M \geqslant q_{irkw} \geqslant 0$）。

$$Mx_{irkw} \geqslant q_{irkw} \geqslant 0, \quad \forall i \in \mathcal{L}, \quad r \in \mathcal{S}, \quad k \in \{1, \cdots, n_{ir}\}, \quad w \in \mathcal{T} \quad (6.115)$$

对于交叉口停车线处的车道分配，应允许在排序区内驶入排序区的任何流向，如式（6.116）所示。同时，分配给此类流向的车道总数应受到与之对应的出口道的车道数量限制，如式（6.117）所示。此外，对于正常进口车道，左转不应与直行和右转流向共享，因为应在预信号概念中使用受保护的左转相位，这可由式（6.118）确定。如果车道为左转（$x_{i1k1} = 1$），则允许的直行和右行车道数应为零，否则应以一个较大的数字为界。

$$\sum_{l=1}^{n_{i1}} x_{i1lw} \delta_{i1l} \geqslant x_{i2kw} \delta_{i2k}, \quad \forall i \in \mathcal{L}, \quad k \in \{1, \cdots, n_{i2}\}, \quad w \in \mathcal{T} \quad (6.116)$$

$$n_{iw}^e \geqslant \sum_{k=1}^{n_{i1}} x_{i1kw}, \quad \forall i \in \mathcal{L}, \quad w \in \mathcal{T} \quad (6.117)$$

$$M(\delta_{i1k} + 1 - x_{i1k1}) \geqslant \sum_{w=2}^{3} x_{i1kw} \geqslant -M(\delta_{i1k} + 1 - x_{i1k1}), \quad \forall i \in \mathcal{L}, \quad k \in \{1, \cdots, n_{i1}\}$$

$$(6.118)$$

由于应控制从预信号处进入排序区的流向，因此应通过流向标记预信号停车线处的车道，如式（6.119）所示。如果车辆进入排序区（$\delta_{i2k}=1$），则只允许同一流向驶入（$\sum_{w\in T} x_{i2kw}=1$）。此外，为了防止交通流交织，在预信号处包含进入排序区流向的车道应与排序车道相邻，如式（6.120）所示。如果预信号处车道 k 上的车辆驶入排序区（$\delta_{i2k}=1$），则应确保车道 $k-1$、k 和 $k+1$ 中的至少一条进口车道应在排序区内。类似地，在预信号处包含进入常规区域（非排序区）流向的车道应与正常进口车道相邻，这可由式（6.121）确定。

$$M(1-\delta_{i2k}) \geq \sum_{w\in T} x_{i2kw} - \delta_{i2k} \geq M(\delta_{i2k}-1), \quad \forall i \in \mathcal{L}, \quad k \in \{1,\cdots,n_{i2}\} \quad (6.119)$$

$$\sum_{l=k-1}^{k+1} \delta_{i1l} \geq \delta_{i2k}, \quad \forall i \in \mathcal{L}, \quad k \in \{1,\cdots,n_{i2}\} \quad (6.120)$$

$$\sum_{l=k-1}^{k+1} [x_{i1lw}(1-\delta_{i1l})] \geq x_{i2kw}(1-\delta_{i2k}), \quad \forall i \in \mathcal{L}, \quad k \in \{1,\cdots,n_{i2}\} \quad (6.121)$$

主信号和预信号的公共周期长度应设置在 $C_{\min}$ 至 $C_{\max}$ 的范围内。为了便于模型求解，在信号配时的数学公式中，不是直接将周期长度定义为控制变量，而是使用其倒数 $\xi = 1/C$ 来保持线性。

$$\frac{1}{C_{\min}} \geq \xi \geq \frac{1}{C_{\max}} \quad (6.122)$$

根据相位交换排序策略，相位计划由约束（6.123）～约束（6.130）确定。主信号的信号控制以四个信号相位和受保护的左转相位运行，而每个预信号的信号控制器以两个信号相位运行。预信号灯通过向直行车发出绿灯信号开始其循环，而主信号灯为红色，以允许直行车进入排序区并在交叉口停车线处等待（第 1 和第 2 阶段）。然后，主信号灯变为绿灯，在排队的车辆驶出排序区（第 3 阶段）。同时，允许左转进入排序区（第 3 和第 4 阶段）。主信号灯为绿灯，以排放左转车辆（第 1 阶段）。在不失一般性的情况下，东行和西行左转的绿灯时间从 0 开始，如式（6.123）所示。交叉口处主信号的信号配时如式（6.124）～式（6.127）所示。进口处预信号的信号配时如式（6.128）～式（6.130）所示。需注意，如果使用周期长度作为决策变量，则约束（6.125）变为 $y_{irw} = y_{(i-1)rw} + \lambda_{(i-1)rw} + \frac{I}{C}$，这是非线性的。同样，约束（6.126）、约束（6.127）和约束（6.130）也将变为非线性。因此，应该使用周期长度的倒数作为决策变量，以保持上述信号配时的数学公式中的线性。

$$y_{irw} = 0, \quad \forall i \in \{1,3\}, \quad r \in \{1\}, \quad w \in \{1\} \quad (6.123)$$

$$\lambda_{irw} = \lambda_{(i+2)rw}, \quad \forall i \in \{1,2\}, \quad r \in \{1\}, \quad w \in \{1,2\} \quad (6.124)$$

$$y_{irw} = y_{(i-1)rw} + \lambda_{(i-1)rw} + I\xi, \quad \forall i \in \{2,4\}, \quad r \in \{1\}, \quad w \in \{1,2\} \tag{6.125}$$

$$y_{irw} = y_{(i+1)r(w-1)} + \lambda_{(i+1)r(w-1)} + I\xi, \quad \forall i \in \{1,3\}, \quad r \in \{1\}, \quad w \in \{2\} \tag{6.126}$$

$$y_{irw} + \lambda_{irw} + I\xi = 1, \quad \forall i \in \{2,4\}, \quad r \in \{1\}, \quad w \in \{2\} \tag{6.127}$$

$$y_{irw} \geqslant y_{i(r-1)(w+1)}, \quad \forall i \in \mathcal{L}, \quad r \in \{2\}, \quad w \in \{1\} \tag{6.128}$$

$$y_{irw} \geqslant y_{i(r-1)(w-1)}, \quad \forall i \in \mathcal{L}, \quad r \in \{2\}, \quad w \in \{2\} \tag{6.129}$$

$$\lambda_{irw} = y_{i(r-1)w} - y_{irw} - I\xi, \quad \forall i \in \mathcal{L}, \quad r \in \{2\}, \quad w \in \{1,2\} \tag{6.130}$$

对于每一次流向，绿灯开始时间和绿信比应该是周期长度0到1之间的一个值。

$$1 \geqslant y_{irw} \geqslant 0, \quad \forall i \in \mathcal{L}, \quad r \in \mathcal{S}, \quad w \in \mathcal{T} \tag{6.131}$$

$$1 \geqslant \lambda_{irw} \geqslant 0, \quad \forall i \in \mathcal{L}, \quad r \in \mathcal{S}, \quad w \in \mathcal{T} \tag{6.132}$$

车道信号配时可以由约束（6.133）~约束（6.136）定义。对于正常进口车道，如果车道由多个流向共享，这些流向必须接收相同的信号指示，以避免歧义，如式（6.133）和式（6.134）所示。此外，对于预信号灯处的正常车道，绿信比应始终等于1，如式（6.135）和式（6.136）所示。

$$M(1 - x_{irwk} + \delta_{irk}) \geqslant Y_{irk} - y_{irw} \geqslant -M(1 - x_{irwk} + \delta_{irk})$$
$$\forall i \in \mathcal{L}, \quad r \in \{1\}, \quad w \in \mathcal{T}, \quad k \in \{1, \cdots, n_{ir}\} \tag{6.133}$$

$$M(1 - x_{irwk} + \delta_{irk}) \geqslant \Lambda_{irk} - \lambda_{irw} \geqslant -M(1 - x_{irwk} + \delta_{irk})$$
$$\forall i \in \mathcal{L}, \quad r \in \{1\}, \quad w \in \mathcal{T}, \quad k \in \{1, \cdots, n_{ir}\} \tag{6.134}$$

$$M\delta_{irk} \geqslant Y_{irk} - 1 \geqslant -M\delta_{irk}, \quad \forall i \in \mathcal{L}, \quad r \in \{2\}, \quad k \in \{1, \cdots, n_{ir}\} \tag{6.135}$$

$$M\delta_{irk} \geqslant \Lambda_{irk} - 1 \geqslant -M\delta_{irk}, \quad \forall i \in \mathcal{L}, \quad r \in \{2\}, \quad k \in \{1, \cdots, n_{ir}\} \tag{6.136}$$

为确保安全运行，驶入排序区的车辆应在主信号的相应阶段内。

首先，交叉口处主信号的通行能力应大于预信号的通行能力，这可以通过式（6.137）来规定。

$$\sum_{k=1}^{n_{i1}} s_{irk} \lambda_{irkw} \geqslant \sum_{k=1}^{n_{i2}} s_{i(r+1)k} \lambda_{irkw}, \quad \forall i \in \mathcal{L}, \quad r \in \{1\}, \quad w \in \mathcal{T} \tag{6.137}$$

其次，考虑到出口匝道长度的限制，应控制出口匝道的排队长度。根据流向是否由预信号控制，它可以分为两个方面：①如果从出口匝道驶入排序区，则预信号导致的排队长度应短于预停车线与出口匝道起点之间的距离，这可通过式（6.138）进行规定；②如果从出口匝道驶入正常车道，则主信号灯引起的排队长度应小于主停车线与出口匝道起点之间的距离，这可通过式（6.139）进行规定。

$$\frac{L_{oi} + L_{gi} - L_{pi}}{h_q} \geqslant \frac{q_{irkw}(1 - \Lambda_{irk}) - M(1 - \delta_{irk})}{3600\xi} p_{irk}^f, \quad \forall i \in \mathcal{L}, \quad r \in \{2\}, \quad k \in \{1, \cdots, n_{i2}\},$$
$$w \in \mathcal{T}$$

$$\tag{6.138}$$

$$\frac{L_{oi}+L_{gi}}{h_q} \geqslant \frac{\sum\limits_{w\in\mathcal{T}}q_{irkw}(1-\Lambda_{irk})-M\delta_{irk}}{3600\xi}p_{i(r+1)k}^f, \quad \forall i\in\mathcal{L}, \quad r\in\{1\}, \quad k\in\{1,\cdots,n_{i1}\}$$

(6.139)

再次，主停车线与预停车线之间的距离应等于排序区的长度和变道区的长度之和，后者应小于主停车线与快速路出口匝道接地点之间的距离，如式（6.140）所示。此外，排序区的长度应该足够长，以容纳主信号处的排队车辆，这可以用式（6.141）来规定。

$$L_{pi}=L_{ci}+L_{si}\leqslant L_{gi}, \quad \forall i\in\mathcal{L} \quad (6.140)$$

$$\frac{L_{si}}{h_q} \geqslant \frac{q_{irkw}(1-\Lambda_{irk})-M(1-\delta_{irk})}{3600\xi}, \quad \forall i\in\mathcal{L}, \quad r\in\{1\}, \quad k\in\{1,\cdots,n_{i1}\}, \quad w\in\mathcal{T}$$

(6.141)

最后，为了确保交叉口和上游出口匝道区域平稳运行，每条车道的饱和度应限制为可接受的最大值。如果车道不是排序车道，则应由在给定时间内发生的所有流向共享，如式（6.142）所示。

$$M\delta_{irk}+d_{\max}\Lambda_{irk} \geqslant \frac{\sum\limits_{w\in\mathcal{T}}q_{irkw}}{s_{irk}}, \quad \forall i\in\mathcal{L}, \quad r\in\mathcal{S}, \quad k\in\{1,\cdots,n_{ir}\} \quad (6.142)$$

此外，为了确保相同的饱和度，要求具有公共车道标记的一对相邻车道的流量比必须相同，如式（6.143）所示。另外，如果一条车道是排序车道，它应该由不同的流向交替使用，如式（6.144）所示。

$$M(2-x_{irwk}-x_{irw(k+1)}+\delta_{irk}) \geqslant \frac{\sum\limits_{w\in\mathcal{T}}q_{ir(k+1)w}}{s_{ir(k+1)}} - \frac{\sum\limits_{w\in\mathcal{T}}q_{irkw}}{s_{irk}} \geqslant -M(2-x_{irwk}-x_{irw(k+1)}+\delta_{irk})$$

$$\forall i\in\mathcal{L}, \quad r\in\mathcal{S}, \quad w\in\mathcal{T}, \quad k\in\{1,\cdots,n_{ir}-1\}$$

(6.143)

$$M(1-\delta_{irk})+d_{\max}\lambda_{irkw} \geqslant \frac{q_{irkw}}{s_{irk}}, \quad \forall i\in\mathcal{L}, \quad r\in\mathcal{S}, \quad w\in\mathcal{T}, \quad k\in\{1,\cdots,n_{ir}\}$$

(6.144)

3. 求解

上述优化模型是由目标函数（6.110）和约束（6.111）～约束（6.144）组成的混合整数非线性规划模型。所提出的模型的非线性方面是由约束（6.116）和约束（6.121）中的二进制变量的乘积引起的。通过使用新的二进制变量替换约束（6.109）和约束（6.121）中的二进制变量的乘积，并为每个替换添加两个约束，可以将这类问题转化为混合整数线性方程。然后，可以将模型转换为 MILP，该规划可以通过标准分支定界技术求解，并且可以由任意商业 MILP 求解器（如 LINGO）轻松处理。

例如，如果约束包含两个二进制变量（$x_1 x_2$）的乘积，则可以使用新的二进制变量（z）来替换乘积，并且应添加以下两个约束：

$$x_1 + x_2 - z \leqslant 1 \tag{6.145}$$

$$-x_1 - x_2 + 2z \leqslant 0 \tag{6.146}$$

根据两个添加的约束，当 $x_1 = x_2 = 0$ 时，约束（6.145）变为 $z \geqslant -1$，约束（6.146）变为 $z \leqslant 0$，则 $z = 0$。当 $x_1 = x_2 = 1$ 时，约束（6.145）变为 $z \geqslant 1$，约束（6.146）变为 $z \leqslant 1$，然后 $z = 1$。当 $x_1 = 1$、$x_2 = 0$ 或 $x_1 = 0$、$x_2 = 1$ 时，约束（6.145）变为 $z \geqslant 0$，约束（6.146）变为 $z \leqslant \frac{1}{2}$，然后 $z = 0$。总之，$z = \begin{cases} 1, & x_1 = x_2 = 1 \\ 0, & 其他 \end{cases}$，否则等于乘积 $x_1 x_2$。

以下是约束（6.116）和约束（6.121）中二进制变量乘积的详细线性化。二元变量 z_{i1lw} 和 z_{i2kw} 用于替换约束（6.116）和约束（6.121）中的 $x_{i1lw}\delta_{i1l}$ 和 $x_{i2kw}\delta_{i2k}$。然后，约束（6.116）和约束（6.121）可以重写为

$$\sum_{l=1}^{n_{i1}} z_{i1lw} \geqslant z_{i2kw}, \quad \forall i \in \mathcal{L}, \quad k \in \{1, \cdots, n_{i2}\}, \quad w \in \mathcal{T} \tag{6.147}$$

$$\sum_{l=k-1}^{k+1} (x_{i1lw} - z_{i1lw}) \geqslant x_{i2kw} - z_{i2kw}, \quad \forall i \in \mathcal{L}, \quad k \in \{1, \cdots, n_{i2}\}, \quad w \in \mathcal{T} \tag{6.148}$$

$$x_{i1lw} + \delta_{i1l} - z_{i1lw} \leqslant 1, \quad \forall i \in \mathcal{L}, \quad l \in \{1, \cdots, n_{i1}\}, \quad w \in \mathcal{T} \tag{6.149}$$

$$-x_{i1lw} - \delta_{i1l} + 2z_{i1lw} \leqslant 0, \quad \forall i \in \mathcal{L}, \quad l \in \{1, \cdots, n_{i1}\}, \quad w \in \mathcal{T} \tag{6.150}$$

$$x_{i2kw} + \delta_{i2k} - z_{i2kw} \leqslant 1, \quad \forall i \in \mathcal{L}, \quad k \in \{1, \cdots, n_{i2}\}, \quad w \in \mathcal{T} \tag{6.151}$$

$$-x_{i2kw} - \delta_{i2k} + 2z_{i2kw} \leqslant 0, \quad \forall i \in \mathcal{L}, \quad k \in \{1, \cdots, n_{i2}\}, \quad w \in \mathcal{T} \tag{6.152}$$

6.3.3 案例分析与数值实验

在本章中，通过案例分析和数值实验评估了所提出的优化方法的性能，将所提出的模型获得的结果与传统设计进行了比较，通过敏感性分析来确定应用本章提出模型的最佳条件。所提出的模型由 LINGO 11.0 在 Windows 运行的 Intel（R）Core（TM）i7 2.60 GHz 处理器和 16.0 GB RAM（random access memory，随机存储器）上解决。所有情况下的计算时间都小于 4 min。

1. 案例分析

使用中国上海市黄兴路与周家嘴路交叉口验证和评估了所提出的协同优化模型的有效性。如图 6.19 所示，内环快速路的两个出口匝道分别位于北车道和南车道，并分别在 SB 和 NB 停车线上游 100 m 和 170 m 处与周家嘴路相连。

图 6.19 研究地点原始几何布局

表 6.19 为高峰时段研究现场的交通需求，表 6.20 为案例研究中使用的其他参数，传统设计的信号配时如表 6.21 所示。为了公平比较，这是一种不考虑预信号和排序区的优化设计。研究地点在高峰时段非常拥挤，饱和度高于 1.1。传统的设计不能满足当前的交通需求。

表 6.19 研究现场的交通需求　　　　　　单位：veh/h

行进方向	转向	早高峰	晚高峰
SB	L-S	454	431
	T-S	792	506
	R-S	105	121
	L-F	478	463
	T-F	705	670
	R-F	146	155

续表

行进方向	转向	早高峰	晚高峰
NB	L-S	399	437
	T-S	742	809
	R-S	151	122
	L-F	532	464
	T-F	714	732
	R-F	134	145
WB	L	864	680
	T	1099	888
	R	301	212
EB	L	466	551
	T	653	517
	R	240	222
总计		8975	8125

表 6.20 案例研究中使用的其他参数

参数	值
最大周期长度 C_{max}	120 s
最小周期长度 C_{min}	60 s
冲突交通流的通行时间 I	4 s
排队车辆的平均间隔时间 h_q	7 m
饱和流率 s_{ik}^o	1800 veh·h^{-1}·lane^{-1}
最大可接受饱和度 d_{max}	0.9
北段出口匝道长度 L_{o4}	300 m
南段出口匝道长度 L_{o2}	350 m
停车线与北段出口匝道接地点之间的距离 L_{g4}	100 m
停车线与南段出口匝道接地点之间的距离 L_{g2}	170 m
变道区长度 L_{ci}	20 m

表 6.21 传统设计的信号配时　　　　　　　　　　　单位：s

时段	信号配时	SB			NB			WB			EB		
		L	T	R	L	T	R	L	T	R	L	T	R
早高峰	周期	120											

续表

时段	信号配时	SB L	SB T	SB R	NB L	NB T	NB R	WB L	WB T	WB R	EB L	EB T	EB R
早高峰	绿灯开始时间	48	77	0	48	83	0	0	18	0	0	20	0
	绿灯持续时间	31	39	120	25	33	120	16	26	120	14	24	120
	绿灯结束时间	79	116	120	73	116	120	16	44	120	14	44	120
晚高峰	周期	120											
	绿灯开始时间	46	76	0	46	81	0	0	20	0	0	19	0
	绿灯持续时间	31	40	120	26	35	120	15	22	120	16	23	120
	绿灯结束时间	77	116	120	72	116	120	15	42	120	16	42	120

在研究现场实施了带有预信号的拟建模型，以提高出口匝道区域（包括出口匝道、下游交叉口及其连接路段）的运行效率。几何布局和信号定时的优化结果分别如图 6.20 和表 6.22 所示。预信号的最佳位置是主停止线上游 80 m（$L_{p2} = L_{p4} = 80$）。

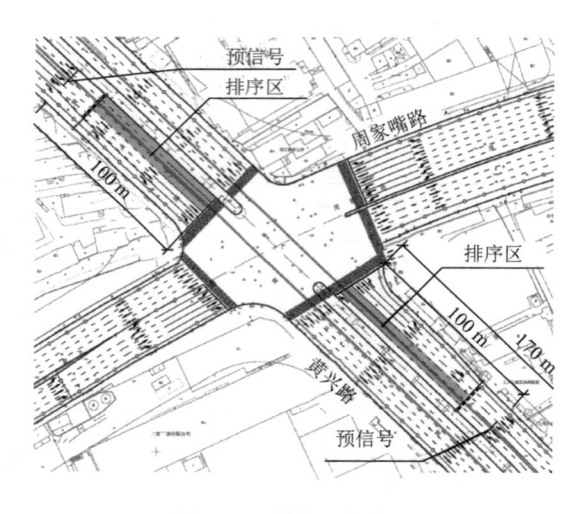

图 6.20 优化几何布局

表 6.22 所提出模型的信号配时　　　　　　单位：s

时段	信号配时	主信号 SB L	主信号 SB T	主信号 SB R	主信号 NB L	主信号 NB T	主信号 NB R	主信号 WB L	主信号 WB T	主信号 WB R	主信号 EB L	主信号 EB T	主信号 EB R	预信号 SB L	预信号 SB T	预信号 SB R	预信号 NB L	预信号 NB T	预信号 NB R
早高峰	周期	120																	
	绿灯开始时间	26	89	0	26	89	0	0	53	0	0	53	0	89	26	0	89	26	0

续表

时段	信号配时	主信号												预信号					
		SB			NB			WB			EB			SB			NB		
		L	T	R	L	T	R	L	T	R	L	T	R	L	T	R	L	T	R
早高峰	绿灯持续时间	23	27	120	23	27	120	22	32	120	22	32	120	53	59	120	53	59	120
	绿灯结束时间	49	116	120	49	116	120	22	85	120	22	85	120	22	85	120	22	85	120
晚高峰	周期	120																
	绿灯开始时间	26	86	0	26	86	0	0	54	0	0	54	0	86	26	0	86	26	0
	绿灯持续时间	24	30	120	24	30	120	22	28	120	22	28	120	56	56	120	56	56	120
	绿灯结束时间	50	116	120	50	116	120	22	82	120	22	82	120	22	82	120	22	82	120

表 6.23 比较了拟建模型和传统设计下分析道路的存储容量。可以观察到，传统设计的公共流量乘数小于 1，表明传统设计不能满足交通需求；而所提出的拟建模型的公共流量乘数大于 1。在早晚高峰时段，拟建模型的存储容量分别比传统设计高 35.1%和 32.9%。

表 6.23 存储容量比较

时段	拟建模型		传统设计		存储容量改善
	μ	存储容量	μ	存储容量	
早高峰	1.006	9029	0.745	6685	35.1%
晚高峰	1.061	8618	0.798	6486	32.9%

运用微观模拟软件 Vissim 5.40 作为与传统设计相比评估所提出模型的通过量和车辆延误的无偏方法。对 20 次模拟运行的结果进行平均并用于评估，以克服随机性的影响，结果如表 6.24 所示。从表 6.24 中可以看出，传统设计下的交叉口总通过量小于早晚高峰时段的交叉口需求总量（早高峰：7708 veh/h＜8975 veh/h，晚高峰：7264 veh/h＜8125 veh/h），表明交通状况过饱和。这表明在传统设计下的平均车辆延误较高（早晚高峰时间分别为 91.9 s 和 77.3 s）。相比之下，优化设计下的总通过量大体等于输入需求（早高峰：8965 veh/h，晚高峰：8112 veh/h），表明优化设计可以使交叉口保持在饱和状态。因此，平均车辆延误可以显著减少（早晚高峰时间分别减少 46.46%和 38.94%）。

表 6.24 通过量和延误的比较

时段	总通过量/(veh/h)			平均车辆延误/s		
	拟建模型	传统设计	改善	拟建模型	传统设计	改善
早高峰	8965	7708	16.31%	49.2	91.9	46.46%
晚高峰	8112	7264	11.67%	47.2	77.3	38.94%

2. 数值实验

为了进一步研究各种几何条件和交通需求模式对本章提出模型性能的影响,本章进行了广泛的敏感性分析。假设出口匝道存在于两个相对的车道。如表 6.25 所示,共测试了 9 种场景,不同场景的车道数、主停车线与出口匝道之间的距离不同。对于每种几何场景,左转和直行的比例设置为 10%至 70%不等。

表 6.25 实验场景

场景	主要道路上的车道数/条			交叉路的车道数/条	主停车线与出口匝道之间的距离/m			左转和直行的比例
	总和	地面道路	出口匝道		总和	停车线和出口匝道接地点之间	出口匝道	
1	6	4	2	3	200	100	100	在所有情况下,从 10%到 70%不等
2	6	4	2	3	300	150	150	
3	6	4	2	3	400	200	200	
4	5	3	2	3	200	100	100	
5	5	3	2	3	300	150	150	
6	5	3	2	3	400	200	200	
7	4	2	2	3	200	100	100	
8	4	2	2	3	300	150	150	
9	4	2	2	3	400	200	200	

图 6.21 显示了分析结果。对于每个子图,横轴表示左转比例,次垂直坐标(右)是优化设计的通行能力与传统交叉口通行能力的比例,表明了所提出模型的性能改进。灰色表示全部使用预信号控制来自地面道路和出口匝道的所有左转和直行车流,白色表示部分使用预信号控制。

总体而言,在所有测试场景下,所提出的模型在通行能力方面优于传统设计。平均改善率为 25.13%,在场景 8 下,该数值实验中获得的最高改善率约为 59.89%。

从图 6.21 中可以观察到,通行能力改善的效果和波动随着车道数的增加而减小。当主要道路上的车道数从 4 条增加到 5 条,再增加到 6 条时,带有预信号的优化方法的通行能力分别提高了 34.28%、21.74%和 19.37%。当主要道路上的车道数分别为 4 条、5 条和 6 条时,这些改善的标准偏差分别为 0.137、0.078 和 0.045。每组的样本量为 39,总样本量为 117。当主要道路上的车道数较大时,预信号和排序区方法的优势受到交叉路上车道数量的限制。

从图 6.21 中可以观察到,随着主停车线与出口匝道之间距离的增加,通行能力的提高也会增加。当距离从 200 m 增加到 300 m 再到 400 m 时,带有预信号的优化方法的通行能力分别增加 22.77%、24.31%和 28.30%。这是由于预信号

(a) 场景1

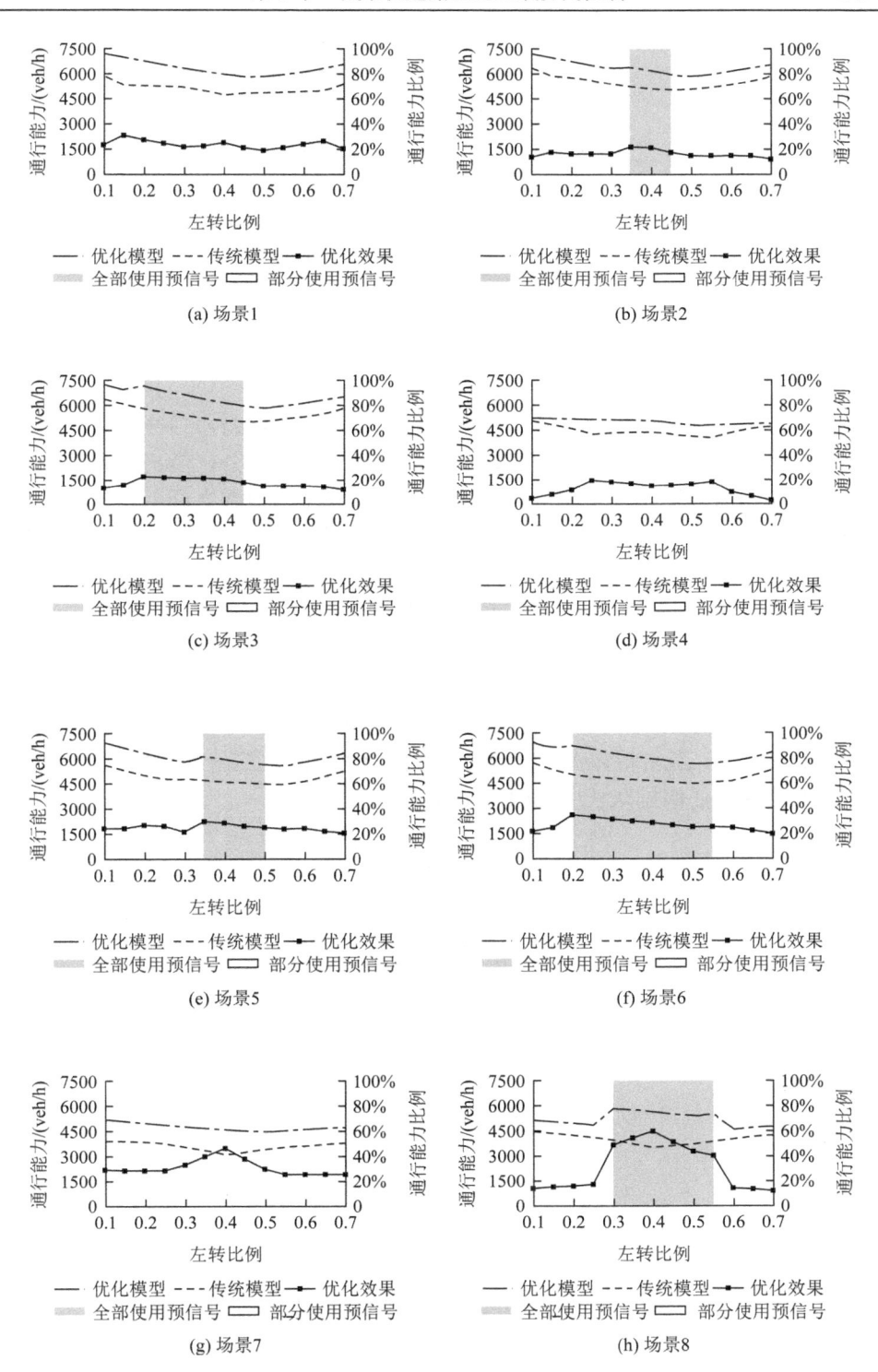

(b) 场景2

(c) 场景3

(d) 场景4

(e) 场景5

(f) 场景6

(g) 场景7

(h) 场景8

(i) 场景9

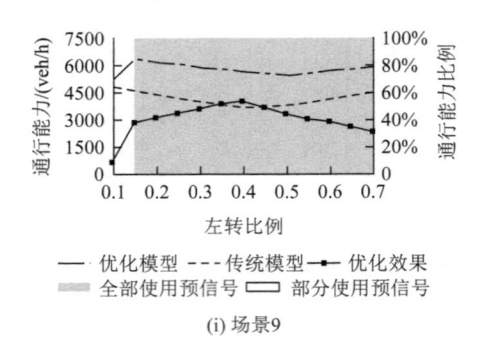

图 6.21　各种实验场景下所提出的方法与传统方法的比较

和排序区方法的优点受到可用排队空间的限制。主停车线与出口匝道之间的距离越长，排队的空间就越大，因此可以获得更多的改善。此外，考虑到几乎所有车辆都必须在预信号灯处停车和排队，当主停车线与出口匝道之间的距离较短时，一些流向无法由预信号灯控制。因此，当主停车线与出口匝道之间的距离等于 200 m 时，只能选择部分使用预信号策略。

从图 6.21 中可以观察到，当主要道路上的车道数为 4 条时，通行能力存在显著的波动，而当主要道路的车道数为 5 条和 6 条时，改善效果不会随着交通流模式的变化而显著改变。这是因为车道分配的变化是离散的。车道数越少，车道分配方案的性能差异越大。当左转和直行交通量不平衡时，车道数增加对通行能力的改善效果明显。当左转和直行交通量能很好地平衡时，应选择使用预信号策略，因为它不会受到任何排队长度的限制，如图 6.22 所示。

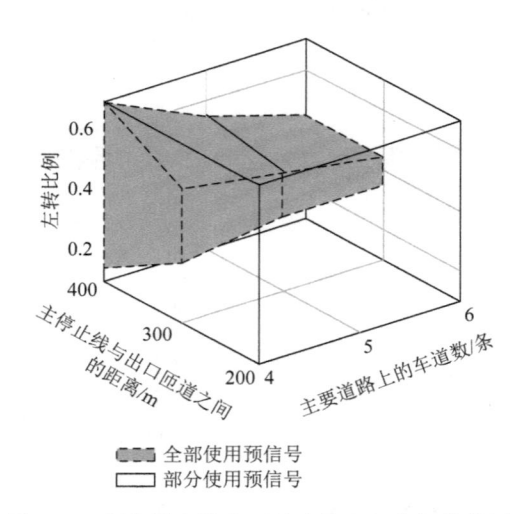

图 6.22　预信号和排序区策略的全部和部分使用

第 7 章 结　　论

在交通系统感知与交互能力显著提升的背景下，为了改善城市快速路的交通运行状况，本书按照识别交通需求、解析演化机理、构建优化模型和检验优化效益的思路展开研究，形成了一套快速路协同优化与动态控制理论与方法。充分利用实时轨迹数据的时效性与精准性，放宽了原有控制理论中的一些假定。通过对潜在拥堵的精准预测和溯源，提升控制方法的主动性、协同性和有效性。此外，当实时轨迹数据难以获取时，本书还研究了基于现实数据条件的控制方法，通过精准的行程时间与 OD 估计，直接建立上下游时空关联。这种方法在一定程度上可以替代实时轨迹数据，提升了控制方法的实际应用价值。城市快速路匝道区域承担着快速路与地面道路交通转换的功能，对道路交通系统运行起着关键作用。针对城市快速路匝道区域，考虑交通设施间的关联性以及交通需求的波动性，对其优化设计和动态控制展开研究。主要研究成果如下。

（1）本书总结了快速路交通控制相关研究和成果。回顾了控制方法的发展历程，系统梳理了已有的控制方法，结合未来发展趋势与当前研究空白，定位本书的研究重点。明晰了主动协同控制的数据需求及获取方式。一方面在控制原理与控制框架的基础上，罗列了快速路交通主动协同控制的数据需求；另一方面，根据实际调研情况，总结了当前典型的数据条件，并提出了数据需求的获取方式。

（2）本书提出了基于视频数据的行程时间估计方法和基于轨迹数据的 OD 估计方法。提高了行程时间和 OD 的估计精度，为主动协同控制提供了更精准可靠的控制输入，从而改善了控制效果。同时，研究了轨迹数据的渗透率对结果的影响，通过分析确定了最小渗透率。

（3）本书提出了基于拥堵预测与溯源的主动协同控制方法。利用实时轨迹数据，精准预测潜在拥堵，并对造成拥堵的车辆进行溯源，进而采取最优化的流入控制。此外，讨论了不同控制参数、控制输入对控制效果的影响，对数据质量提出要求，为数据采集提供了理论支撑。

（4）本书提出了用于城市快速路交织段的协同优化模型。该模型考虑了四种类型的控制策略：传统设计、车道分配策略（几何优化策略）、入口匝道信号控制策略（时间优化策略）和车道分配＋入口匝道控制策略，并根据不同设计类型的优点和缺点，制定了一个混合整数非线性规划模型，以同时确定控制策略、道路渠化设计和信号配时方案。通过数值分析和案例研究，评估了在不同几何和交通需求模式场景下所提出的模型的性能。结果表明，所提出的模型可以提高交织段的容量。当交织流量比较高时，这种改善效果更加明显，在该数值实验中获得的平均和最高改善分别为 7.5% 和 30%。

（5）本书提出了基于非传统车道设计的协同优化模型。该模型用于出口匝道、下游交叉口及其连接段的非传统车道分配和信号优化，放宽了传统设计的限制（如左转车道必须位于直行车道的左侧），建立了一个混合整数非线性规划模型，以捕捉与非传统车道分配、特殊相位处理和信号配时相关的约束。通过数值分析和案例研究，评估了在不同几何和交通需求模式场景下所提出的模型的性能。结果表明，非传统车道分配策略可以显著提高出口匝道和下游交叉口综合路段的交通运行效率（通行能力提高达 30%），缓解出口匝道排队溢出问题，相应地可以显著减少高速公路主线沿线的交通延误。

（6）本书提出了基于预信号和排序区的协同优化模型。该模型在一个统一的框架内优化了预信号控制、道路渠化设计和信号配时方案。通过案例研究和广泛的数值分析，将所提出的模型与传统设计在各种几何配置和交通需求模式场景下的性能进行了比较。结果表明，预信号策略可以在不扩大交叉口的情况下显著提高路段的整体通行能力，证明了该方法的成本效益。平均改善率为 25.13%，所考虑的实例中实现的最大改善率高达 59.89%。

参 考 文 献

[1] 2020 年全国机动车保有量达 3.72 亿辆 机动车驾驶人达 4.56 亿人[EB/OL]. http://auto.people.com.cn/n1/2021/0107/c1005-31992870.html[2021-01-07].

[2] Wattleworth J A. Peak-period analysis and control of a freeway system[R]. College Station: Texas Transportation Institute, 1965.

[3] 佐佐木綱, 明神証. 都市高速道路における流入制御理論[J]. 交通工学, 1968, 3(3): 8-16.

[4] Papageorgiou M, Kotsialos A. Freeway ramp metering: an overview[J]. IEEE Transactions on Intelligent Transportation Systems, 2002, 3(4): 271-281.

[5] Leclercq L, Laval J A, Chiabaut N. Capacity drops at merges: an endogenous model[J]. Transportation Research Part B: Methodological, 2011, 45(9): 1302-1313.

[6] Masher D P, Ross D W, Wong P J, et al. Guidelines for design and operation of ramp control systems[R]. Menlo Park: Stanford Research Institute, 1975.

[7] Banks J H. Effect of response limitations on traffic-responsive ramp metering[J]. Transportation Research Record, 1993, 1394: 17-25.

[8] Papageorgiou M, Hadj-Salem H, Blosseville J M. ALINEA: a local feedback control law for on-ramp metering[J]. Transportation Research Record, 1991, 1320: 58-64.

[9] Schmitt M, Ramesh C, Lygeros J. Sufficient optimality conditions for distributed, non-predictive ramp metering in the monotonic cell transmission model[J]. Transportation Research Part B: Methodological, 2017, 105: 401-422.

[10] Shehada M K H, Kondyli A. Evaluation of ramp metering impacts on travel time reliability and traffic operations through simulation[J]. Journal of Advanced Transportation, 2019, 2019: 1-12.

[11] Papageorgiou M, Hadj-Salem H, Middelham F. ALINEA local ramp metering: summary of field results[J]. Transportation Research Record: Journal of the Transportation Research Board, 1997, 1603(1): 90-98.

[12] Smaragdis E, Papageorgiou M. Series of new local ramp metering strategies[J]. Transportation Research Record: Journal of the Transportation Research Board, 2003, 1856(1): 74-86.

[13] Wang Y B, Kosmatopoulos E B, Papageorgiou M, et al. Local ramp metering in the presence of a distant downstream bottleneck: theoretical analysis and simulation study[J]. IEEE Transactions on Intelligent Transportation Systems, 2014, 15(5): 2024-2039.

[14] Frejo J R D, de Schutter B. Feed-forward ALINEA: a ramp metering control algorithm for nearby and distant bottlenecks[J]. IEEE Transactions on Intelligent Transportation Systems, 2019, 20(7): 2448-2458.

[15] Hou Z S, Xu X, Yan J W, et al. A complementary modularized ramp metering approach based on iterative learning control and ALINEA[J]. IEEE Transactions on Intelligent Transportation Systems, 2011, 12(4): 1305-1318.

[16] Cho H W, Chilukuri B R, Laval J A, et al. Genetic algorithm-based simulation optimization of the ALINEA ramp metering system: a case study in Atlanta[J]. Transportation Planning and Technology, 2020, 43(5): 475-487.

[17] Lu C, Huang J E. A self-learning system for local ramp metering with queue management[J]. Transportation Planning and Technology, 2017, 40(2): 182-198.

[18] Chai G, Cao J D, Xu S S, et al. An optimized on-ramp metering method for urban expressway based on reinforcement learning[J]. Journal of Intelligent & Fuzzy Systems, 2020, 38(3): 2703-2715.

[19] Lipp L E, Corcoran L J, Hickman G A. Benefits of central computer control for Denver ramp-metering system[J]. Transportation Research Record, 1991, 1320: 3-6.

[20] Papamichail I, Papageorgiou M. Traffic-responsive linked ramp-metering control[J]. IEEE Transactions on Intelligent Transportation Systems, 2008, 9(1): 111-121.

[21] Landman R L, Hegyi A, Hoogendoorn S P. Coordinated ramp metering based on on-ramp saturation time synchronization[J]. Transportation Research Record: Journal of the Transportation Research Board, 2015, 2484(1): 50-59.

[22] Bélisle F, Torres L, Volet P, et al. Evaluating the HERO ramp-metering algorithm with San Diego's integrated corridor management system model[J]. Transportation Research Record: Journal of the Transportation Research Board, 2019, 2673(12): 354-366.

[23] Faulkner L, Dekker F, Gyles D, et al. Evaluation of HERO-coordinated ramp metering installation at M1 and M3 freeways in Queensland, Australia[J]. Transportation Research Record: Journal of the Transportation Research Board, 2014, 2470(1): 13-23.

[24] Papamichail I, Papageorgiou M, Vong V, et al. Heuristic ramp-metering coordination strategy implemented at Monash Freeway, Australia[J]. Transportation Research Record: Journal of the Transportation Research Board, 2010, 2178(1): 10-20.

[25] Jacobson L, Henry K, Mehyar O. Real-time metering algorithm for centralized control[J]. Transportation Research Record, 1989, 1232: 17-26.

[26] Stephanedes Y J. Implementation of on-line zone control strategies for optimal ramp metering in the Minneapolis Ring Road[R]. London: Seventh International Conference on Road Traffic Monitoring and Control, 1994.

[27] Xin W P, Michalopoulos P G, Hourdakis J, et al. Minnesota's new ramp control strategy: design overview and preliminary assessment[J]. Transportation Research Record: Journal of the Transportation Research Board, 2004, 1867(1): 69-79.

[28] Paesani G F, Kerr J, Perovich P, et al. System wide adaptive ramp metering in southern California[R]. Washington DC: ITS America 7th Annual Meeting and Exposition: Merging the Transportation and Communications Revolutions, 1997.

[29] Ahn S, Bertini R L, Auffray B, et al. Evaluating benefits of systemwide adaptive ramp-metering strategy in Portland, Oregon[J]. Transportation Research Record: Journal of the Transportation Research Board, 2007, 2012(1): 47-56.

[30] Geroliminis N, Srivastava A, Michalopoulos P. A dynamic-zone-based coordinated ramp-metering algorithm with queue constraints for Minnesota's freeways[J]. IEEE Transactions on Intelligent Transportation Systems, 2011, 12(4): 1576-1586.

[31] Karafyllis I, Kontorinaki M, Papageorgiou M. Robust global adaptive exponential stabilization of discrete-time systems with application to freeway traffic control[J]. IEEE Transactions on Automatic Control, 2017, 62(12): 6195-6208.

[32] Kontorinaki M, Karafyllis I, Papageorgiou M. Local and coordinated ramp metering within the unifying framework of an adaptive control scheme[J]. Transportation Research Part A: Policy and Practice, 2019, 128: 89-113.

[33] Zhang H, Ritchie S G, Recker W W. Some general results on the optimal ramp control problem[J]. Transportation

Research Part C: Emerging Technologies, 1996, 4(2): 51-69.
[34] 杨晓光, 杨佩昆, 饭田恭敬. 关于城市高速道路交通动态控制问题的研究[J]. 中国公路学报, 1998, 11(2): 74-85.
[35] Kotsialos A, Papageorgiou M, Middelham F. Optimal coordinated ramp metering with advanced motorway optimal control[J]. Transportation Research Record: Journal of the Transportation Research Board, 2001, 1748(1): 55-65.
[36] Papamichail I, Kotsialos A, Margonis I, et al. Coordinated ramp metering for freeway networks: a model-predictive hierarchical control approach[J]. Transportation Research Part C: Emerging Technologies, 2010, 18(3): 311-331.
[37] Hegyi A, de Schutter B, Hellendoorn H. Model predictive control for optimal coordination of ramp metering and variable speed limits[J]. Transportation Research Part C: Emerging Technologies, 2005, 13(3): 185-209.
[38] Bellemans T, de Schutter B, de Moor B. Model predictive control for ramp metering of motorway traffic: a case study[J]. Control Engineering Practice, 2006, 14(7): 757-767.
[39] Tabadkani Aval S S, Eghbal N. Feedback-based cooperative ramp metering for highway traffic flow control: a model predictive sliding mode control approach[J]. International Journal of Robust and Nonlinear Control, 2020, 30(18): 8259-8277.
[40] Yu X F, Xu W L, Alam F, et al. Optimal coordination of ramp metering via iterative dynamic programming[J]. International Journal of Intelligent Transportation Systems Research, 2015, 13(3): 203-218.
[41] Wang X, Qiu T Z, Niu L, et al. A micro-simulation study on proactive coordinated ramp metering for relieving freeway congestion[J]. Canadian Journal of Civil Engineering, 2016, 43(7): 599-608.
[42] Kotsialos A, Papageorgiou M, Mangeas M, et al. Coordinated and integrated control of motorway networks via non-linear optimal control[J]. Transportation Research Part C: Emerging Technologies, 2002, 10(1): 65-84.
[43] Xu T D, Sun L J, Peng Z R, et al. Integrated route guidance and ramp metering consistent with drivers' en-route diversion behaviour[J]. IET Intelligent Transport Systems, 2011, 5(4): 267-276.
[44] Han Y, Yuan Y, Hegyi A, et al. Linear quadratic MPC for integrated route guidance and ramp metering[C]//ITSC. 2015 IEEE 18th International Conference on Intelligent Transportation Systems. Canary Islands: IEEE, 2015: 1150-1155.
[45] Carlson R C, Papamichail I, Papageorgiou M, et al. Optimal mainstream traffic flow control of large-scale motorway networks[J]. Transportation Research Part C: Emerging Technologies, 2010, 18(2): 193-212.
[46] Li D, Ranjitkar P, Ceder A. Integrated approach combining ramp metering and variable speed limits to improve motorway performance[J]. Transportation Research Record: Journal of the Transportation Research Board, 2014, 2470(1): 86-94.
[47] Iordanidou G R, Papamichail I, Roncoli C, et al. Feedback-based integrated motorway traffic flow control with delay balancing[J]. IEEE Transactions on Intelligent Transportation Systems, 2017, 18(9): 2319-2329.
[48] Lu X Y, Varaiya P, Horowitz R, et al. Novel freeway traffic control with variable speed limit and coordinated ramp metering[J]. Transportation Research Record: Journal of the Transportation Research Board, 2011, 2229(1): 55-65.
[49] Carlson R C, Papamichail I, Papageorgiou M. Integrated feedback ramp metering and mainstream traffic flow control on motorways using variable speed limits[J]. Transportation Research Part C: Emerging Technologies, 2014, 46: 209-221.
[50] Frejo J R D, Camacho E F. Global versus local MPC algorithms in freeway traffic control with ramp metering and variable speed limits[J]. IEEE Transactions on Intelligent Transportation Systems, 2012, 13(4): 1556-1565.
[51] Ghods A H, Fu L, Rahimi-Kian A. An efficient optimization approach to real-time coordinated and integrated freeway traffic control[J]. IEEE Transactions on Intelligent Transportation Systems, 2010, 11(4): 873-884.

[52] Chow A H F. Optimisation of dynamic motorway traffic via a parsimonious and decentralised approach[J]. Transportation Research Part C: Emerging Technologies, 2015, 55: 69-84.

[53] Reilly J, Bayen A M. Distributed optimization for shared state systems: applications to decentralized freeway control via subnetwork splitting[J]. IEEE Transactions on Intelligent Transportation Systems, 2015, 16(6): 3465-3472.

[54] Zegeye S K, de Schutter B, Hellendoorn J, et al. A predictive traffic controller for sustainable mobility using parameterized control policies[J]. IEEE Transactions on Intelligent Transportation Systems, 2012, 13(3): 1420-1429.

[55] van de Weg G S, Hegyi A, Hoogendoorn S P, et al. Efficient freeway MPC by parameterization of ALINEA and a speed-limited area[J]. IEEE Transactions on Intelligent Transportation Systems, 2019, 20(1): 16-29.

[56] Groot N, de Schutter B, Hellendoorn H. Integrated model predictive traffic and emission control using a piecewise-affine approach[J]. IEEE Transactions on Intelligent Transportation Systems, 2013, 14(2): 587-598.

[57] Hajiahmadi M, van de Weg G S, Tampère C M J, et al. Integrated predictive control of freeway networks using the extended link transmission model[J]. IEEE Transactions on Intelligent Transportation Systems, 2016, 17(1): 65-78.

[58] Como G, Lovisari E, Savla K. Convexity and robustness of dynamic traffic assignment and freeway network control[J]. Transportation Research Part B: Methodological, 2016, 91: 446-465.

[59] Li Y, Chow A H F, Cassel D L. Optimal control of motorways by ramp metering, variable speed limits, and hard-shoulder running[J]. Transportation Research Record: Journal of the Transportation Research Board, 2014, 2470(1): 122-130.

[60] Zhang Y, Ioannou P A. Coordinated variable speed limit, ramp metering and lane change control of highway traffic[J]. IFAC-Papers On Line, 2017, 50(1): 5307-5312.

[61] Roncoli C, Papamichail I, Papageorgiou M. Hierarchical model predictive control for multi-lane motorways in presence of vehicle automation and communication systems[J]. Transportation Research Part C: Emerging Technologies, 2016, 62: 117-132.

[62] Roncoli C, Papageorgiou M, Papamichail I. Traffic flow optimisation in presence of vehicle automation and communication systems-part II: optimal control for multi-lane motorways[J]. Transportation Research Part C: Emerging Technologies, 2015, 57: 260-275.

[63] Wang Z R, Bian Y G, Shladover S E, et al. A survey on cooperative longitudinal motion control of multiple connected and automated vehicles[J]. IEEE Intelligent Transportation Systems Magazine, 2020, 12(1): 4-24.

[64] Baskar L D, de Schutter B, Hellendoorn H. Traffic management for automated highway systems using model-based predictive control[J]. IEEE Transactions on Intelligent Transportation Systems, 2012, 13(2): 838-847.

[65] Pan T L, Guo R Z, Lam W H K, et al. Integrated optimal control strategies for freeway traffic mixed with connected automated vehicles: a model-based reinforcement learning approach[J]. Transportation Research Part C: Emerging Technologies, 2021, 123: 102987.

[66] Yang H, Yagar S. Some developments in traffic control of freeway-arterial corridor systems[J]. IFAC Proceedings Volumes, 1994, 27(12): 293-298.

[67] Zhang H M, Recker W W. On optimal freeway ramp control policies for congested traffic corridors[J]. Transportation Research Part B: Methodological, 1999, 33(6): 417-436.

[68] Liu Y, Chang G L, Yu J. An integrated control model for freeway corridor under nonrecurrent congestion[J]. IEEE Transactions on Vehicular Technology, 2011, 60(4): 1404-1418.

[69] Xu T D, Hao Y A, Peng Z R, et al. Anticipatory traveller information system for freeway-arterial networks[J]. IET

Intelligent Transport Systems, 2014, 8(3): 286-297.
[70] Zhang H M, Ma J T, Nie Y M. Local synchronization control scheme for congested interchange areas in freeway corridor[J]. Transportation Research Record: Journal of the Transportation Research Board, 2009, 2128(1): 173-183.
[71] 保丽霞, 杨晓光. 快速路进口匝道及其衔接交叉口的协调优化控制模型[J]. 中国公路学报, 2009, 22(2): 82-86, 92.
[72] Landman R L, Hegyi A, Hoogendoorn S P. Urban space selection method for integrated control on a freeway bottleneck[J]. Transportation Research Record: Journal of the Transportation Research Board, 2016, 2554(1): 89-100.
[73] Zhao J, Liu Y. Integrated signal optimization and non-traditional lane assignment for urban freeway off-ramp congestion mitigation[J]. Transportation Research Part C: Emerging Technologies, 2016, 73: 219-238.
[74] Zhao J, Ma W J, Xu H J. Increasing the capacity of the intersection downstream of the freeway off-ramp using presignals[J]. Computer-Aided Civil and Infrastructure Engineering, 2017, 32(8): 674-690.
[75] Jacob C, Abdulhai B. Automated adaptive traffic corridor control using reinforcement learning: approach and case studies[J]. Transportation Research Record: Journal of the Transportation Research Board, 2006, 1959(1): 1-8.
[76] Jacob C, Abdulhai B. Machine learning for multi-jurisdictional optimal traffic corridor control[J]. Transportation Research Part A: Policy and Practice, 2010, 44(2): 53-64.
[77] Daganzo C F. The cell transmission model: a dynamic representation of highway traffic consistent with the hydrodynamic theory[J]. Transportation Research Part B: Methodological, 1994, 28(4): 269-287.
[78] Gomes G, Horowitz R. Optimal freeway ramp metering using the asymmetric cell transmission model[J]. Transportation Research Part C: Emerging Technologies, 2006, 14(4): 244-262.
[79] Meng Q, Khoo H L. A Pareto-optimization approach for a fair ramp metering[J]. Transportation Research Part C: Emerging Technologies, 2010, 18(4): 489-506.
[80] Papageorgiou M, Blosseville J M, Hadj-Salem H. Macroscopic modelling of traffic flow on the Boulevard Périphérique in Paris[J]. Transportation Research Part B: Methodological, 1989, 23(1): 29-47.
[81] Kotsialos A, Papageorgiou M. Efficiency and equity properties of freeway network-wide ramp metering with AMOC[J]. Transportation Research Part C: Emerging Technologies, 2004, 12(6): 401-420.
[82] Pasquale C, Sacone S, Siri S, et al. Optimal control for reducing congestion and improving safety in freeway systems[J]. IEEE Transactions on Intelligent Transportation Systems, 2018, 19(11): 3613-3625.
[83] Wang X, Hadiuzzaman M, Fang J E, et al. Optimal ramp metering control for weaving segments considering dynamic weaving capacity estimation[J]. Journal of Transportation Engineering, 2014, 140(11): 04014057.
[84] Pasquale C, Papamichail I, Roncoli C, et al. Two-class freeway traffic regulation to reduce congestion and emissions via nonlinear optimal control[J]. Transportation Research Part C: Emerging Technologies, 2015, 55: 85-99.
[85] Pasquale C, Sacone S, Siri S, et al. A multi-class model-based control scheme for reducing congestion and emissions in freeway networks by combining ramp metering and route guidance[J]. Transportation Research Part C: Emerging Technologies, 2017, 80: 384-408.
[86] Han Y, Ramezani M, Hegyi A, et al. Hierarchical ramp metering in freeways: an aggregated modeling and control approach[J]. Transportation Research Part C: Emerging Technologies, 2020, 110: 1-19.
[87] Kotsialos A, Papageorgiou M. Nonlinear optimal control applied to coordinated ramp metering[J]. IEEE Transactions on Control Systems Technology, 2004, 12(6): 920-933.

[88] Muralidharan A, Horowitz R. Computationally efficient model predictive control of freeway networks[J]. Transportation Research Part C: Emerging Technologies, 2015, 58: 532-553.

[89] Schmitt M, Lygeros J. An exact convex relaxation of the freeway network control problem with controlled merging junctions[J]. Transportation Research Part B: Methodological, 2018, 114: 1-25.

[90] Zhao D B, Bai X R, Wang F Y, et al. DHP method for ramp metering of freeway traffic[J]. IEEE Transactions on Intelligent Transportation Systems, 2011, 12(4): 990-999.

[91] Rezaee K, Abdulhai B, Abdelgawad H. Self-learning adaptive ramp metering[J]. Transportation Research Record: Journal of the Transportation Research Board, 2013, 2396(1): 10-18.

[92] Ferrara A, Sacone S, Siri S. Event-triggered model predictive schemes for freeway traffic control[J]. Transportation Research Part C: Emerging Technologies, 2015, 58: 554-567.

[93] Tian Q, Huang H J, Yang H, et al. Efficiency and equity of ramp control and capacity allocation mechanisms in a freeway corridor[J]. Transportation Research Part C: Emerging Technologies, 2012, 20(1): 126-143.

[94] Dailey D J. A statistical algorithm for estimating speed from single loop volume and occupancy measurements[J]. Transportation Research Part B: Methodological, 1999, 33(5): 313-322.

[95] Coifman B. Improved velocity estimation using single loop detectors[J]. Transportation Research Part A: Policy and Practice, 2001, 35(10): 863-880.

[96] Jiang Z T, Chen X Q, Ouyang Y F. Traffic state and emission estimation for urban expressways based on heterogeneous data[J]. Transportation Research Part D: Transport and Environment, 2017, 53: 440-453.

[97] Chang T H, Li Z Y. Optimization of mainline traffic via an adaptive co-ordinated ramp-metering control model with dynamic OD estimation[J]. Transportation Research Part C: Emerging Technologies, 2002, 10(2): 99-120.

[98] Zhang L, Levinson D. Optimal freeway ramp control without origin-destination information[J]. Transportation Research Part B: Methodological, 2004, 38(10): 869-887.

[99] Coifman B. Estimating travel times and vehicle trajectories on freeways using dual loop detectors[J]. Transportation Research Part A: Policy and Practice, 2002, 36(4): 351-364.

[100] Li R M, Rose G, Sarvi M. Evaluation of speed-based travel time estimation models[J]. Journal of Transportation Engineering, 2006, 132(7): 540-547.

[101] Celikoglu H B. Flow-based freeway travel-time estimation: a comparative evaluation within dynamic path loading[J]. IEEE Transactions on Intelligent Transportation Systems, 2013, 14(2): 772-781.

[102] Sanaullah I, Quddus M, Enoch M. Developing travel time estimation methods using sparse GPS data[J]. Journal of Intelligent Transportation Systems, 2016, 20(6): 532-544.

[103] Rim H, Oh C, Kang K, et al. Estimation of lane-level travel times in vehicle-to-vehicle and vehicle-to-infrastructure-based traffic information system[J]. Transportation Research Record: Journal of the Transportation Research Board, 2011, 2243(1): 9-16.

[104] Shi C Y, Chen B Y, Lam W H K, et al. Heterogeneous data fusion method to estimate travel time distributions in congested road networks[J]. Sensors, 2017, 17(12): 2822.

[105] Ni D H, Wang H Z. Trajectory reconstruction for travel time estimation[J]. Journal of Intelligent Transportation Systems, 2008, 12(3): 113-125.

[106] Sun C C, Arr G S, Ramachandran R P, et al. Vehicle reidentification using multidetector fusion[J]. IEEE Transactions on Intelligent Transportation Systems, 2004, 5(3): 155-164.

[107] Shan Y, Sawhney H S, Kumar R. Unsupervised learning of discriminative edge measures for vehicle matching between nonoverlapping cameras[J]. IEEE Transactions on Pattern Analysis and Machine Intelligence, 2008, 30(4):

700-711.

[108] Jelača V, Pižurica A, Niño-Castañeda J O, et al. Vehicle matching in smart camera networks using image projection profiles at multiple instances[J]. Image and Vision Computing, 2013, 31(9): 673-685.

[109] Liu X C, Liu W, Mei T, et al. PROVID: progressive and multimodal vehicle reidentification for large-scale urban surveillance[J]. IEEE Transactions on Multimedia, 2018, 20(3): 645-658.

[110] Khan S D, Ullah H. A survey of advances in vision-based vehicle re-identification[J]. Computer Vision and Image Understanding, 2019, 182: 50-63.

[111] Tang Z, Naphade M, Liu M Y, et al. CityFlow: a city-scale benchmark for multi-target multi-camera vehicle tracking and re-identification[C]//CVPR. 2019 IEEE/CVF Conference on Computer Vision and Pattern Recognition(CVPR). Long Beach: IEEE, 2020: 8789-8798.

[112] Bai Y, Lou Y H, Gao F, et al. Group-sensitive triplet embedding for vehicle reidentification[J]. IEEE Transactions on Multimedia, 2018, 20(9): 2385-2399.

[113] Tang Z, Wang G A, Xiao H, et al. Single-camera and inter-camera vehicle tracking and 3D speed estimation based on fusion of visual and semantic features[C]//CVPRW. 2018 IEEE/CVF Conference on Computer Vision and Pattern Recognition Workshops(CVPRW). Salt Lake City: IEEE, 2018: 108-1087.

[114] Kwong K, Kavaler R, Rajagopal R, et al. Arterial travel time estimation based on vehicle re-identification using wireless magnetic sensors[J]. Transportation Research Part C: Emerging Technologies, 2009, 17(6): 586-606.

[115] Hyun K, Tok A, Ritchie S G. Long distance truck tracking from advanced point detectors using a selective weighted Bayesian model[J]. Transportation Research Part C: Emerging Technologies, 2017, 82: 24-42.

[116] Sumalee A, Wang J K, Jedwanna K, et al. Probabilistic fusion of vehicle features for reidentification and travel time estimation using video image data[J]. Transportation Research Record: Journal of the Transportation Research Board, 2012, 2308(1): 73-82.

[117] Wang J K, Indra-Payoong N, Sumalee A, et al. Vehicle reidentification with self-adaptive time windows for real-time travel time estimation[J]. IEEE Transactions on Intelligent Transportation Systems, 2014, 15(2): 540-552.

[118] Oliveira-Neto F M, Han L D, Jeong M K. Online license plate matching procedures using license-plate recognition machines and new weighted edit distance[J]. Transportation Research Part C: Emerging Technologies, 2012, 21(1): 306-320.

[119] Redmon J, Farhadi A. YOLOv3: an incremental improvement[EB/OL]. https://arxiv.org/pdf/1804.02767.pdf[2018-04-08].

[120] Wojke N, Bewley A, Paulus D. Simple online and realtime tracking with a deep association metric[C]//ICIP. 2017 IEEE International Conference on Image Processing(ICIP). Beijing: IEEE, 2017: 3645-3649.

[121] Zivkovic Z. Improved adaptive Gaussian mixture model for background subtraction[C]//Kittler J, Petrou M, Nixon M. 17th International Conference on Pattern Recognition. Cambridge: IEEE, 2004: 28-31.

[122] Yun M P, Qin W W. Minimum sampling size of floating cars for urban link travel time distribution estimation[J]. Transportation Research Record: Journal of the Transportation Research Board, 2019, 2673(3): 24-43.

[123] Bhattacharyya K, Maitra B, Boltze M. Calibration of micro-simulation model parameters for heterogeneous traffic using mode-specific performance measure[J]. Transportation Research Record: Journal of the Transportation Research Board, 2020, 2674(1): 135-147.

[124] Chen B Y, Shi C Y, Zhang J L, et al. Most reliable path-finding algorithm for maximizing on-time arrival probability[J]. Transportmetrica B: Transport Dynamics, 2017, 5(3): 248-264.

[125] Woodard D, Nogin G, Koch P, et al. Predicting travel time reliability using mobile phone GPS data[J]. Transportation Research Part C: Emerging Technologies, 2017, 75: 30-44.

[126]　Galil Z. Efficient algorithms for finding maximum matching in graphs[J]. ACM Computing Surveys(CSUR), 1986, 18(1): 23-38.
[127]　陈小鸿, 陈先龙, 李彩霞, 等. 基于手机信令数据的居民出行调查扩样模型[J]. 同济大学学报(自然科学版), 2021, 49(1): 86-96.
[128]　Nihan N L. Procedure for estimating freeway trip tables[J].Transportation Research Board, 1982, 895(1): 1-5.
[129]　Yang H. Heuristic algorithms for the bilevel origin-destination matrix estimation problem[J]. Transportation Research Part B: Methodological, 1995, 29(4): 231-242.
[130]　Wu J F. A real-time origin-destination matrix updating algorithm for on-line applications[J]. Transportation Research Part B: Methodological, 1997, 31(5): 381-396.
[131]　Perrakis K, Karlis D, Cools M, et al. A Bayesian approach for modeling origin-destination matrices[J]. Transportation Research Part A: Policy and Practice, 2012, 46(1): 200-212.
[132]　Lin P W, Chang G L. A generalized model and solution algorithm for estimation of the dynamic freeway origin-destination matrix[J]. Transportation Research Part B: Methodological, 2007, 41(5): 554-572.
[133]　Wei C, Asakura Y. A Bayesian approach to traffic estimation in stochastic user equilibrium networks[J]. Transportation Research Part C: Emerging Technologies, 2013, 36: 446-459.
[134]　Ge Q, Fukuda D. Updating origin-destination matrices with aggregated data of GPS traces[J]. Transportation Research Part C: Emerging Technologies, 2016, 69: 291-312.
[135]　Yang X F, Lu Y, Hao W. Origin-destination estimation using probe vehicle trajectory and link counts[J]. Journal of Advanced Transportation, 2017, 2017: 1-18.
[136]　Ma W, Qian Z S. Estimating multi-year 24/7 origin-destination demand using high-granular multi-source traffic data[J]. Transportation Research Part C: Emerging Technologies, 2018, 96: 96-121.
[137]　Baek S, Lim Y, Rhee S, et al. Method for estimating population OD matrix based on probe vehicles[J]. KSCE Journal of Civil Engineering, 2010, 14(2): 231-235.
[138]　Nigro M, Cipriani E, del Giudice A. Exploiting floating car data for time-dependent origin-destination matrices estimation[J]. Journal of Intelligent Transportation Systems, 2018, 22(2): 159-174.
[139]　Iqbal M S, Choudhury C F, Wang P, et al. Development of origin-destination matrices using mobile phone call data[J]. Transportation Research Part C: Emerging Technologies, 2014, 40: 63-74.
[140]　Alexander L, Jiang S, Murga M, et al. Origin-destination trips by purpose and time of day inferred from mobile phone data[J]. Transportation Research Part C: Emerging Technologies, 2015, 58: 240-250.
[141]　Castillo E, Menéndez J M, Jiménez P. Trip matrix and path flow reconstruction and estimation based on plate scanning and link observations[J]. Transportation Research Part B: Methodological, 2008, 42(5): 455-481.
[142]　Rao W M, Wu Y J, Xia J X, et al. Origin-destination pattern estimation based on trajectory reconstruction using automatic license plate recognition data[J]. Transportation Research Part C: Emerging Technologies, 2018, 95: 29-46.
[143]　Chen B Y, Yuan H, LI Q Q, et al. Map-matching algorithm for large-scale low-frequency floating car data[J]. International Journal of Geographical Information Science, 2014, 28(1): 22-38.
[144]　Wang Z L, Zhu L Y, Ran B, et al. Queue profile estimation at a signalized intersection by exploiting the spatiotemporal propagation of shockwaves[J]. Transportation Research Part B: Methodological, 2020, 141: 59-71.
[145]　Tang K S, Tan C P, Cao Y M, et al. A tensor decomposition method for cycle-based traffic volume estimation using sampled vehicle trajectories[J]. Transportation Research Part C: Emerging Technologies, 2020, 118: 102739.
[146]　Du J H, Rakha H, GayahV V. Deriving macroscopic fundamental diagrams from probe data: issues and proposed

solutions[J]. Transportation Research Part C: Emerging Technologies, 2016, 66: 136-149.

[147] Eisenman S M, List G F. Using probe data to estimate OD matrices[C]//ITSE. The 7th International IEEE Conference on Intelligent Transportation Systems. Washington: IEEE, 2004: 291-296.

[148] 魏代梅, 陆键, 陆林军, 等. 先入后出型城市快速路匝道组合的最佳间距[J]. 公路交通科技, 2013, 30(6): 109-114.

[149] Seliman S M S, Sadek A W, He Q. Optimal variable, lane group-based speed limits at freeway lane drops: a multiobjective approach[J]. Journal of Transportation Engineering, Part A: Systems, 2020, 146(8): 04020074.

[150] Frejo J R D, Papamichail I, Papageorgiou M, et al. Macroscopic modeling of variable speed limits on freeways[J]. Transportation Research Part C: Emerging Technologies, 2019, 100: 15-33.

[151] Poole A, Kotsialos A. METANET validation of the large-scale Manchester ring-road network using gradient-based and particle swarm optimization[J]. IEEE Transactions on Intelligent Transportation Systems, 2018, 19(7): 2055-2065.

[152] Han Y, Hegyi A, Yuan Y F, et al. Resolving freeway jam waves by discrete first-order model-based predictive control of variable speed limits[J]. Transportation Research Part C: Emerging Technologies, 2017, 77: 405-420.

[153] Spiliopoulou A, Kontorinaki M, Papageorgiou M, et al. Macroscopic traffic flow model validation at congested freeway off-ramp areas[J]. Transportation Research Part C: Emerging Technologies, 2014, 41: 18-29.

[154] Rapin J, Teytaud O. Nevergrad—a gradient-free optimization platform[EB/OL]. https://github.com/facebookresearch/nevergrad[2023-10-02].

附　　录

附表 1　主线路段参数

主线路段 a	长度 L_a /m	车道数 λ_a /条	自由流速度 v_a^F /(km/h)	临界密度 ρ_a^C /(veh·km^{-1}·lane^{-1})	阻塞密度 ρ_a^J /(veh·km^{-1}·lane^{-1})	通行能力 q_a^{CAP} /(veh·h^{-1}·lane^{-1})	α_a
1	280	3	83.4	36.1	166.7	2070	1.55
2	280	3	83.4	36.1	166.7	2070	1.55
3	280	3	83.4	36.1	166.7	2070	1.55
4	280	3	81.3	36.5	166.7	1872	1.75
5	280	3	81.3	36.5	166.7	1872	1.75
6	280	3	82.1	32.7	166.7	1758	1.65
7	280	3	82.1	32.7	166.7	1758	1.65
8	280	3	80.6	34.3	166.7	1728	1.71
9	280	3	80.6	34.3	166.7	1728	1.71
10	280	3	72.0	30.8	166.7	1620	1.37
11	280	3	72.0	30.8	166.7	1620	1.37
12	265	3	80.0	50.3	166.7	1812	1.42
13	312	3	79.4	33.9	166.7	1572	1.46
14	312	3	80.4	32.9	166.7	1536	1.67
15	275	3	81.9	34.3	166.7	1632	1.35
16	275	3	80.7	36.3	166.7	1764	1.26
17	266	3	80.5	41.7	166.7	2028	1.46
18	266	3	80.0	41.9	166.7	1992	1.53
19	280	3	78.9	36.3	166.7	1548	1.41
20	280	3	80.4	37.0	166.7	1608	1.55

附表 2　入口匝道参数

入口匝道 i	备注	长度 L_i^{ON} /m	车道数 λ_i^{ON} /条	存储容量 S_i^{ON} /veh
1	共江路上匝道	440	2	146
2	场中路上匝道	530	2	176
3	中环东入口	369	2	122

续表

入口匝道 i	备注	长度 L_i^{ON} /m	车道数 λ_i^{ON} /条	存储容量 S_i^{ON} /veh
4	汶水路上匝道	425	2	140
5	中环西入口	570	2	190

附表 3　出口匝道参数

出口匝道 j	备注	长度 L_j^{OFF} /m	车道数 λ_j^{OFF} /条	存储容量 S_j^{OFF} /veh	车辆离开率 e_j /(veh·h^{-1}·lane^{-1})
1	汶水路下匝道	465	2	155	450
2	中环出口	338	2	112	1080
3	广中路下匝道	268	2	89	630

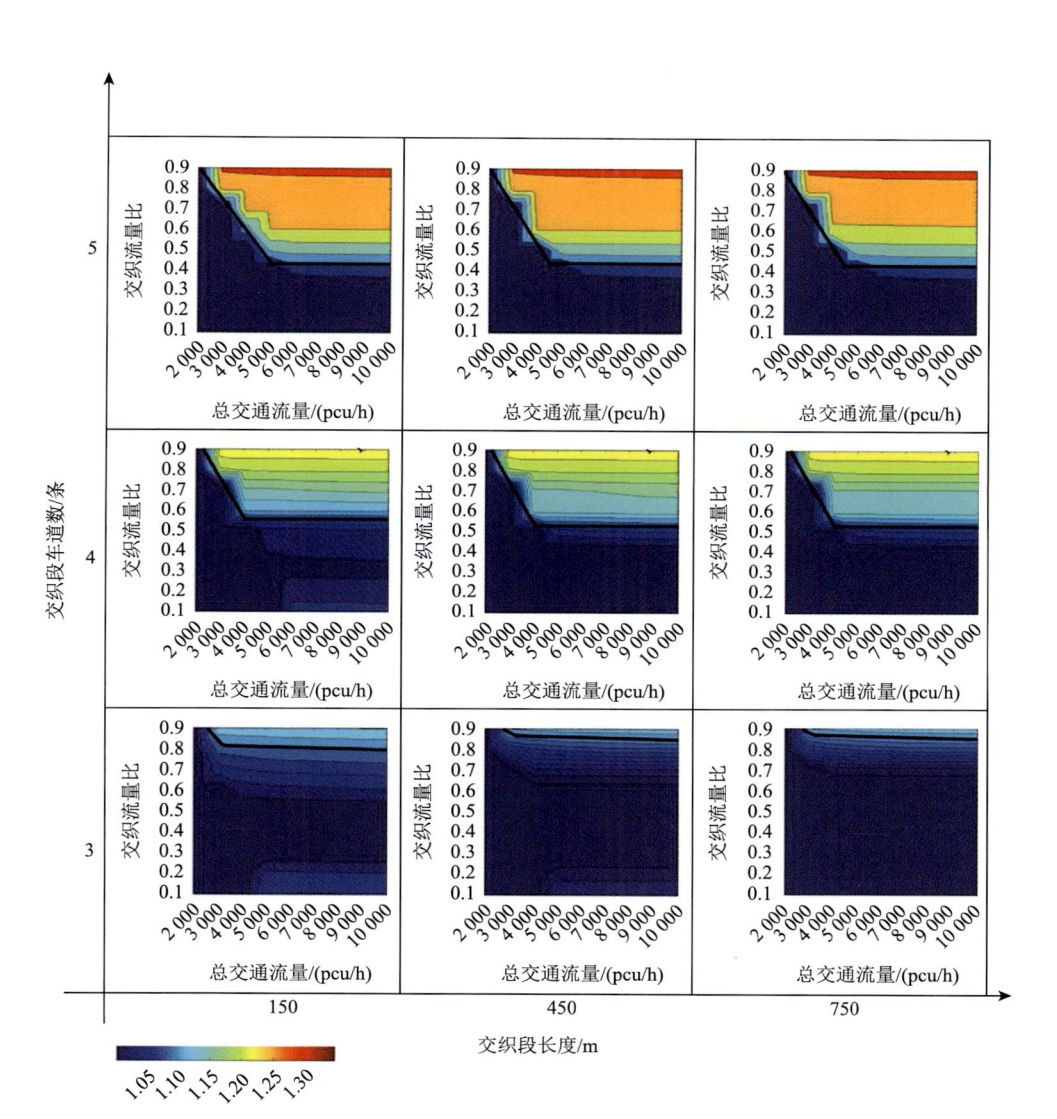

图 6.5 模型性能提升